JN232657

ビジネスと異文化の
アクティブ・コミュニケーション

足立 行子
椿　弘次　編著
信　達郎

Active Communication for Global Managers

同文舘出版

はしがき

　2000年の晩秋のある土曜日の午後、9人の男女が、早稲田大学商学部の共同研究室に集まっていた。私たちは、「マネジメント・コミュニケーション研究会」という、会員数40人の小さな勉強会のメンバーで、これから書こうとする本について話し合っていた。

　コミュニケーションというこの大きくて広い分野のどの部分に焦点を当てて書くかということに関しては、それまでに何度も打ち合わせを重ね、おおよその調整はすんでいた。

　すなわち、私たちは、たとえば、異文化コミュニケーションについて単独の、あるいは、ビジネス・コミュニケーションについて単独の、といった本ではなく、1冊の中で、それらを併せ語るような本を書きたい、「ビジネス」という切り口で、ということでは意見の一致をみていた。

　私たち9人のうち7人は、現職に至るまでに、ビジネスの現場で働いた経験があり、「コミュニケーションがビジネスを活かす、人を動かす」ということを痛感していた。ビジネス・バックグラウンドのないアカデミックな世界の出身の二人も、学内では「職場のコミュニケーション」の難しさを味わっていた。学外でも広く活躍しているこの二人のうちのひとりが、晩秋の会議で、にっこり笑ってつぶやいたひと言が印象的であった。「誤解・難解・無理解を排除する。このための本を書かなければ」。コミュニケーションの要はここにある、と全員が共感した。

　しかし、どのように書き進めるか、ということでは、意見が分かれ、というよりもアイディアが出すぎて、夕方になっても収拾がつかなかった。膠着状態を一挙に解決したのは、9人のメンバーの中でもっとも年若な研究者であった。

はしがき

　それまでの議論を黙って聞いていた彼女は、「こういうフレームワークもありますよ」と言いながら、スッと立ち上がってホワイトボードに向かった。そして、KSA、と大きく書いた。

K(Knowledge)／S(Skill)／A(Attitude)

「読むだけでなく、［実際に使える本］にしよう、ということであれば」、と彼女はアメリカの大学院に留学中、人材開発の授業で学んだことの一端を説明してくれた。研修の組み方など、能力開発を導くトレーナーとなるべき人材を養成するための講座「トレーナー養成トレーニング」(Training of Trainers＝略して TOT) と呼ばれる授業では、次のようなことがいつも強調されたという。

　　能力開発のための企画を組む人は、KSAと呼ばれる、学習者の3つの部分に働きかけることを意識します。
　　Knowledge(知識)は、主に頭の中で理解する、情報の体系です。これは「知っているかどうか」を問うもので、チェックシートやペーパーテストによって、ある程度測定することが可能な部分です。次に、知識を使って、目に見える行動変化を起こすためには、*Skill*(スキル・技能)が必要になります。ここで言うスキルとは、知識をいざ実践に移していくための、より具体的な技能です。そして、知識とスキルを増強すると同時に、トレーナーが働きかけていくべきことがもう1つあります。学ぶ人自身の主体的な*Attitude*(意識・心構え)についてです。つまり、「本人のハートに火をつけて、いかに行動を起こしてもらうか」という、やる気の動機付けです。
　　たとえば、車を運転するための知識があっても、実際に技能がなければ、運転はできません。たとえ、運転するための知識や技能があっても、「運転したい」という本人の主体的な意識がなくては、車は前には進まないのです。

　この話を聞いて、私たちは、議論の「落としどころ」を見たような気がした。KSAそれぞれの側面にバランスよく働きかける本にしたい、読者に「他者と効果的にコミュニケーションを図りたい」「ともかくアクションを起こし、アクティブ・コミュニケーションを実践したい」と思ってもらえるような本を目指したい、と願った。

それからの1年有余、私たちは、それぞれが書くべきこと、そして、実際に書き起こしたことを点検する勉強会を20回近く行った。この過程で私たちが留意したのは、KSAの3つに——言い換えると、頭(Head)・手(Hands)・心(Heart)という、英語で言えば3つのHに——、バランスよく働きかける、ということであった。

　コミュニケーションはアートの側面が強い。人の心を聴き、人の心を察し、理解して、自分の気持ちを伝えるという意味で。このような信念のもと、私たち自身が、「ハートに火をつけて」書いてきた。

　養老孟司氏がテレビのある番組でおっしゃった。「ぼくの恩師が言ってましたけどね、『人の心が分かることを教養という』ってね。」ここにコミュニケーションのカギがあるのではないだろうか。

　アメリカのコミュニケーション教育100年の歴史に比べて、わが国のこの面での歴史は浅い。ここまで書いてきて、筆者は、アメリカの広告会社のエグゼクティブが語った、忘れがたい言葉を思い出す。「コミュニケーションが病気でなくてよかった。私たちはそれについて、あまりにも知らなさすぎるから。」(W. A. マーステラー)

　この本を読んでもらいたいと想定した読者は、
　　・大学・短大・専門学校などで、コミュニケーション講座を受講する
　　　学生、
　　・企業の人材開発・能力開発研修プログラムの担当者とその参加者、
　　・職場でよりよい人間関係を築きたいと思うビジネス・パーソン、
　　・自分の気持ちを誠実に、正しく伝えたいと思う一般読者、
の方々である。本書を手にした読者が、このような分野もあるのだな、と関心や興味を持っていただければ、執筆者一同大変うれしく思う。

　最後に、本書の出版をお引き受けくださった同文舘出版のみなさま、とくに市川良之氏に御礼を申し上げたい。市川さんは、私たちの勉強会にも、「こん

な風に巻き込まれるのは、長い編集者人生の中でも初めての経験なのですが」と、こぼされながらも、毎回参加なさって、ひとりひとりのライター(書き手という意味でWriterであり、ハートに火をつけるという意味でLighter)との、それぞれに異なるやりとりに丹念におつきあいくださった。ライターを担当章の順に記すと──、

　　　　足立行子／藤尾美佐／関 京子／有村治子／馬越恵美子／
　　　　椿 弘次／井 洋次郎／信 達郎／谷口洋志

の9名である。

　本のレイアウトその他の細部にもこだわり続けた私たちに、根気強くおつきあいいただいた市川さんに、一同心から感謝します。

　　「コミュニケーションは面白い。私のスタイルを打ち立ててみよう」と
　　読者が思ってくださることを祈りつつ。

2002年3月

　　　　　　　　　　　　　　　　　　　　　　　　執筆者を代表して
　　　　　　　　　　　　　　　　　　　　　　　　　　足立 行子

BRIEF CONTENTS   目次

はしがき …………………………………………………………………(1)

第1章　コミュニケーションとは何か ……………………………… 3

第2章　オフィスの対人コミュニケーション ……………………… 43

第3章　コーチング——相手の能力を引き出す最新ツール ……… 73

第4章　組織の討議能力とファシリテーション …………………… 91

第5章　異文化コミュニケーションと
　　　　英語コミュニケーションの醍醐味…………………………117

第6章　国際交渉のスキル——感情と論理のバランス ……………145

第7章　コミュニケーションの言語的スキル——ビジネス英語の場合…179

第8章　進化する企業の対外コミュニケーション…………………207

第9章　コミュニケーション・ツールとしての IT ………………227

索　　引………………………………………………………………249

著者プロフィール……………………………………………………259

FULL CONTENTS

目次細目

第1章　コミュニケーションとは何か

§1　誤解・難解・無理解を排除する	[3]		
	1	キーワードは、「理解」	5
	2	コミュニケーションは、プロセス	6
	3	言葉というシンボルの「恣意性」について	10
	4	相手に伝えるべきメッセージとは	13
	5	コミュニケーションのメカニズム——国際ビジネスの次元	14

§2　言葉は力——言語によるコミュニケーション	[16]		
	1	言葉の量という問題	18
	2	コミュニケーション・スタイルの違い	19
	3	高スキャン・スタイルの日本人の英語	22
	4	言葉の量と質、そして個人差ということ	22

§3　非言語コミュニケーション	[24]		
	1	非言語メッセージのインパクト	24
	2	"Actions speak louder than words."（行動は言葉にまさる）	25
	3	沈黙の重さ——無言・無反応とは天地の差	26
	4	非言語表現の種類	27

§4　効果的コミュニケーターの条件	[31]		
	1	アクティブ・リスナー——心を聴く人	32
	2	「プロセスはやり直しがきかない」ことを知る	34
	3	発想の転換（パラダイム・シフト）ができる人	34
	4	自己開示が大事——ジョハリの窓	36
	5	グッド・マナーズ	39

スキル・トレーニングの解説	40
参考文献	42

第2章　オフィスの対人コミュニケーション

§1 外見は語る ──面接でのコミュニケーション	[43]	1 2 3	好き・嫌いのメカニズム 印象形成と印象操作 面接でのコミュニケーション	43 45 46
§2 コミュニケーションを円滑にするスキル	[50]	1 2 3 4	対人コミュニケーションとは コミュニケーションとスキル 社会的スキル 社会的スキルのトレーニング	50 51 52 55
§3 カスタマー・サービス ──コミュニケーションの役割	[59]	1 2 3 4	アクティブ・リスニング 顧客のタイプに合わせた対応 プラス・アルファの情報提供 16の基本的性格	60 61 62 62
§4 オフィスでのコミュニケーションの問題点と多様性	[65]	1 2 3	オフィスでのコミュニケーションの問題点 多様化するコミュニケーション・ツール コミュニケーション・ツールの選択	65 66 67

スキル・トレーニングの解説　　　　　　　　　　　　　　　　69
参考文献　　　　　　　　　　　　　　　　　　　　　　　　　71

第3章　コーチング──相手の能力を引き出す最新ツール

§1 コーチング ──二人で生み出す相乗効果	[74]	1 2 3 4 5	21世紀はコーチングの時代 コーチとは──「馬車」のような存在 秘訣──押し付けではなく、 　　　　自発性を引き出すこと 問題解決というよりも、自分らしさに基づく 生活改善のためのコーチング コーチングの3つのパターン	74 75 76 77 78
§2 コーチとしてのスキル	[82]	1 2 3 4 5	相手の本来持つ大きな姿を信じる 相手の価値観を理解する 質問によって相手の気づきを深める 身体を使ってみる 声の抑揚や表情を含め、身体全体で聴く	82 83 85 86 86

スキル・トレーニングの解説　　　　　　　　　　　　　　　　89
参考文献　　　　　　　　　　　　　　　　　　　　　　　　　90

第4章　組織の討議能力とファシリテーション

§1 イントロダクション　[92]
1　アイス・ブレーカー　92
2　ファシリテーション・スタイルで進めます　95
3　キー・コンセプト　97

§2 組織の中でのファシリテーション　[100]
1　相乗効果　100
2　組織文化という概念の実態をさぐる　102
3　組織内の「見えない関係」こそ重要な鍵　103

§3 効果的なファシリテーター　[105]
1　質問力　105
2　ファシリテーターは、プロセス・コンサルタント　109
3　クロージング　110

参考文献　115

第5章　異文化コミュニケーションと英語コミュニケーションの醍醐味

§1 文化の多様性とコミュニケーション　[117]
1　文化の複層モデルとステレオタイプ　119
2　距離のコミュニケーション
　　——プロクセミックスとボディ・バブル　121
3　時間の価値観とコミュニケーション
　　——クロネミックスとM時間・P時間　125
4　謙譲や謝罪の表現に見る日米の違いと共通性　126

§2 コミュニケーションの醍醐味と英語コミュニケーション　[128]
1　心温まるコミュニケーション　128
2　イングリッシュ・ディバイド
　　——英語が日本の将来を決める　131
3　楽しくスピーチをするコツ　133
4　「百言は一笑に如かず」——ジョークにご用心　137
5　よりよいビジネス・コミュニケーションのために　138

スキル・トレーニングの解説　143
参考文献　143

第6章　国際交渉のスキル —— 感情と論理のバランス

§1 国際交渉の土台 —— 異文化適応	[146]	1 異文化への不適応 —— 心理的圧力に対する感情抑制の難しさ	146
		2 異文化適応 —— 感情抑制が成功の鍵	148
		3 異文化適応能力を養う	149
§2 交渉ごと	[154]	1 交渉とは何か	158
		2 交渉は、コミュニケーション活動	159
§3 交渉のプロセス	[161]	1 交渉プロセスの3段階	161
		2 本交渉は文書化で終わる	163
		3 交渉が進まないとき —— 「感情」ということを思い出せ	164
		4 戦略的思考とコミュニケーション能力	165
§4 望ましい交渉のスタイル	[167]	1 交渉の約束ごと	167
		2 互いに利益をもたらすウィン・ウィン交渉	168
		3 説得と譲歩	169
		4 説得のための6つの原則	170
§5 英語による交渉のスキル	[172]	1 4つのスキル	172
		2 成功する交渉者の条件	174

スキル・トレーニングの解説とQUIZの解答/解説　　175
参考文献　　176

第7章　コミュニケーションの言語的スキル —— ビジネス英語の場合

§1 グローバル社会の標準語	[179]	1 英語の国際化	179
		2 貿易からグローバル・ビジネスへ	183
§2 みんなの英語の時代	[184]	1 英語ニーズの変化	184
		2 ビジネス英語	185
§3 ポライトネス(柔らかな表現)という戦略	[186]	1 英語コミュニケーション能力	186
		2 英語のポライトネス	188
§4 ビジネス英語習得の秘訣	[194]	1 ビジネスレター	194
		2 ビジネス・スピーキング	199
		3 リーディングとリスニングについて	200
		4 意味伝達の大切さと語彙の増強について	201
		5 各種英語検定試験について	202

スキル・トレーニングの解説　　203
参考文献　　204

第8章　進化する企業の対外コミュニケーション

§1　　　　　　　　　[207] 企業を取り巻く広報環境の変化	1　企業にとり利害関係者とは　　　207 2　利害関係とは何か　　　208
§2　　　　　　　　　[210] コーポレート・コミュニケーションからの観察	1　広報の役割 　　——利害衝突のショック・アブソーバー　210 2　コミュニケーション能力の日米格差　　　213
§3　　　　　　　　　[214] 20世紀のPRから21世紀のIRへ	1　IRの時代的背景　　　215 2　日本でのIR事情　　　216 3　IR活動の具体例　　　218
§4　　　　　　　　　[220] 投資家とのコミュニケーションはなぜ必要か	1　求められる開示能力　　　220 2　コーポレート・ガバナンスのための情報提供　　　222 3　企業にとりコミュニケーションはどうあるべきか　　　224

コンセプト・クエッションの解説　　　225
参考文献　　　225

第9章　コミュニケーション・ツールとしてのIT

§1　　　　　　　　　[228] ITの便利さと弱点	1　携帯電話　　　228 2　Eメールとウェブ　　　232
§2　　　　　　　　　[236] ITを活かすために	1　チャネルの使い分け——代替か補完か　236 2　非対面のメリットとデメリット 　　——物理的距離と心理的距離　238 3　確実性・緊急性 　　——TPOによるコミュニケーションの使い分け　240 4　デジタル・ディバイド 　　——自分または相手が使えない　241
§3　　　　　　　　　[242] 情報量の格差に対処する	1　情報を持つ人と持たない人の間のコミュニケーション　　　242 2　情報の非対称性にどう対処するか　　　244 3　ITは、あくまでもコミュニケーションのツール　　　245

スキル・トレーニングの解説　　　246
参考文献　　　248

ビジネスと異文化の
アクティブ・コミュニケーション

☆イラストレーション／江口まひろ

第 1 章

コミュニケーションとは何か

> 私は、社長業というのはコミュニケーション業と考えています。
> 　　　　　　　　　　　　　出井伸之（ソニーCEO兼会長）

---

§1　誤解・難解・無理解を排除する

　コミュニケーションのあらゆる局面において、重要なコンセプトは、「理解すること」である。ここに1枚の写真がある。この平凡な写真に、あなたは何を見るであろうか。

　写真の場所と時は？　ここにいるのはどういう人たちか？　なぜここにいるのか？　ほかにどのようなことが観察できるであろうか。

　試しにあなたの友人（あるいは、親・兄弟・同僚・その他誰でもいい）に、この写真を見せてごらんなさい。彼らは、あなたと同じものを見るであろうか。

©オリオンプレス

　私たちは、ひとりひとり、それぞれに異なる家庭環境のなかで育ってきた。躾(しつけ)も甘かったり厳しかったり、家庭によって異なる。遭遇する出来事も違えば、経験する家庭行事も違うだろう。幼いころから、私たちはそれぞれの家庭独特の価値観や信念に影響されてきているので、物の見方がひとりひとり違ってくるのも不思議ではない。

　さらに、「同じ」家庭環境で育っていても、メンバーひとりひとりの思考パターンがこれまた「十人十色」である。しかもそのパターンは、バーンランドのたとえを借りれば、「格子(grid)」のようなもので、きっちりと型にはまっていることが多い。したがって、自分の格子を他者のそれにあてはめようとしても、サイズが小さすぎたり大きすぎたりするので、ある同じものを見ていながら、人はそれぞれ独自の解釈をしがちである。バーンランドは、次のように指摘する。

　　産業人と農場経営者が見ているのは「同じ」土地ではない。夫と妻の子育て計画は「同じ」子どもを対象にしていない。医者と患者が話し合うのは「同じ」病気でない。借り手と債権者が交渉するのは「同じ」抵当でない。娘と義理の娘は「同じ」母に応(こた)えていない[1]。

---

[1] Barnlund［1975］p. 11.

冒頭の写真の解釈に戻れば——ごく普通の写真なのに、捉え方がさまざまに異なるのは、写真を見た人それぞれに異なる〈価値観〉と〈経験〉のせいかもしれない。また、自分の思考のパターン(型や格子)からなかなか抜け出せないからなのかもしれない。

1　キーワードは、「理解」

コミュニケーションとは、このように、異なる〈価値観〉と〈経験〉と〈思考パターン〉をもつ人と人との(あるいは、文化と文化との)やりとりのことである。それゆえ、コミュニケーションの成立に至るまでには、いくつかの難関があり、とくにマクロの次元(たとえば、異文化間)では、超えなければならないハードルは高い。しかし、ミクロの次元(たとえば、個人間・家族間・組織間・部門間など)でも、うまくコミュニケートできない場合があるのはなぜだろうか。

同じ文化圏の、ごく親しい間柄のコミュニケーションをとりあげてみよう。たとえば、同じ家庭環境で育ってきて、同じ価値観を共有すると思われる間柄——あなたと、あなたの妹(兄/姉)、あるいは、あなたの永年の同僚——でありながら、コミュニケーションがスムーズにいかない場合には、次のような理由が考えられる。

理由①　あなたとコミュニケーションの相手は、家庭環境や職場環境をいくばくかの年月、共にしてきているので、あなたは、相手も同じ価値観や経験を共有しているものと思っている。

理由②　あなたは、やりとりの相手が、あなたとは異なる価値観や思考パターンの持ち主であることを想像できないでいる。

理由③　あなたは、相手には説明できない部分で(たとえば、ちょっとしたマナーの違いなどで)、イライラすることがある。

会話や話し合いで、人は、シンボル(すなわち、言葉という記号や、言葉に頼らない非言語的記号)を用いて、メッセージを伝えようとする。メッセージ

がうまく伝わったとき、話し手と聞き手は、互いに相手を「理解した」ことになる。幸運な状況である。

しかしながら、メッセージは、必ずしも意図するように伝わらないことのほうが多い。なぜか。この疑問を解くことが、本章のテーマである。

2　コミュニケーションは、プロセス

コミュニケーションにおいては、メッセージを送る側と受けとる側双方の「理解力」が重要となる。もう1つ、メッセージを発信する側の「伝達力」と、受けとる側の「受信力」というスキルも大切である。このセクションでは、メッセージ伝達の過程(プロセス)に焦点を当てて、これらの能力について考えてみたい。

まず、コミュニケーションのプロセスの基本要素を図示してみよう。

図1-1　コミュニケーション・プロセスの4大基本要素 —— SMCR

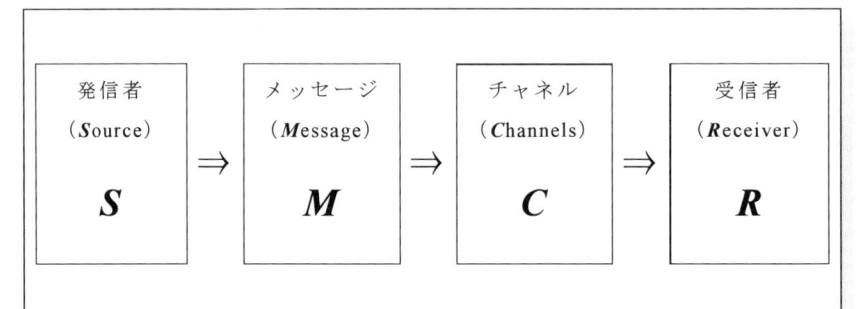

発信者 (Source) **S**	⇒	メッセージ (Message) **M**	⇒	チャネル (Channels) **C**	⇒	受信者 (Receiver) **R**

基本要素の日本語別称
(上記名称以外にも本書では、文脈に応じて別の呼び方をする場合がある)

Source	Message	Channels	Receiver
話し手	伝達内容	情報路	聞き手
書き手	シグナル	伝達経路	読み手
送り手	信号	五感	受け手
発信点			到達点

次に、コミュニケーションのプロセスを段階を追って考えてみよう。

ステップ1　SMCRという基本要素を理解する

メッセージ(M)を、送りたい人(S)がいて、Sは、何らかのチャネル(C)を通じて、受け手(R)に向けてそれを発信する。

《例》　あなたが、学校で級友に、「おはようございます。ごきげんいかが」と、声をかけたら、あなたは発信者で、「おはようございます。ごきげんいかが」という言葉も、顔の表情も、メッセージである。級友は受信者。

ステップ2　フィードバックの有無をチェックする

コミュニケーションが成立するためには、まず、何らかの〈フィードバック(feedback)〉が受信者からあるはずである。たとえば、「あら、おはよう！元気よ」と。発信者もにっこり頷く。このときの、流れは次のようになる。

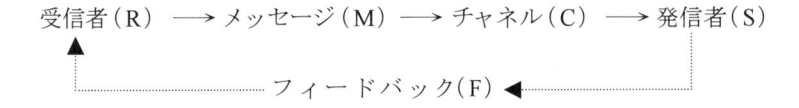

受信者(R) ⟶ メッセージ(M) ⟶ チャネル(C) ⟶ 発信者(S)
　　　　　　　　　　　　フィードバック(F) ◀

送ったメッセージに対して、反応がない(フィードバックがない)

原因①　メッセージが誤解された。
原因②　送信者のメッセージが、何らかの原因(ノイズ)により、ストレートに、あるいは意図するように、伝わらなかった。
原因③　送信者のメッセージの内容が難しくて、相手は理解できなかった。
原因④　メッセージの内容が、状況的・文化的コンテキスト(context)に左右されて、相手は理解できなかった。

ステップ3　ノイズが生じたことを察知する

フィードバックがなければ、一方通行的にメッセージが送られただけに留まる。ここからが、問題である。違う例で考えてみよう。

たとえば、あなたは「結婚したい」というメッセージを相手に発した、としよう。（求婚のせりふを、便宜的に、英語で次のように表現してみたい。）

　　　Please marry me, Elizabeth. I want you, I need you, I love you.

そのとき、〈ノイズ〉が生じて——プロポーズしたレストランでは隣の席でパーティーをやっていて、あなたが小さな声で求婚したちょうどそのとき、隣は突然盛り上がってしまった。騒々しくて、せっかくのせりふが、聞き手には届かなかった。それゆえに、相手はフォークとナイフを動かしているだけで、〈反応〉はなかった。このようなコミュニケーションの障害を、〈物理的ノイズ〉という。

このように face-to-face で直(じか)に伝えるという状況ではなく、たとえば手紙で求婚した、としよう。封筒の表書きの文字が雨に濡れて判読不能で、郵便屋さんが配達できなかったという場合、これも、外的要因すなわち物理的ノイズに阻害されたケースである。電話で伝えようとして、電子的なノイズのためによく聞こえなかったという場合も、同じケースである。

あるいは、相手は、レストランの隣席の人にふと目をとめて、その仕草や言葉に気をとられ〈心理的ノイズ〉のために、聞き損なったのかもしれない。

このように、何らかのノイズのために、あなたのメッセージは一方通行に終わってしまった。

さて、〈物理的ノイズ〉や〈心理的ノイズ〉などがなくて、あるいは、あったとしても、それが取り除かれたので、あなたのメッセージは届いたと仮定しよう。その結果、受信者から、フィードバックはあった。（それは言葉によるものかもしれないし、非言語表現によるものかもしれない）。しかし、応答は否定的なものであった。

このような場合、1つ考えられるのは、「結婚」という言葉（シンボル）の「恣意性(しいせい)」である。簡単に言えば、〈意味的ノイズ〉が生じて、メッセージの伝達が阻害されたのかもしれない。

ステップ4　ノイズに対処する

　ノイズには、上に述べた、意味的ノイズ・物理的ノイズ・心理的ノイズといった代表的な3種類のほかにも、〈社会的ノイズ〉、〈音声ノイズ〉、〈文法ノイズ〉などが含まれる。これらのうち、相対的に重要な〈社会的ノイズ〉について、宮原は、「メッセージの送り手と受け手との間に社会的な隔たりがある場合に予想されるのが社会的ノイズである。たとえば、人間は、性、年令、職業、地位などの社会的位置付けによって、常識、世界観、価値観などが異なる。ひとりの人間にとって基本的、常識的な考え方、行動のパターンが別の人間にとって奇異で、受けいれられないことがある」[2]と説明する。

　円滑なコミュニケーションを妨げるこれらのノイズに対処するには、コミュニケーション・プロセスの各要素の絡み具合を、次のようなモデルを参考に考えるとわかりやすいだろう。

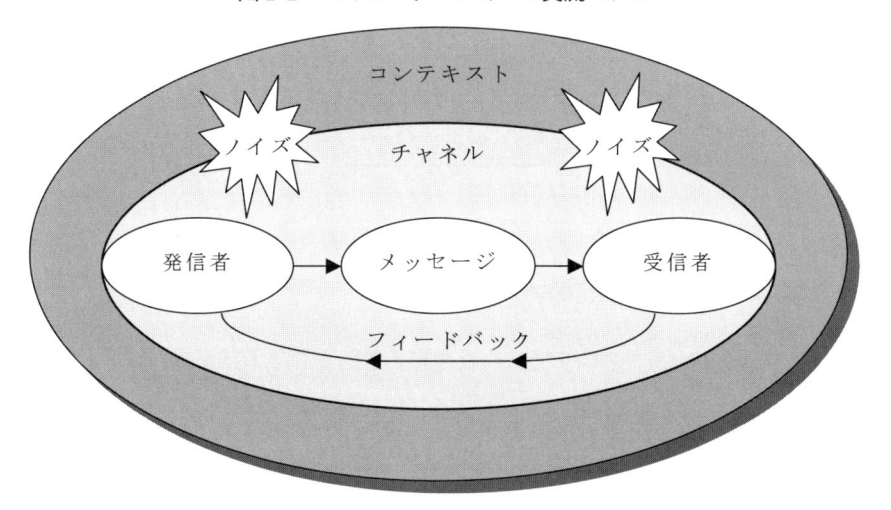

図1-2　コミュニケーションの交流モデル

出所：Boone, et al.［1997］p. 5. Figure 1-1 を一部改変（noise という要素を加えた）。

---

[2] 宮原［1999］21 頁。

> **ノイズ軽減のためのヒント**
>
> ①発信者は、受信者へのコミュニケーションの〈結果〉についての情報を収集しながら、ノイズの種類・性質・要因などを分析する。
> ②分析の結果を、コミュニケーションの〈目標〉と比較する。メッセージの伝達が不首尾であったと察知したら、発信者は、次のように対応する。
> ③メッセージを、ノイズの種類に応じて修正する。メッセージを送り直す。
> （その際大事なことは、受信者に適したチャネルを選ぶことである。チャネルを変えてみるのも手。）受信者は、修正されたメッセージに反応し、理解の程度に応じてフィードバックしてくるであろう。
> ④発信者は、フィードバックの結果についての情報収集を続ける。目標に達したと判断した時点で、コミュニケーションは成立したことになる。

《QUIZ 1》　図1-2 では、図1-1 の SMCR というコミュニケーション・プロセスの〈4大基本要素〉のほかに、どういう要素が加わっていますか。

　　　　　1 ＿＿＿＿＿　2 ＿＿＿＿＿　3 ＿＿＿＿＿

3　言葉というシンボルの「恣意性(しいせい)」について

「結婚」という言葉と意味的ノイズに触れて、8ページで筆者は、意図したメッセージが相手に届かない要因の1つに言葉（シンボル）の「恣意性」ということをあげた。この問題に触れる前に、次のクイズをやってみてほしい。

《QUIZ 2》　「結婚」という言葉から連想する語を5つあげなさい。

　　　　　1 ＿＿＿　2 ＿＿＿　3 ＿＿＿　4 ＿＿＿　5 ＿＿＿

　同じシンボルを使っていても、文化や言葉が違えば、「意味」のとらえかたも違うということについては、言葉の連想テストなどがよく示すところである。たとえば、「結婚」「仕事」「友情」「外国人」という単語を選び、この側面を明らかにしようと試みたニコール・タカハラの研究は、これをとりあげたコ

ンドンの著書(『異文化間コミュニケーション』)などで、広く知られている。

　前頁の連想クイズを、筆者は、勤めている短期大学の「異文化コミュニケーション」の受講生に実施してみた。回答の種類は、黒板に書ききれないほどであった(66語句)。

勝手気ままな意味の付与(1)： 言語シンボルの例

短大生ベスト・ファイブ
1　家庭・家族　(43)
2　子ども　(38)
3　幸せ　(34)
4　離婚　(32)
5　愛・愛情　(9)

● 短大生の回答は、右のとおりであった(回答者数54人/実施日2001年10月/カッコ内は回答数)。
　ここに表れているのは、価値観の相違である。同世代であっても、相違が生じるのは不思議ではないが、これらの数字はそれにしても、シンボルの「恣意性」、すなわち「あいまいさ加減」を示している。

● この面に関する、コンドンの意味論から論じる異文化比較は面白いが、紙幅の制約もあり深入りできない。代わりに、コンドンが引くタカハラの一覧表の1つ(「結婚」に対するイメージの日米仏比較)から分かることを下に要約する[3]。

　アメリカ人・フランス人・日本人を対象としたタカハラの研究では、まず英語の"marriage"(マリッジ)とそのフランス語の同義語"mariage"(マリアージュ)、日本語の同義語「結婚」についての原語による「連想」を3言語圏で調査した。タカハラは、この予備調査に基づき、同義語と関連概念の包括的な一覧表を作成し、次いで、この予備調査で得られた26語から、別の3集団(日・米・仏/1集団は男女各15名)が「結婚」に対するイメージを選択するという第2次調査を行った。この結果を表した一覧表を読むと、反応の大きな違いが分かる。

日本人・アメリカ人・フランス人のベスト・ファイブ

〈日本人〉	〈アメリカ人〉	〈フランス人〉
1　いたわり合い	1　愛	1　愛
2　家族	2　尊敬	2　情熱
3　理解	3　責任	3　性
4　助け合い	4　理解	4　理解
5　愛	5　助け合い	5　励み
5　忍耐　(5位同数)		5　相互の感じ合い　(5位同数)

---

[3] Condon (近藤訳) [1980] 49-51頁。

私たち人間がメッセージ伝達のために用いるシンボルは、「言語シンボル」と「非言語シンボル」の2つに大別することができる（もう1つ、「コンピュータ言語」というシンボルも現代社会に現れて数十年がたつが、この次元については触れない）。

さて、「恣意（しい）」という語は、広辞苑では、「気ままな心、自分勝手な考え」とシンプルに定義されている。しかし「シンボルの恣意性」ということを、コミュニケーションの概念の枠内で定義することは、実はとても難しい。この重要な語の意味するところを、次の3つのポイントから理解してほしい。

① 私たちが、メッセージ伝達のプロセスで使用する「シンボル」と、その使用者（＝話し手/書き手）が「このシンボルはコレコレのことを意味すると考えていること」との間には、絶対的な関係はないこと。
② ましてや、もう一方の使用者（＝聞き手/読み手）が受けとるシンボルの意味とその解釈（すなわち、記号の解読）には、送り手が想像すらしないズレや誤解があるかもしれないこと。
③ したがって、シンボルとそれが指すものとの関係は、そのシンボル（＝記号）の使用者がそれぞれに、「勝手に意味を与えたり」「勝手に解釈している」という関係にすぎないこと。

これらのことを念頭において、短大生の回答に戻ると——54人が「結婚」という語から連想した語句の数は66で、これらの語句の組み合わせは、54通りであった（すなわち、同じ組み合わせ＝イメージをあげた回答者は二人といなかった）。「結婚」というシンボルが、若者たちの心のうちで「勝手気ままに創造された意味」は、54種類あったことになる。

> あらゆるコミュニケーションは、何らかの状況的、文化的コンテキストのなかで行われるので、そのプロセスでは、ノイズが生じることも当然予測される。そのような状況下で、どうやら交わされたメッセージも言葉の恣意性に妨げられたりして、意図したようには伝わらないことがあるかもしれない。とかく、コミュニケーションは難しい。そうした心の用意があれば、コミュニケーションは面白くもなる。

勝手気ままな意味の付与 (2)： 非言語シンボルの例

　非言語表現の１つである色象徴（カラー・シンボル）をとりあげてみよう。たとえば、「黄色」という色は、ある国では「ジェラシー」を意味することがあったり、別の国では「幸せ」を象徴したりする。題名は忘れたが、筆者が以前読んだフランスの短編小説のなかで、主人公の男性のアパルトマン（アパートメント）に黄色の薔薇の花束が送られてきて、男があれこれと悩む場面があった。男は、素敵な紙箱におさめられた２ダースの美しい薔薇（非言語表現の種類でいえば、「人工品」）の見事さにではなく、その色（非言語表現のもう１つの種類、「色象徴」）に、恋人の気持ちを見た。そして、ぞっとした。

　同じ黄色が、山田洋次監督の映画（『幸せの黄色いハンカチ』1977 年）では、まったく別のことを意味する。映画では、淡々と進むストーリーが、何かを予兆させつつ、ゆるやかに最終場面に至るとき、スクリーンに突如、何十枚もの「黄色いハンカチ」が、貧しい住まいの狭い庭の物干し竿にひるがえる。青空を背景にした黄色は圧倒的にドラマティックで、観客は声を失う。転瞬、観客は、高倉健への倍賞千恵子のメッセージを、同調（シンクロナイズ）して受け取り、感動する。

● コミュニケーションのプロセスでは、「結婚」という言語シンボル１つをとりあげても、「黄色」という非言語シンボル１つをとりあげても、〈意味の曖昧性〉ゆえに、誤解が生じることがある。逆にまた、柔らかい心で想像力を喚起すれば、意味的ノイズなどを克服し、望ましい結果が得られるだろう。

● 効果的なコミュニケーションを目指すのであれば、あなたは、「伝えたいと思うメッセージとは何か」ということについて、その本質的なところを論理的にも考える必要がある。同時に、アクティブに伝達する必要がある、倍賞千恵子流に！

4　相手に伝えるべきメッセージとは

　メッセージとは、次の３つの要件を満たしているものだ。まず、そのコミュニケーションにおいて答えるべき課題（テーマ）が明快であること。第２に、そ

の課題やテーマに対して必要な要素を満たした答えがあること。そして第3に、そのコミュニケーションの後に、相手にどのように反応してもらいたいのか、つまり相手に期待する反応が明らかであることだ[4]。

(照屋華子・岡田恵子『ロジカル・シンキング』より)

個人間コミュニケーションであれ、企業間・異文化間のコミュニケーションであれ、要諦は、「相互理解に基づく交流」につきる。互いに相手の価値観や信念を理解しようとする姿勢が大事で、双方ともに、ただ、相手が寄り添ってくるのを待つだけではだめで、相手が発信している「シグナル(信号)」を鋭敏にキャッチして、その信号(シグナル)の意味を理解し、納得すれば、寄り添う(フィードバックする)必要がある。その信号すなわち価値観に納得できない場合には、その訳をきちんと説明(explain)する必要がある。

「分るでしょう？ 察して」という態度は、昔はいざ知らず、今の時代では楽観的にすぎ、察してもらえる成功の確率は微少である。

5　コミュニケーションのメカニズム──国際ビジネスの次元

これまで主として、個人間コミュニケーションのプロセスについて述べてきた。そのメイン・テーマは「理解」ということであった。ここでコミュニケーションのもう1つのテーマ「説得」についても触れておきたい。そのために

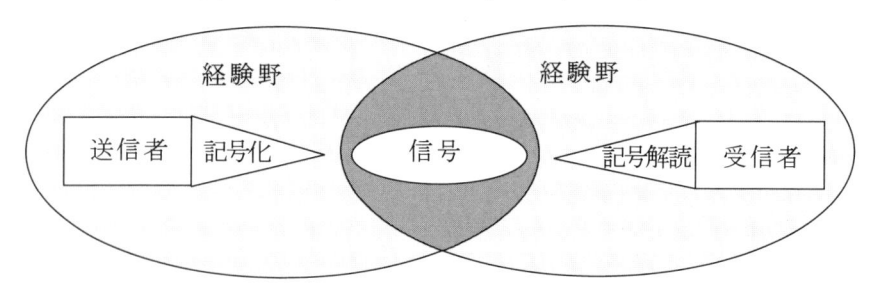

図1-3　ビジネス・コミュニケーション・モデル

経験野　　　　　　経験野

送信者　記号化　　信号　　記号解読　受信者

出所：Schuster and Copeland [1996] p. 133, Figure 7.1.（オリジナルは、シュラムのモデル1980）

---

[4] 照屋・岡田 [2001] 15頁。

は、軸を〈ビジネス〉に置き換えて、コミュニケーションのプロセスを考えると有効であろうと思われる。

　ビジネスとは交渉である。交渉とは説得である。この本質は、個人間のコミュニケーションについても当てはまる。

　国際ビジネスについては、第6章で「異文化適応と交渉スキル」に焦点を当てて扱っているが、ここでは、プロセスというコミュニケーションの原点についてとりあげる。

　言葉と行動は、個人や組織から他に向かって、イメージ・概念・アイディア・認識などを送信するために選択された「シンボル」である。このメカニズムでは、シュスターとコープランドが言うように、送信者・受信者の双方ともが、メッセージの送・受信の過程でアクティブな役割を担う。図1-3が表すのは、このポイントである。

　コミュニケーションの「交流的性質(transactional nature)」という観点から言えば、送・受信者の双方が、「記号化」と「記号解読」というプロセスを共有し、その影響と結果をお互いに、それぞれにこうむることになる。

　したがって、このプロセスの成功は、「感情・意味・アイディア・反応の相互的/双方向的やりとり」が、どれだけ達成できるかにかかっている[5]。

　図1-3の送・受信者間の「経験野(field of experience)」のオーバーラップ(重なり)の具合は、コミュニケーション・プロセスの難易度を示す。オーバーラップする部分が少なければ、共通の経験や共有される文化の度合いが少ないことを意味し、コミュニケーションの成立は容易ではない。たとえば、ある契約成立を切望し、それにかけた時間も膨大であるA社が、契約書の細部を巡ってB社と最後の詰めを行っているとしよう。最後の最後の局面で、B社がこだわるたった1つか2つの条項をA社が納得できないため、契約成立が難航している。このような場面では、B社は、A社の属する国の法制度や商慣行が自分たちのものとは異なるのだ、自分たちにとっては当然の条件であって

---

[5] Schuster and Copeland [1996] p.132.

も相手に同じことを期待できないのだ、と察することができなければ、お互いの到達ポイントに至るのは難しい。インタレストの葛藤を克服すべく、いくら交渉を重ねるにしても、両者がともに勝者となる「ウィン・ウィン」の結果を見るのは難しい（第6章「国際交渉のスキル」参照）。

逆に、法制度や商慣行を含め、「経験野」のオーバーラップの幅が大きければ大きいほど、クロスボーダーでの交渉の問題点は少なくなるということを、このモデルは示している。これは、国際ビジネスの世界だけに当てはまるものではない。私たちの日常の対人コミュニケーションにおいても、互いの「経験野」のオーバーラップの幅が広ければ広いほど、すなわち、言葉・価値観・信念・社会的規範や常識などの文化的〈共通項〉が多ければ多いほど、コミュニケーションは円滑にゆく。ドイツの哲学者フッサールのコミュニケーションに関するフィールド理論——経験とは意味の認識——も、平たく言えば、これらの共通項による相互理解の重要性を語っている。

§2　言葉は力——言語によるコミュニケーション

"Words, words, words" と、ハムレットは煩悶した。周囲から押し寄せてくる〈言葉の量〉は、ハムレットを圧倒し、錯綜させ、致命的な判断をくださせてしまった。すべてが終わってしまった後で、悲劇は、些細な誤解と信頼の欠如から生じたことを、読者は知る。

シェークスピア時代の人間のありかたは、ギリシャ悲劇が語っていたところでもあった。言葉の用いようについて人間の〈本質〉は、今も昔も変わりはないものの、現代人に要求されるのは、このグローバル社会、ボーダレス社会に対応するために、錯綜する〈情報の量〉に圧倒されずに、収集した情報の取捨選択能力である。

その能力を培うとともに、21世紀の日本人は、わが国の文化と言葉が伝統的に大事にしてきたこと——「日本語の美学」とでもたとえようか——に、目

§2 言葉は力——言語によるコミュニケーション

をつぶってでも、やらねばならないことがある。「ペン(言葉)は剣よりも強し」、ということを意識して、行動する必要がある。この諺が正鵠を射ていることを、私たち日本人はもちろん知っている。大きくは古今東西の歴史から、小さくは日常の経験から。言葉は武器である、ということを重々承知しながら、しかし、日本人はその武器を駆使することをしない。なぜか。

　個人間のことで言えば、「そこまで説明しなくてもいいでしょう。察してほしい。分るでしょう」という甘えがあるため。

　組織内のことにしても、同じである。たとえば、社長が、ペダンティックで衒学的な物言いをする〈社内評論家〉的人物に向かって、「ご覧のとおり」と、ひと言で片づけて議論を終わらせることができるというような会社風土がある。あるいは、話し手が「論争したくはない。察してほしい」と言えば、他の聞き手たちは、そのメッセージを受けてしまうというような〈会議の流儀〉や〈タクティックス〉が、まだまだこの国では、幅をきかせているからであろう。

　日本の伝統的価値観が、このような暗黙の了解を成り立たせてきた。池波正太郎の『鬼平犯科帖』では、長谷川平蔵がごく短い指示をくだすとき、役宅のみんなは、「一を聞いて十を知る」、ひとり木村忠吾を除いては。忠吾は、皆が畏怖する平蔵に「うさぎ」というニックネームを与えられて、かわいがられている。ちょっとスローなので、火付け取り締まりの肝心要の打ち合わせの場面でも、説明を省略して指示する平蔵に向かって、「おかしら、いったいどうなっているのでございますか」と間抜けな質問をする。すると長官は、「うさぎよ、お前、ばかか」と言って、この愛すべき部下に冷たい視線を投げて、立ち去る。藤沢周平の世界でも、「一を聞いて十を知る」美学は同じである。

　今はしかし、言語的感性が幅を利かせることのできた江戸時代ではない。親子の間柄でさえも、多様な価値観の差があり、対話が成り立ちにくい現代では、やはり、言葉で「説明」しなければ分かってもらえないことが多い。まして や、グローバル社会で国力を示すには、数字(その国の経済力のデータ)以上に、言葉(ワード・ポリティックス/コミュニケーション力)が物を言う。

1　言葉の量という問題

　日本の文化は伝統的に、「言葉の量(quantity of verbal expression)」ということを問題にしてこなかった。しかし、現代のさまざまなレベルでの対話を促すためには、私たち日本人はもっともっと言葉を用いて、気持ちを伝える必要がある。

　そして、よその国の不文律ともいうべき「何かあったら、説明せよ」ということも参考にしたほうがよい。(国際語"Explain!"とは、コミュニケーションのもう1つのキーワードである。)

　日本と異文化間のコミュニケーションでは、このキーワードが問題になる。

　この問題に根ざした「コミュニケーション・スタイル」の違いが、さまざまな局面でさまざまな「摩擦(コンフリクト)」を引き起こす。国際社会で、この違いを察知せず、〈私のスタイル〉に固執すると、致命的な結果を招くことがある。歴史的に典型的な例の1つに、1969年の日米繊維交渉最終段階での佐藤・ニクソン会談をあげることができる。

　この国益を賭けたイシューを巡って、事務レベルでは、微妙で複雑な交渉を重ね続けていた。会談実現のために、莫大な時間が費やされていた。両国とも、国力を賭けて費用を惜しまず人材が投入されていた。ようやく、文字どおりの「コンフリクト」が、官僚のハイ・レベルで決着し、頂上会談となった。万全の取り決めがなされていることを承知していた佐藤とニクソンは、愁眉を開いて会談に臨んだ。ともに友好的な態度であった。しかし、会談は、数時間のうちに決裂した。

　その主たる原因は、コミュニケーション・スタイルの違いにあった。佐藤は、交渉はここまでまとまったのだから、自分があえてとやかく言わずとも相手は察してくれるはずだと期待し、「腹芸」に徹することにした。言葉を惜しんだ。ニクソンは「説明」がないことに不信を抱いたのであった。

2 コミュニケーション・スタイルの違い

　ビジネスの局面で、コミュニケーション・スタイルの違いについて知ることの重要性を最初に指摘したのは、筆者の知る限りでは、デンマークの偉大なる言語学者イェスペルセンが1905年に著した *Growth and Structure of the English Language* である。この書は、その後、英語の母国イギリスで何度も版を重ねた。1982年に刊行された10版では、現代言語学の泰斗、ロンドン大学のクワーク教授が、序文を寄せて、この書を「小さな傑作(this little masterpiece)」と呼んでいる。

　その後、文化人類学者であり、コミュニケーション論に多大な影響を与えてきた米国のホール、バーンランド、コンドン、ヨーロッパではオランダのホフステードなどをはじめ、枚挙にいとまがないほど多くの著名な学者や研究者が、さまざまな切り口で、「スタイル」について論じてきた。なかでも、ホールの、「高コンテキスト文化」と「低コンテキスト文化」を対比してのスタイル論は秀逸であり、この側面について触れるとき、見過ごすことのできないフォーミュラ(図式)を呈示している。

　ホールなどのクラシックな、かつ看過できない図式はあるものの、本章では、21世紀型のきわめてコンテンポラリーなベネットの論をとりあげたい。

　以下に呈示されるスタイルの種類と、ペアの形で対比されるそれらの特徴は、どれが良くてどれが悪い、あるいは、どちらが良くてどちらが劣るというような、絶対的な尺度を表すものではない。世界のすべての言語はその背景に、モザイク模様に入り組んだ文明・文化の複雑な要素とコンフリクトを抱え込んでいるのであり、その一片に関する違い(ここでは、コミュニケーション・スタイルの違い)の価値観などは、あくまでも相対的なものであることを、強調しておきたい。

　表1-1の左欄のスタイルは、多民族・多言語・多移動の人びとのスタイル。〈石畳的に〉言葉をびっしりと連ねて、言葉を尽くして説明することをいとわ

ない。ホールのいう「低コンテキスト」文化圏(主として、北欧・アメリカなど)の人びとによく見られるスタイルである。右欄は、その対極に位置する。「高コンテキスト」文化圏(とくに、アジアなど)の人びとによく見られる、〈飛び石的に〉しか言葉を用いずとも、状況や場面やタイミングのようなコンテキストから分かってもらえるスタイルである。

表1-1　コミュニケーション・スタイルの比較

会話（Conversation）のレベル

直接的（DIRECT）　　→	←　　間接的（INDIRECT）
明示的なセンテンスで関係者に直接、意味を伝える。状況やタイミングのようなコンテキストに頼ることはほとんどない。この場面でのコミュニケーターは、〈低スキャン〉* を用いている。	意味は、示唆やほのめかし、非言語行動およびその他の背景から得られる手掛かり（コンテクスチュアル・キュー）を通して伝えられる。たとえば、ある人に向けての言葉（ステートメント）が、実は意図的に、別の人の耳にも届くようなところで言われた、など。この場面でのコミュニケーターは、〈高スキャン〉* を用いている。
【直接的・明示的スタイルの人と、間接的・非明示的スタイルの人とが対話すると、メッセージが誤解されやすい。大きな理由の１つを、右欄のカッコ内に記してあるので読んでほしい。ちなみに、18頁の佐藤・ニクソン会談は、この種の誤解の典型的な事例である。】	【言葉にしなければならない部分だけが言葉で表現され、状況や背景で理解される部分は言語化されないというこの「間接的」スタイルについて、欧米人は不満である。たとえば、知日派のフェラーロでさえ、「多くのアメリカ人は、間接的な物言いをする人は信用できないと思う。どう良く解釈しても、欧米人にとって、間接的スタイルは時間の浪費である」と言う。】

＊〈低スキャン/高スキャン〉という用語については、次頁の「情報収集」の項参照。

話し合い（Discussion）のレベル

直線的（LINER） →	← 螺旋的（CIRCULAR）
話し合いは、直線的に行われる。到達点に向かって副次的な諸ポイントが、カジュアルに詰められていく。明示的に述べられ、コンテキストへの依存率は低い。 【言葉を使って説明することの多い、低コンテキスト文化。このスタイルを良しとする話し手は、言葉を尽くして述べよ。】	話し合いの進み具合は螺旋形を描く。主眼点を巡るコンテキストが明示的に述べられないまま、ディスカッションが展開する。コンテキストへの依存率が高い。 【話し手は、自分の意見を明瞭に言語化せずとも、聞き手が適当に察することを期待する「高コンテキスト」文化のスタイル。物事の核心をズバリとつくのではなく、状況を説明したり気持ちを間接的に伝えたりする。蚊取り線香のようにぐるぐる回るスタイルなので、聞き手は、忍耐強く〈到着点〉を察するしかない。】

情報収集（Gathering Information）のレベル

低スキャン（LOW SCAN） →	← 高スキャン（HIGH SCAN）
情報は、話し手がもたらすステートメントから収集される。そのステートメントは額面どおりに受け取られることになっている。意味を明らかにするのは、話し手である。 【語られた言葉が、そのまま情報となる。第9章「コミュニケーション・ツールとしてのIT」参照。】	情報は、コンテキスト（文脈）の中にある多様な要素について収集される。ステートメントの意味を確定するのは、情報を「走査（スキャン）」する聞き手である。 【情報は、場面や状況に内在することが多い。収集者には、行間を読む能力が求められる。】

出所：GLOBAL MANAGER VOL.5（2001年5月10日）
　　　（この表は、Drs. Janet and Milton Bennett が同上誌に発表した論に基づき、大筋を筆者が翻案した上で、カッコ内にコメントをつけて作成。）

3 高スキャン・スタイルの日本人の英語

カメダの論文に[6]、日本人ビジネスマンが書きそうな〈高スキャン〉による英語のセンテンスが引用されている。典型的な1例を下のボックスに紹介する。

■間接的・高スキャンのセンテンス
　Our office has moved to Nara. I'm going to buy a Honda.
　（会社が奈良に移転しましたので、ホンダを買うつもりです。）
この言い回しは、日本人には通じても、よその国の人びとには分からない。言葉を端折らないで、もっと直接的に明示的に述べるべきである。たとえば、次のように。
■直接的・低スキャンのセンテンス
　Our office has moved to Nara. It's too far from the station to walk, so I'll have to buy a car. I'm thinking of getting a Honda.
　（会社が奈良に移転しました。歩いて行くには駅から遠すぎるものですから車が必要です。ホンダを買おうかなと思っています。）
欧米流の"Explain !"（説明せよ）とは、このようなことを指す。

4 言葉の量と質、そして個人差ということ

　上の2と3で述べたようなコミュニケーション・スタイルの違いは、文化圏や言語圏だけでは、くくれない。「言葉の量」ということでは、たとえ同一文化圏・言語圏でも、個人差が見られるからである。
　日本は、ホールの調査によると、世界でもっとも高コンテキストの文化に属する（2番目は中国）が、個人差は大きい。たとえば、社内会議や教授会の場を思い起こしてほしい。紛糾する会議で、同じ日本人でありながら、ある人は、摩擦を恐れて、高コンテキスト的にマイルドに意見を述べ、ある人は、ぐずぐずと「螺旋的に」意見を述べるかもしれない。また、ある人は、ずばり、「A

---
[6] Kameda [2001] p. 146.

はBです」と結論を先に言って、「なぜならば…」と、その根拠を述べ、きわめて「直線的にロジカルに」、低コンテキスト的に反論するかもしれない。

たしかに、「ごもっとも」「おっしゃるとおり」とだけ言って、「分かるでしょう。察してください」といった高コンテキスト・スタイルのコミュニケーション行動は、無難である。摩擦を避けるいい人だ、スマートだ、と思われたい日本人ビジネス・パーソンに多く見受けられる行動であるが、しかし、時代は変わってきていて、場面・状況に頼るだけでは意図を伝えることができないことを知っている層もまた、現出している。かれらは、同じ日本人でありながら、説明することをいとわないかわり、相手にも説明責任を求める。それができない相手については、「責任を回避しているのだ」と思う。

だからと言って、言葉の量が多ければ良いという訳では決してない。日本では「口はわざわいの元」と言う。西洋にも「雄弁は銀、沈黙は金」という諺がある。今さら言うまでもなく、「言葉の質(内容)」が大事である。わが国は、俳句と川柳と短歌の国である。17文字か31文字で、ドラマを語ることのできる国である。それよりもさらに少ない文字数で気持ちを伝えることができる国である。内親王敬宮(としのみや)愛子さまのご誕生に際し、美智子皇后は、「いい赤ちゃんでした」という一言で、万感の思いを語られた。

それでも、21世紀の国際社会では、"explain(説明する)"能力がないと生き残れない。ボーダーレス社会といわれるものの、内実は、多民族・多言語・多文化が衝突をくりかえしている社会である。平和に共存共生するには、いかにお互いを理解し、異なるコミュニケーション・スタイルを尊重しつつ、探りつつ、いかに効果的にメッセージを交換することができるかということが究極的な課題となる。

§3 非言語コミュニケーション

1 非言語メッセージのインパクト

　言葉はコミュニケーションのための重要な手段である。言葉によって、私たちは、思うところ(意思・意見・感情)や情報を伝えることができる。しかし、言葉は1つの手段にしかすぎない。メッセージを伝えるには、もう1つ、言葉に頼らない表現方法、すなわち、非言語表現という強力な手段がある。

　非言語によるメッセージは、ある意味では、そして、状況によっては、言語によるメッセージよりもはるかに強いインパクトを与える。2例を挙げる。

図1-4　沈黙(silence)——言葉以上に語る

Heard melodies are sweet ; but those unheard
Are sweeter ; therefore, ye soft pipes, play on ;
　　　　　　　　　　　　　　——Keats

聞こゆる調べの甘美さよ
なお甘美なるは聞こえぬ旋律　されば
汝、優しき笛よ、吹き続けよ
　　　　　　　　　　　(キーツ)

出所：詩は、キーツの「ギリシャ古壺のオード」(*Ode to an Grecian Urn*)より

　イギリスのロマンティック・リバイバルを代表する詩人のひとり、ジョン・キーツにとって、「沈黙」は特別な意味をもっていた。たとえば、キーツからある人への手紙には、想像力に訴える "silent working" という言葉がある。

　詩の世界にとどまらず、"silent working"(語らずに働きかける)という要素

§3 非言語コミュニケーション　　25

は、コミュニケーションの世界でも示唆的である。

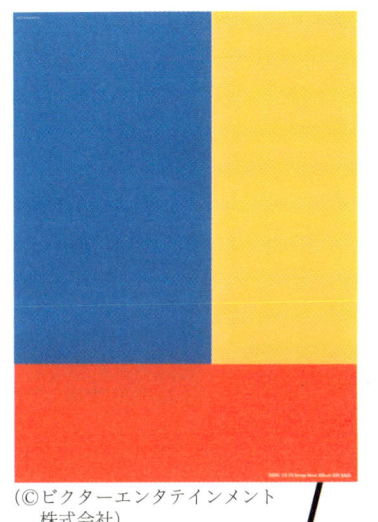

図1-5　色(color)——言葉よりも速い

2000年度朝日広告賞受賞作

　赤・青・黄色の3原色と、最小限の言葉(スマップのアルバム発売の告知に関する、見えないほど小さな数字と英文字)でブランド化を図った。制作者(多田琢と佐藤可士和)の意図とは——
　　「色にこだわるのは、最も速い
　　　コミュニケーションができるから」

出所：『朝日新聞』、2001年3月21日。

(©ビクターエンタテインメント株式会社)

ここの部分を拡大すると

2000. 10.14 Smap New Album ON SALE.

2　"Actions speak louder than words."（行動は言葉にまさる）

　次は、林真理子と松久信幸(〈NOBU TOKYO〉オーナーシェフ)の対談からの引用である。松久氏は、1987年、ビバリーヒルズに独特の日本料理レストラン「マツヒサ」をオープンした。ハリウッドスターが常連客となり、「ザガット・レストラン・サーベイ」で連続1位など高い評価を得る。93年、俳優ロバート・デ・ニーロとの共同経営でニューヨークに〈NOBU〉、98年東京・青山に〈NOBU TOKYO〉をオープン。ロンドン、ミラノ、パリなどに12店舗を持つ。この対談を掲載した『週刊朝日』によると、「世界で最も成功した日本人の1人」である。

林　世界を回っていらして、日本のお客さんの特徴ってありますか。

松久　日本のお客さんって、表現の仕方が下手です。アメリカ人は、「グレート」とか言いますから、最初は恥ずかしいんですけど、言われて悪い気はしないですよね。逆に自分の口に合わないときは、そうはっきり言いますから。

林　日本の人は、おいしくても口にあわなくても、黙々と食べて、黙々と帰るわけですね。

松久　そうですね。うちはお客さんが入ってこられたときと帰られるときは、「いらっしゃいませ」、「ありがとうございました」と声をかけますが、<u>アメリカ人とかヨーロッパの方は、声をかけた人のほうに顔を向けるんです。日本人の方は「いらっしゃいませ」と言っても真っすぐ歩いていきます</u>[7]。　　　　　　　　　　　　　　　　　　（下線部筆者）

　この一文を読むと、まさに「行動は言葉にまさる」という諺のとおりだと思う。マリナーズの佐々木投手が9回のイニングでマウンドに立ち、無事セーブをはたしてベンチに向かうと、ともに戦った選手たちは駆け寄ってきて、佐々木とハイタッチをしてよろこぶ。そのときの佐々木は、一幅の絵である。必ずひとりひとりの目を見て、瞬時に、あの実にチャーミングなニッコリを送る。この〈身体動作〉、そのちょっとシャイな〈顔の表情〉と〈アイ・コンタクト〉は素敵で、言葉以上のインパクトがある。

3　沈黙の重さ——無言・無反応とは天地の差

　東洋の文化もまた、西洋以上に昔から沈黙の大事さを知っている。オーバーステイトメントの表現スタイルを好む、かの中国でさえ、「大弁はいわず」（荘子）と言う。日本には、「行動すれども弁明せず」という諺があったり、「秘すれば花」という能楽からきた箴言もある。これらは、値千金の沈黙の尊さに触れているわけで、この種の沈黙が発するメッセージのインパクトは言葉よりも強い。

---

[7] 林真理子「マリコのここまで聞いていいのかな」『週刊朝日』2001年8月3日。

あいさつの声をかけた人のほうに顔を向けることすらしないという無言の態度を、松久氏は、「表現の仕方が下手」と柔らかく言っているが、この無反応さかげんは、不作法に近い。

日本人はいつからこのように、言葉を発しなくなったのであろうか。最近の都会の若者たちの、無言・無表情・無関心の度合いは、憂える状態を越えて、不気味である。しかし、かれらに言わせれば「おとなたちだって、そうじゃない」ということになるのかもしれない。

4 非言語表現の種類

ここまで、非言語コミュニケーション (nonverbal communication) の特色について、ごくごく簡単に触れてきた。これだけでもその重要性がお分かりいただけたと思うが、ほんの一面に触れたにすぎない。これを全面的にとりあげるとなると、膨大な頁数を要するので、以下に、この分野の種類をあげて、まとめとしたい。

≪QUIZ 3≫　私たち人間が、言葉を使わないで、非言語的に表現しようと思うとき、いったいどのくらいの手段(種類)に訴えることができるであろうか。
　　　　　□5種類以下　□6～8種類　□9～10種類　□それ以上

いろいろな分類のしかたがあるが、ここでは、代表的な分類の1つであるナップの論(1979)を基に作成された小池の表に、筆者がさらに2項目を加えて作成した表1-2を見ていただきたい。まず、ナップによると、人間が用いる非言語コミュニケーションには次の7種類がある。

　　身体動作／身体特徴／空間の使い方／
　　接触行動／準言語／人工品／環境要素

小池はこれに、「時間の使い方」という項目を加えて、8種類とした[8]。

---
[8] 八代他［2000］124頁。

これは、もっともな提案で、多くの専門家が「時間の使い方や捉え方」がコミュニケーションに与える影響について述べている。

筆者はこれに、「沈黙」と「色象徴」という2項目を追加、10種類とした。

非言語コミュニケーションのもたらすインパクトは、状況によっては、言語コミュニケーションのそれよりも強烈である。思いもしない誤解を招いたり、逆に、計らずも、コミュニケーションの成立を呼ぶことがある——アイ・コンタクトや顔の表情や笑顔で。声の調子や意味ある沈黙で。

表1-2　10種類の非言語表現

種類	学術用語	具体的内容
①身体動作	動作学（kinesics）	ジェスチャー、からだの動き・姿勢、表情、目の動き
②身体特徴		魅力、体臭・口臭、頭髪、皮膚の色、顔つき
③空間の使い方	近接空間（proxemics）	対人距離、縄張り
④接触行動		撫でる、叩く、抱く、握手
⑤準言語	パラ・ランゲージ（para language）	音声の特徴、感情や体調から出る音、間の取り方
⑥人工品	artifacts	衣服、かつら、化粧品、持ち物、香水
⑦環境要素		建物、室内装飾や照明、色、温度、音
⑧時間の使い方	時間学（chronemics）	物事の同時進行性、優先順位
⑨沈黙	サイレント・ランゲージ（silent language）	アクティブ・サイレンス（意味を付与する沈黙）
⑩色象徴	カラー・シンボリズム（color symbolizm）	伝達スピード、シンボリックな意味

出所：ナップの分類に基づく小池[2000]の表を参考に、筆者が⑨と⑩の2種類を加え、改変した。（このほかにも、「人為的に作り出した音」「外見」など、種類として加えることのできる項目はいくつかあるが、割愛した。）

Pタイム vs Mタイム――とくにマネジャー諸氏へ

　クロスボーダーのマネジメント能力のうち、マネジャーが意外にも、その重要性を見落としがちな要素に、異文化間で異なる「時間の使い方」というものがある。

■エドワード・ホールの「ポリクロニックな時間(Pタイム)」と「モノクロニックな時間(Mタイム)」の理論は、有名である（第5章参照）。

■〈取りかかるべき仕事へのアプローチ〉、〈意思決定における人間関係の模様〉は、〈時間の使い方〉にも係わることで、時間の捉え方は、国際ビジネス場面でのコミュニケーションのあり方に重要な意味(significant implications)をもつ。

■世界には、北西・中央ヨーロッパとアメリカのMタイム文化圏（＝会合の目的と場所と時間の厳守は絶対的であるとする文化）と、同じ欧米文化圏でありながら、イタリア・スペイン・ギリシャに代表される地中海文化圏と、ラテン・アメリカのように、会合の目的はそれとしながらも、たとえ重要なビジネスの場であっても、ファミリー的に人情的に、〈空間・場所〉を融通無碍に動くことが許され、〈時間〉も動かすことができるPタイム、というものがある。また、その狭間で揺れる、東洋における先進国、典型的には日本のように、ビジネスの場ではきっちりとMタイムを守りながら、しかし、それ以外の場ではPタイムという伝統的な要素も許容する文化もある。

　この節の最後に、「プロジェクトX」のチーフ・プロデューサー・今井彰氏がこの番組について語った、『文藝春秋』掲載の文章から、その一部を引用したい。

　　最近、各方面から売込みが頻繁に来るようになりました。うちにもこんな成功したプロジェクトがあるので、紹介してくれないかというわけです。売込みの主は、最近「プロジェクトX」は視聴率が上がって来ているから、宣伝効果があると思っておいでになるんでしょうが、それに乗り始めると命とりになることがわかっている。だから全部お断りしています。……（略）
　　もちろんボツになる企画もあります。ある技術を開発したと言われているけれども、オリジナルではないことがわかった場合には中止します。逆に、ディレク

ターの報告から大丈夫だとわかっていても、ふと不安になって確認に行く場合もあります。といっても、取材に同行するわけではなく、ディレクターが取材をしている最中に、登場していただきたい人物の家のそばに車を止めて、ご本人のお顔を覗かせてもらうのです。

　<u>実は、「顔つき」というのは、私の判断基準としては非常に重要な位置を占めます</u>。自分が本当に苦労してやったプロジェクトならば、その人は私たちにわかってもらおうと、全身全霊を傾けて話します。また、<u>物事に本当に真剣に取り組んで成功した人の顔というのは絶品なのです</u>。これまで取材を通じて数多くのお顔を拝見してきましたが、その確信は今も変わりません[9]。　　　（下線部筆者）

　本章で触れたのは、非言語コミュニケーションの一部にすぎない。表1-2で言えば、ハイライト的に、種類①、②、⑥、⑧、⑨、⑩について、インパクトという視点からのみごく簡単に触れた。

　この表の種類③と⑤もまた、重要である。これらの意味することについて、③については第5章「異文化コミュニケーションと英語コミュニケーションの醍醐味」を、⑤については第3章「コーチング」を読んで、その重要性を知っていただきたい。

　さて、§2と§3では、コミュニケーションを、言語的側面と非言語的側面に分けて考えてきた。これらの議論をもとに、コミュニケーションを定義してみると、次のように述べることができるであろう。

コミュニケーションの定義

コミュニケーションとは、言葉あるいは言葉を必要としない共通のシンボルを用いて、意識的にメッセージを伝えようとする行為である。しかし、意図するメッセージは往々にして部分的にしか伝わらない。なぜなら、コンドンも言うように、「どんな二人をとっても、その背景、経験、関心などは大きく異なるからだ」。[10]

---

[9] 今井彰「プロジェクトX――鮮やかな日本人」『文藝春秋』2001年9月号。
[10] Condon（近藤訳）［1980］49頁。

§4　効果的コミュニケーターの条件

　アメリカの前大統領クリントン氏は、世界のもっともすぐれたコミュニケーターのひとりである[11]。夫人のヒラリーもそうであると言われる。二人に共通するのは、グッド・リスナーという資質である。クリントンは、ドーナツが大好きで、民主党選出の大統領候補者として、予備選のキャンペーン（プライマリー）の期間中も、ときどきミスター・ドーナッツの店に立ち寄ることがあった。彼は、ドーナツ店で働いている若者たちにもフレンドリーに接して、たまさか、そこで働いている若者の誰かが、何か言いたいことがあったりすると、耳を傾けてくれるので、話しかけた若者はもちろんのこと、周囲もメロメロになったという。クリントンの思考パターンは柔軟なので、そのコミュニケーション行動も、相手をとろけさせるようなものであったのだろう。

　ヒラリー夫人は、ファースト・レディーになる直前まで、アメリカのトップ・テンの弁護士のひとりに数えられたほどの、有能な弁護士であった。彼女がホワイト・ハウスの住人になったとき、ワシントンの政治のプロたちは、なかんずく、共和党の政治家たちは、大統領に対してよりもヒラリーの動向を気にした。普通の人ではなかったからである。たとえば、彼女は、自身が当面専念したい仕事として、医療・保険分野のプロジェクト・プランを携えて、ホワイト・ハウスに乗り込んできた。あまつさえヒラリーは、自ら（みずか）イニシアティブをとり、この革新的プランを推進するのだ、と公言していた。

　意欲にあふれるファースト・レディーに対して、ワシントン政界の空気は冷たかった。それでも臆せずに、彼女は自身の信念を執拗に主張し続けた。その過程で、壮大かつ困難なプロジェクトにつきあうことになった共和党の有力な上院議員のひとりは、このプロジェクトを特集記事としてとりあげたニューズウィーク誌の記者のいろいろな質問に答えつつ、憮然（ぶぜん）として言った——「ヒラ

---

[11] 足立［2000］16-19頁。

リーは、とにかくグッド・リスナーなのだよ」。

弁護士の仕事は人の話を聞くことから始まるのだろうとは分かっていても、ヒラリーの耳の傾けかたにはまいるよ、と取材された上院議員は語った。

ちなみに、ニューヨーク大学を始めとして、米国のロー・スクールなどでは、学生がアクティブ・リスナーになるための実践教育をしているという[12]。

1 アクティブ・リスナー──心を聴く人

コミュニケーションの過程では、察知しえた情報に、いかに反応し対処し、いかにその答えを送り返すかという、フィードバックのスキルが物を言う。それには、「積極的に聴きとる能力」を必要とする。

あなたは今、ある人とコミュニケートできなければ、物事が片づかないという状況にあると仮定しよう。そのときのあなたは、コミュニケーションのテーマ(課題)を抱えている。そして、その答えもあなたなりにすでにもっていて、コミュニケーションの目的は、同じ答えを相手から引き出すことにある、という状況下で、あなたは、信号を発する──相手からも信号が返ってくることを期待して。このような場面では、次のようなアクティブ・リスニングのためのヒントが役立つであろう。

● 利害関係が絡むような状況下で、あなたは、(説得する立場にある)話し手である。あなたは、抱えているテーマについて、一方的に深刻に、説きまくってはいけない。テーマを明快に述べ、「これについてどう思いますか」と、まず、相手の意見を聞いてみるとよい。相手が意見を述べている間、あなたは「これは軌道修正をしたほうがよさそうだ」と考え直すことができるかもしれないし、時間を稼ぎつつ、「論法を変えてみようか」と素早くプランすることも可能だからである。(これは、吉田茂元首相が国際舞台でしばしば用いたタクティクスであった。彼は英語をよくした。スモール・トークの場面では、洒脱なスピーカーであった。しかし、交渉に臨むと、通訳を用いて、自ら話すことはしなかった。けれどもリスニングの能力が抜群で、通訳が間違えると、直ちに訂正を促したという。元首相は、

---

[12] http://www.dntba.ab.psiweb.com/ny-law/nyu-law-0301.html.

「通訳を使うのは、その間に考えられるから」とも言ったそうである。)

● 情報や信号や答えを引き出したければ、まず、耳を傾けよ。「アクティブに」、能動的に働きかけるような聴き取りのしかたをしなければならない。コミュニケーションでは、このアクティブ・リスニングというスキルが大事である(第2章「オフィスの対人コミュニケーション」参照)。

● (役割が、逆の場合もあるだろう)。同じく、利害関係が微妙に絡むような状況下で、あなたは聞き手の立場であるとする。説得される側としてのあなたに求められるのは、下記にあるようなアクティブ・リスニングというスキルである。ポライトな態度でただ〈言葉を聞く〉だけでなく、相手の〈心を聴くこと〉こそがもっと大切である。

アクティブ・リスニングとポライト・リスニングの違い[13]

■ **ポライト・リスニング (polite listening)**
あまり注意を払わず、機械的に聞いているだけのポライト・リスニングでは、聞き手は実は、自分も話したいので、話し手にはもうやめてほしいと思っている。ポライト・リスナーは、相手の言っていることに注意を傾けるよりも、頭の中では自分の言い分のリハーサルをやっていることが多いので、ポライト・リスニングではほとんど何も達成しない。就職面接での応募者などが、この種の過ちをおかしがちである。面接者のメッセージをアクティブに聴くかわりに、彼らは、次は何を言おうかと考えている。ポライト・リスニングに基づく会話は、従って、話を始めた時点でそれぞれが抱いていた見解からほとんど先へ進まない。

■ **アクティブ・リスニング (active listening)**
このスキルは、情報に誠実に掛かり合うことと、相手の状況に感情移入すること(empathy)の両方を必要とする。アクティブ・リスニングとは、聞き手が話し手のメッセージに集中することを意味する。ビジネスの場では、アクティブ・リスニングは効果的なコミュニケーションの基礎でもあり、もっとも強力なコミュニケーション・ツールの1つでもある。

---

[13] Boone et al. [1997] p.17.

2 「プロセスはやり直しがきかない」ことを知る

　コミュニケーションはプロセスである、ということは§1で、すでに強調した。プロセス(過程)そのものが、コミュニケーションである。これは何を意味するか。

　人が存在すれば、もうコミュニケーションは始まっている。そこに立っているだけで。コミュニケーションの始まりも漠然としているなら、終わりも定かでない。ゆえに、その過程が大事なのだ。筆者は、この真実を、コミュニケーション論を学び始めてから20年を経てようやく知り得た。

　コミュニケーションは時間の流れとともに「変化」する。ということは、八代なども指摘するように、2つの側面をもっている。1つは、「不可逆性」、すなわち、やり直しがきかないこと、もう1つは、「繰り返せない」ということである[14]。

　前者について付言すれば、一度言ったことを取り消すことはできない。取り消せないので、取り繕おうとしても、これも難しい。あるていどのフォローはできたとしても、ぎくしゃくとした部分は残ってしまう。一方、後者について考えるとき、筆者がまっさきに想起するのは、「一期一会」という言葉である。

3　発想の転換(パラダイム・シフト)ができる人

　効果的なコミュニケーターは、パラダイム・シフトのできる人である。

　パラダイムとは、もともと、科学・哲学・言語学の分野で用いられ、たとえば、文法用語では「範例(pattern)」を指す。近年では、経済学・経営学の分野でも、もてはやされている用語で、心理学・文化人類学・コミュニケーションの分野の用語ともなった。このように、広く学際的に用いられるようになったのは、クーンが『科学革命の構造』のなかで、〈思考パターンの転換〉を促

---

[14] 八代他［2000］64頁。

したことが、1つ預かっている。

　先述の「プロジェクトX」という番組が、サラリーマンをはじめとする働く人びと、その人たちを支える家族の間で、なぜ、これほどまでに視聴者の共感を呼ぶかと言えば、これは、発想の転換がもたらしたサクセス・ストーリーだからである。聞くも涙、語るも涙の事実に基づくドラマを追いながら、視聴者は、最後にカタルシスを味わうことができるので、番組を楽しむことができる。同時に、「逆転の発想」の効果のほどを知らされる。

パラダイム・シフトの定義

■思想史でしばしばいわれる「パラダイムの転換」というときは、同時代に共通して用いられている思考パターンの転換のことである。これは、クーンが『科学革命の構造』のなかで提示している概念で、その場合のパラダイムは、科学者たちが、共通に理解している一連の考え方、「知の枠組み」を意味する。この意味でのパラダイムが固定化してしまうと、科学それ自体が行き詰まるために、「パラダイムの転換」が求められることになる。

（『現代用語の基礎知識2001』より）

パラダイム・シフトの代表例

■ある特定の期間に人びとに広く共有された「一連の仮説」ないしは「暗黙の了解」言い換えれば、その時代の科学的理論や思考の枠組みを覆した例に、たとえば、ヨーロッパにおける16世紀から18世紀にかけての天動説から地動説への転換を挙げることができる。コペルニクス的発想の転換である。

パラダイム・シフトの効果例

■最近の顕著な例で言えば、NHKの「プロジェクトX」でとりあげられたすべての事例。

≪スキル・トレーニング1≫　　　　　　　　　　　　　　　　　発想の転換

●下の図は犬です。
① 犬は左を向いていますが、マッチ棒を2本動かして右向きにしてください。(ただし、しっぽは上向きのままにしてください。)
② 犬は1匹ですが、マッチ棒を2本動かして、2匹にしてください。

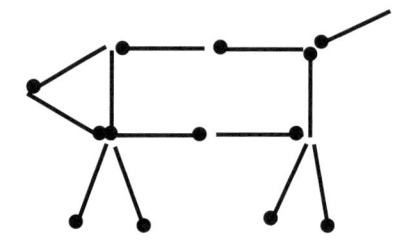

出所：http//www.shirakami.or.jp/~eichan/math/exxx/ex002.html

4　自己開示が大事──ジョハリの窓

　　　Cultures, of course, do not communicate. Only individuals communicate.
　　　　　　　　　　　　　　　　　　　　　　　　　──D. C. Barnlund

　まるで禅問答における禅師のように、「コミュニケートするのは、文化ではない。個人である」と、バーンランドは言う。「しかし」とバーンランドは続ける。「文化というものは、…パーソナリティーのパターンを通して、社会の成員一人ひとりのコミュニケーション・スタイルに影響を与えるのだ」と。

　コミュニケートするのは個人であっても、個人がその思考や感情を表現しようとするとき、その表現法や解釈のしかたは、その人が属する文化が好むモードに左右されがちである。異なる文化の、それぞれに独特のメッセージの型を説明するには、人間の内面から考えはじめる必要がある。なぜならば、この内なる憶測の世界こそが、メッセージを記号化し、解読し、すべての意味を仲介して、コミュニケーションを成立させるからである。バーンランドは、「この内なる世界」をよく表すものが、「ジョハリの窓」だと言う。

図1-6 ジョハリの窓（The Johari Window）

	自分は 知っている部分	自分は 知らない部分
人に 知られている 部分	I オープン （共有部分）	II 見えない （盲目部分）
人に 知られていない 部分	III 隠れている （拒絶部分）	IV 未知の部分

出所：Barnlund [1975] p. 30, Figure 1.
（この有名なグラフィック・モデルは、1955年、Joseph Luft と Harry Ingram によって創出された。「ジョハリ」とは、2人のファースト・ネームに由来する＝Jo＋Hari）

　この図は、メッセージの「記号化」と「解読」という問題を考えるときに役立つ。すべての個人間・異文化間のコミュニケーション行為は、この、個人の内面で起こるプロセスにその源を発しているからである。
　ジョハリの窓について、以下に、バーンランドの説[15]を中心に要約する。
　Iの「オープン(Open)な」窓は、「自分も知っている/人も知っている」という、共有された情報(shared information)の領域を表す。換言すれば、Public Self(公の私)を表す。
　IIの「見えない(Blind)」窓は、自分には「見えない(blind)」部分を表す。自分の強さや弱さ、楽観的なところや悲観的なところなど、人には見えているのに、自分は盲目になっている部分である。
　IIIの「隠れている(Hidden)」窓は、2つの要素の混合部分である――①自分の言葉と行動を注意深くモニターし、「人から隠している」部分（＝自分の

---

[15] Barnlund [1975] pp. 30-31.

過去の不幸なできごとや失敗、人には知られたくない弱点、あるいは秘かに満足していることなど)と、②そのように意図的に隠しているわけではないのに、他人には知られていない、「隠れている」領域である。換言すれば、Private Self(プライベートな私)を表す。

IVの「未知の(Unknown)」窓は、情報や知識が深く埋め込まれているので、あるいは、うまく隠されて(カムフラージュされて)いるので、自分も人も気づかない領域である。人はだれでも、自己のすべてを知ることは難しいということをこのダイアグラムは示している。まして、他人が察することはおよそ不可能である。同時に、この未知の領域は、潜在能力などの発見の場でもあり、明日を視野におけば、明るい窓にもなり得る。

「ジョハリの窓」が意味するところをもっと知りたい読者は、次のスキル・トレーニングを試みて、〈解説〉の頁を読んでほしい。

≪スキル・トレーニング2≫　　　　　　**自己開示の相互作用(interaction)**

●ジョハリの窓が、図Aのような人(=Aさん)と、図Bのような人(=Bさん)が話をすると、どのようなことになると思いますか。

①まず、図Aと図Bの大きな違いについて、考えてみましょう。
②AさんとBさんが話をすると、どのような行き違いが生じると思われるか。自己開示の〈度合いのズレ〉の観点から、あなたの解釈を自由に、とくに、縦軸のIとIIIの窓のサイズに注目して述べなさい。
③〈度合いのズレ〉を少なくするにはどうすればよいか、述べなさい。

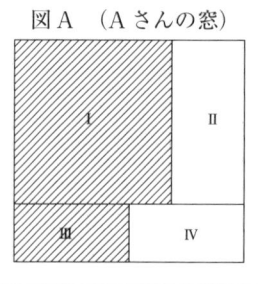

図A　(Aさんの窓)　　　　図B　(Bさんの窓)

5 グッド・マナーズ

　美しい日本語が普通に使えて、明るく律儀で、礼儀正しくて、対面している人の目を見てニッコリほほえむだけの余裕のある人は、幸せな人生を送るだろう。そのような人は、おおむね、アクティブ・スピーカーで、その性情からして、グッド・リスナーの資質をも具有するので、非言語的な次元でも、可愛げがあって、周りの人びとはその言葉を聞いてしまう。

　わが国では昔から、「可愛げのある男は出世する」と言われてきた。歴史的人物(たとえば、豊臣秀吉)の伝記を辿っても、映画やテレビ・ドラマや小説のフィクショナルな人物たち(たとえば、アリー・マクビルや孫悟空やドンキホーテ)を思いかえしてみても、古今東西を問わず、可愛がられる人たちにひとしく共通するのは、彼らは礼節の意義と効用を知っていて、それを態度に表すことができるという点であろう。

日本のビジネス・パースンへ

　問われるのは、コミュニケーション・スキルだけではない。はるかに重要なことは、「隠れている」ところで、コミュニケーションの成立を左右する要素、すなわち、国際的に通用する「グッド・マナーズ」についての知識と経験と応用力である。クロスボーダーでのあらゆる状況を乗り切るためには、ビジネスの場でのプロトコルとエチケットに関する深い洞察と実行を要する。グッド・コミュニケーターとは、何よりも、グッド・マナーズを心得ている人、エチケットのさまざまな次元を日常的にこなすことのできる人を指すのだ、と言えよう(第6章「国際交渉のスキル」参照)。

　最後に、3冊の本をご紹介する。

> ▶ Elizabeth L. Post, *The New Emily Post's Etiquette.*
> 　エミリー・ポストのエチケット読本の存在を、筆者はふた昔ほど前に、良い意味でエチケットにうるさいことで知られるイギリス大使館の友人

から知った。欧米のエチケットに関する外交官のバイブルだと言われる。

(Funk & Wagnalls, New York／ハードカバー／978頁)

▶ ジェトロ編『駐在員発知ってて良かった世界のマナー』

18カ国からジェトロ駐在員が発信した、てっとりばやく面白く読める本。

(ジェトロ／新書版／221頁)

▶ Louis E. Boone et al., *Contemporary Business Communication*.

英語でビジネスをする人のための保存版的ベストセラーの1冊。〈読む・書く・聴く・話す〉という、コミュニケーション活動の4つの技能（スキル）を、理論と実践の両面から、至れり尽くせり教えてくれる本。カラーを多用し大判なので、少々お高い。

(Prentice Hall, New Jersey／ハードカバー／645頁)

スキル・トレーニングの解説

《スキル・トレーニング1》　　　　　　　　　　　　　　　　　　(36頁)

逆転の発想をせよ。いつもとは違う、180度転換した方向に、動かしてごらんなさい。

　①右を向きました　　　　　　　②赤ちゃんをかかえて，2匹になりました

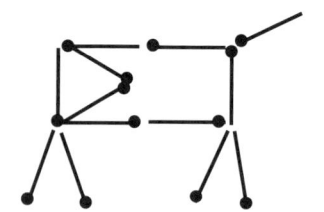

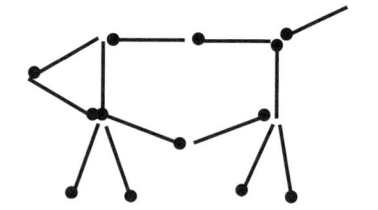

出所：http://www.shirakami.or.jp/~eichan/math/exxx/ans002.html

≪スキル・トレーニング2≫ (38頁)

①について……………………………………………………………………………………
　Ⅰの「開かれたオープンな」窓は、自分も知っているし、人も知っているという〈共有された情報部分〉を表す。
　AさんのⅠの窓は、37頁のⅠの窓よりもはるかに大きく開かれているので、Bさんは、Aさんについて、その感情や意見、趣味・嗜好を含めて、いろいろなことを知っているかもしれない。Bさんの窓は小さい。AさんがBさんについて知っているのは、限られた〈情報〉、たとえば住所・電話番号・メールアドレス・職業と地位くらいであるかもしれない。
　右の窓Ⅱは、「自分には見えない」部分を表す。自分の強さや弱さ、楽観的なところや悲観的なところなど、「人には見えている」のに、自分は気がつかない部分である。Aさんの窓は、Bさんの窓より大きい。自分で気づかない部分をAさんはBさんよりも多くかかえているかもしれない。逆に、Bさんは、Aさんよりも冷静に、自身のことを見ているかもしれない。
　Ⅲの「隠されている」窓の比較でいえば、Bさんの窓はとても大きい。Bさんは自己開示の度合いが少ない。心を開くのに慎重な人かもしれない。Bさんは聞き役に回るタイプで、Aさんはよく話す人であるとも言える。
　Ⅳの「未知」の窓は誰もがもっている。AさんとBさんのこの窓のサイズの差は、ⅠやⅢのサイズの差に比べれば、コミュニケーションの「ズレ」という観点ではさほど重要ではない。

②について……………………………………………………………………………………
　AさんのⅠの窓は、Ⅲの「隠れている」窓の部分へと、とくに大きく広がっている。Aさんは、心を開く度合いが深い。自分のことをよく語るが、同時に、相手の気持ちや考えも知りたい。ゆえに、一生懸命に話しかけてくる。いろいろな問いかけもする。Bさんは、もっぱら聞き役である。親しい間柄であれば、この度合いのズレは問題にならないが、そうでなければ、Bさんは、このAさんのアプローチを、わずらわしいと感じるかもしれない。逆にAさんは、反応の少なさに「どうして？」とがっかりするかもしれない。

③どうすればよいか……………………………………………………………………………
　相手の自己開示の度合いを察することが大事である。ズレを感知して、お互いに相手に合わせるようにする。Aさんは、「もっと話を聞きましょう」と努める。意識して、聞く回数を増やす。Bさんはもっと心を開いて、話すことが苦手でも、短い言葉でもいいから、とにかく反応すること。とりあえずは、アイ・コンタクトだけでもいい。お互いに、相手の世界を尊重しつつ、歩み寄り、「調整を心がける」

ことが大切である。

☆読者諸兄へ——この種のコミュニケーション・スキルの問題について、正解というものはありません。人には、それぞれの価値観があるからです。本書のスキル・トレーニングでは、自分の頭とハートで考えてみる態度が、何よりも大事です。そして、知識とスキルを加味して、KSA（*Knowledge, Skill and Attitude*）のバランスをとることを心がけましょう。

参 考 文 献

Barnlund, D. C. [1975] *Public and Private Self in Japan and the United States : Communicative Styles of Two Cultures*, Simul Press.
Boone, L. E., *et al.* [1997] *Contemporary Business Communication*, Prentice Hall.
Bormann, E. G. and N. C. [1981] *Speech Communication*, Harper & Row, Publishers.
Condon, Jr., J. [1980] *Cultural Dimensions of Communication.*（近藤千恵訳［1980］『異文化間コミュニケーション——カルチャー・ギャップの理解』サイマル出版会。）
Ferraro, G. P. [2002] *The Cultural Dimension of International Business*, 4th ed., Prentice Hall.
Hall, E. T. and M. R. [1987] *Hidden Differences : Doing Business with the Japanese*, Doubleday.
Kameda, N. [2001] "The implication of language style in business communication : focus on English versus Japanese", *Corporate Communications*, Vol. 6, No. 3, MCB University Press.
Schuster, C. and Copeland, M. [1996] "Cross-Cultural Communication : Issues and Implications" (in Ghauri, P. and Usunier, J-C., eds., *International Business Negotiations*, Pergamon.)
足立行子［2000］「国力としてのコミュニケーション能力」『マネジメント・コミュニケーション研究』第1号、マネジメント・コミュニケーション研究会。
田中明彦［2000］『ワード・ポリティクス——グローバリゼーションの中の日本外交』筑摩書房。
照屋華子・岡田恵子［2001］『ロジカル・シンキング』東洋経済新報社。
宮原哲［1999］『入門コミュニケーション論』松柏社。
宮原哲［2000］『コミュニケーション最前線』松柏社。
八代京子・町恵理子・小池浩子・磯貝友子［2000］『異文化トレーニング——ボーダーレス社会を生きる』三修社。

第2章

オフィスの対人コミュニケーション

美しい顔が推薦状であるならば、美しいこころは信用状である。

初代リットン伯爵(イギリスの外交官・詩人)

§1 外見は語る——面接でのコミュニケーション

1 好き・嫌いのメカニズム

　私たちは日々、多くの人々に関わりながら仕事をしているが、毎日同じように顔を合わせる同僚や先輩の中にも、必ず話しやすい人と苦手な人がいる。この章ではまず、そうした好き・嫌いのメカニズムについて、下記ケース1に基づいて、考えていこう。

ケース1

　Y子は、この春入社したばかりの新入社員である。同じ部署に3名の女性の先輩がいる。A先輩はエレガントな美人で、入社当時はひそかにあこがれていた。でも、一緒に仕事をしてみてびっくり。仕事のことで質問に行っても、コンピュータに向かったまま振り向いてくれないし、この前なんか、「私の仕事じゃありません」と言われてしまった。B先輩はいつもてきぱきと仕事をしている。こういう人を「できるひと」と言うのだろう。でも、第一印象どおり、意味もなく怖い。この間、出入りの業者さんを怒鳴りつけているところを見てしまった。自分もあんなふうに怒られたらどうしようと思う。穏やかな雰囲気のC先輩は、きっちりと仕事をこなすタイプである。質問をすると必ず丁寧に教えてくれる。最近わからないことは、いつもC先輩に聞くようになった。

　さて、あなたがY子ならどの先輩にいちばん好意を抱くだろうか。間違いなくC先輩だろう。それでは、このメカニズムを考えてみよう。

　私たちが誰かに魅力を感じる要因は、大きく3つにまとめられる[1]。①相手が自分の好ましいと思うスタイル・性格・態度・言葉遣いなどをもっていると判断した場合。②相手が自分を認め、励ましたり、自分の意見に賛成してくれる場合。反対に無視されたり、批判される人とは仲良くなりにくい。③自分と関わりがある出来事に対して、相手も類似した態度や行動を示す場合。

　ケース1を考えてみよう。Y子は当初、エレガントな雰囲気や外見をもつA先輩にひそかにあこがれていた（要因①）。ところがA先輩はY子の質問を聞こうとしてくれない（要因②）。また、仕事に関しても、自分と類似した熱心な態度を取ってくれないため（要因③）、好意を抱けなくなったと言える。B先輩の場合は、日頃の彼女の態度や雰囲気がY子の好ましいと思うものではなく（要因①）、距離感を縮めていくことができない。そして最後のC先輩の場合は、丁寧に質問に答えてくれる態度が、上記3つの要因すべてを満たしていると言える。ちなみに、Y子が当初A先輩にあこがれていたように、相手の身体的魅力度と好感度には正の相関があるという結果が実証研究からも導き出

---

[1] 藤田［2000］96-97頁。

されているが、外見の魅力がその効力を最大限に発揮するのは出会いがしらであり、それ以降はその他のさまざまな情報によって、好感度も流動的になる。

2 印象形成と印象操作

ところで、Y子の感想の中には、もう1つ大変興味深い点がある。それは、Y子が3人の先輩すべてに関して第一印象を述べているという点だ。私たちは、初めて会った、またはうわさを聞いた他者に対して、必ず、あるまとまりのある人物像を形成する。これを「印象形成」と呼ぶ。一方、他者の目を操り、印象形成を意識的に操作することを「印象操作」と呼ぶ。印象形成に関しては、アッシュがおもしろい実験を行っている[2]。アッシュは以下のような、2人の人物A、Bの特徴をあるグループに読んで聞かせ、それぞれの人物に形成される印象を調査した。

> A：知的な－器用な－勤勉な－温かい－断固とした－実際的な－注意深い
> B：知的な－器用な－勤勉な－冷たい－断固とした－実際的な－注意深い

その結果、人物Aに対して人物Bよりも好意的な印象(寛大な、社交的ななど)を抱く人が多かった。この場合、異なった情報は「温かい－冷たい」の1点だけであり、ある特定の情報が印象形成に大きな影響を与えていることがわかる。このように、印象形成において中心的役割を果たす情報が与えられると、私たちは自分自身の経験や価値観などに照らし合わせて、その他の特性をも推測し、その人全体を良くまたは悪く判断してしまう傾向がある。この私たちの印象形成に関する信念体系を「暗黙裡のパーソナリティー観」と呼ぶ。

アッシュはまた、情報提示の〈順番〉が印象形成にどのような影響を与えるかについても、上記と同じ方法で調査した。

---

[2] 和田 [1999] 25-28 頁。

> C: 知的な－勤勉な－衝動的な－批判力のある－頑固な－ねたみ深い
> D: ねたみ深い－頑固な－批判力のある－衝動的な－勤勉な－知的な

　その結果、「知的な」で始まる人物Cの方が、「ねたみ深い」で始まる人物Dよりも好意的な印象(社交的な、ユーモアのあるなど)を得た。このように、最初に提示された情報が強い影響を与えることを「初頭効果」と呼び、第一印象の大切さを物語っている。(逆に、最後に提示された情報が全体像に影響を与えることもあり、「新近効果」と呼ばれている。)

1語の違いが大違い

3　面接でのコミュニケーション

　第一印象が大きな役割を果たすのが、会社訪問や面接である。私たちは日々、さまざまな企業や組織の製品またはサービスの恩恵を受けながら生活しているが、会社訪問や面接は、初めてその企業や組織と直接コミュニケーションを行う極めて重要な場面である。表2-1は、就職戦線真っ只中の女子短大生50名に、「面接の際に気をつけていること」について自由記述式のアンケートを行った結果である。

表 2-1 面接に関するアンケート(50名、複数回答)

≪面接の際に気をつけていること≫

項目	内　　容	人数
服　装	清潔な格好(派手にならないようにする)	10
	髪型をきちんとする	5
	靴をきれいにする	3
	つめをきちんとする	3
表　情	笑顔	21
	目線を合わせる	10
	背筋を伸ばす/姿勢をよくする	8
	恐い顔にならないように注意する	2
話し方	はきはき話す	14
	敬語/言葉づかいに気をつける/学生言葉をつかわない	12
	適当な声の大きさで話す	4
	語尾を伸ばさず、しっかり最後まで発する	1
態　度	あいさつをきっちりとする	3
	おじぎの仕方に気をつける	2
	マナーを守る	1
	10分前に行く	1
会　話	覚えた事を思い出すのでなく、相手と会話する気持ちで話す	3
	自分のペースにもちこむ	2
	自分が言いたい事、不思議に思った事はなるべく言う	2
	素直に相手の話を聞く	2
	人が答えている時も気を抜かない	2
	予期しなかった質問でも沈黙しない	1

　この表からも、面接では、服装・表情・話し方などを通じて、できるかぎり好意的な印象を与えようと気を配っていることがわかる。実際、面接試験では、面接官と応募者が離れて座ることが多く、表情や姿勢、目線やうなづきな

どの非言語コミュニケーションも大きな役割を果たしている。なぜなら、非言語コミュニケーションは、単に言語コミュニケーションを補佐するだけでなく、それ自体無意識的に多くのメッセージを伝達するものだからである(第1章参照)。

動物行動学者のデズモンド・モリスは、人間の動作の信頼尺度を以下のように順位づけた[3]。①自律神経信号(動悸や汗など)、②下肢信号(足の動き)、③体幹(胴体)信号(体の姿勢)、④見分けられない手振り、⑤見分けられる手のジェスチャー、⑥表情、⑦言語。つまり、言葉でうそをついても、体とりわけ下肢部分は真実のメッセージを送ってしまう。

面接においても、緊張や不安、不自然な回答などは、むしろ非言語によって看破され、言語コミュニケーション以前に、より多くの情報が非言語によって伝達されている。

それでは、企業サイドは、面接のやり取りの中でどのような点を評価しているのだろうか。『週刊ダイヤモンド』2000年4月15日号に、「人事部長の本音」という興味深い記事がのっていた。その記事によると、新入社員の面接で「人事担当者が目をつけるポイント」のトップ5は、「積極性」「業務への適性」「個性」「協調性」「コミュニケーション能力」である。また人事部長が求める大学改革としては、「専門教育の充実」「パソコン、通信環境の充実」「人格教育への取り組み」がトップ3に入っていた。とりわけ、人格教育への取り組みには真剣な要望が多く、「学問だけでなく、人間として最低限必要な一般常識やマナーを身につけてほしい。きちんと挨拶ができる学生が非常に少ない」などの悲痛な声もある。採用したい人材としては、「流動する社会情勢にすばやく対応できる柔軟性と独創性を持って、なんにでも挑戦する意欲のある学生」など、一方採用したくない人材としては、「ただ漫然とベルトコンベア式の教育制度に乗っかってきた学生。就労意欲が著しく低い場合がある」「仕

---

[3] 渋谷 [1999] 52-53頁。

事は与えられるものとして発想する学生は、これからの時代、社会から受け入れられない」などの意見が出ている。

　もう1つご紹介しよう。*The Newsletter of the National Business Education Association* の1996年11月号の中で、アメリカで成功している企業のCEO（最高経営責任者）や人事担当者たちが、採用の際に求める資質、知識、スキルについて以下の8点をあげている。①コミュニケーション・スキル、②積極性、③創造性と問題解決スキル、④カスタマー・サービスを常に心がける精神、⑤国際ビジネス・スキル（他国の経済システム、ビジネス慣行などの知識や外国語能力など）、⑥コンピュータ・スキル、⑦起業家精神とスキル（経営知識とスキル、顧客やマーケティングに関する知識など）、⑧生涯学習の姿勢。そして記事の最後を、「つまり、急変する環境にも適応できるバランスの取れた人材」と締めくくっている。

　上記『週刊ダイヤモンド』の「人事担当者が目をつけるポイント」でも「問題解決能力」「パソコン環境への適応力」がそれぞれ7位、10位であった事を考えると、洋の東西を問わず多くの共通点があり、とりわけコミュニケーション能力が極めて重要視されていることがわかる。考えてみれば、面接自体が、限られた時間内で自分の個性や能力をどれだけ効果的にアピールできるかというコミュニケーション能力そのものの判定でもあり、さらに言えば、面接者と応募者の人格と人格のぶつかりあいである。

　面接は企業が応募者を一方的に判断するのではなく、実は双方がお互いを評価していく過程である。表2-1と同時期に行った「面接の際に印象に残ったこと」のアンケートの中でも、「面接官、人事部の対応で社風や会社の方針がわかる」、「面接官が『私は会社が学生を選んでいるのではなく、会社が学生に選ばれているのだと思っています』と言ったこと」という意見が出ており、一見面接官と応募者に明らかな力関係が存在するように見える面接でさえ、実は双方向の対人コミュニケーションであることがわかる。

　それでは、コミュニケーション能力とはどのようにして身につけていくものなのだろうか。次節で詳しく考えてみよう。

≪スキル・トレーニング1≫　　　　　　　　　　　　　　　　　　　印象形成

● 初対面の人と出会ったとき、次のような相手の反応を見て、あなたはどういう印象を抱くだろうか。また、その人がどういう人物だと推測するだろうか。
　① 視線をそらせる、または顔をそむける。
　② こわばった表情で頭だけ下げる。
　③ 笑顔で「はじめまして、○○です。」とあいさつする。

§2　コミュニケーションを円滑にするスキル

1　対人コミュニケーションとは

　前節で出てきた印象形成や好き・嫌いの感情は、「対人心理」と呼ばれ、私たちの相手への行動(「対人行動」)にも何らかの影響を与えるものである。また、いったん対人行動が交わされると、その両者間には特定の「対人関係」が形成され、相手の対人行動が私たちの対人心理に再び影響を与えるというサイクルができあがる。深田は、この関係を下のように図示している[4]。

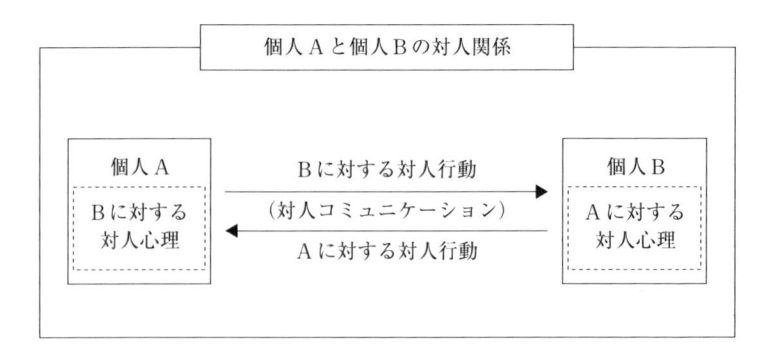

```
┌─────────────個人Aと個人Bの対人関係─────────────┐
│                                                          │
│  ┌─────────┐    Bに対する対人行動    ┌─────────┐  │
│  │  個人A   │  ───────────────────▶  │  個人B   │  │
│  │ Bに対する│    (対人コミュニケーション)  │ Aに対する│  │
│  │ 対人心理 │  ◀───────────────────  │ 対人心理 │  │
│  └─────────┘    Aに対する対人行動    └─────────┘  │
│                                                          │
└──────────────────────────────────────────────────────────┘
```

---

[4] 深田 [1999] 112-114 頁。

この対人行動の中心的役割をになっているのが、言語および非言語メッセージによって情報伝達を行う、対人コミュニケーションであり、一般に「2人または少数の人間が対面して行う言語および非言語コミュニケーション」と定義されている。対人コミュニケーションでは、①少数性(2人または少数である)、②双方向性(メッセージの送り手、受け手の役割が交替しながら行われる)、③対面性(対面状況が基本となる)、④心理的関係性(メッセージの送り手、受け手に何らかの心理的関係が存在する)が基本的特性であるが、とりわけオフィスのコミュニケーションを考える場合には、電話やEメールなどのコミュニケーション・ツールを用いた間接的コミュニケーションも視野に入れる必要があり、ここからは対人コミュニケーションの定義を「2人または少数の人間が対面または非対面で行う言語及び非言語コミュニケーション」と拡大して考えていこう。

2　コミュニケーションとスキル

　近代組織論の祖と呼ばれるバーナードも、組織の3要素(共通目的、協働意志、コミュニケーション)として挙げているように、コミュニケーションは企業や組織の生産性に大きな影響を与えるものである。また、コミュニケーションを情報の伝達という側面からだけでなく、情報の蓄積・貯蔵・再生・発信という枠組みでとらえれば、その企業文化を決定付ける要因であるともいえる。
　最近では、コミュニケーションの重要性が注目されはじめ、車の運転や語学のように、練習しだいで習得できるものとして、そのスキル面が強調されている。たとえば、「ヒューマン・スキル」や「ピープル・スキル」という言葉に出会ったことはないだろうか。どちらもコミュニケーション・スキルとして、最近よく雑誌や書籍に登場している。特にピープル・スキルには、「ビジネスの場でいかにそのスキルを発揮できるか」というニュアンスが含まれており、1997年の第5回全国秘書会議(社団法人日本秘書協会主催)でも、「人間のいるオフィス―秘書のピープル・スキル(人間術)を考える」というテーマで、IT

革命(情報革命)による人間疎外が進む中、どのように対人コミュニケーションを活かしていくかという事が話し合われた。

それらのスキルの中でも特に注目すべきなのが、社会心理学者アーガイルによって提唱され、社会心理学その他の分野で研究されてきた「社会的スキル」であろう。社会的スキルをひとことで説明すると「ほかの人に対する振舞い方やものの言い方」[5]と言うことができる。つまり、「社会的スキルのほとんどがコミュニケーション・スキルそのものであるか、あるいは何らかの関係を持っている」[6]と考えられる。ここでは、相川のモデル[7]を基に、「社会的スキル」について考察してみよう。

3 社会的スキル

相川は、社会的スキルを「対人場面において、個人が相手の反応を解読し、それに応じて対人目標と対人反応を決定し、感情を統制したうえで対人反応を実行するまでの循環的な過程」[8]と定義づけ、図2-1のモデルを提示している。

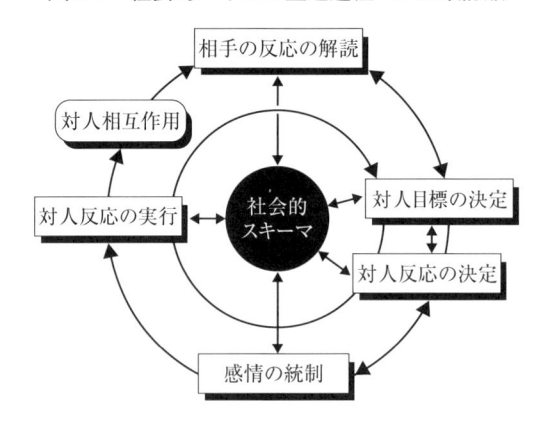

図2-1 社会的スキルの生起過程モデル改訂版

相手の反応の解読 → 対人目標の決定 → 対人反応の決定 → 感情の統制 → 対人反応の実行 → 対人相互作用 → 相手の反応の解読

中心：社会的スキーマ

出所：相川［2000］112頁。

---

[5] 相川［1996］4頁。
[6] 坪田［1999］204頁。
[7] 相川［2000］110-131頁。

このモデルの中心となっている社会的スキーマについて、相川は「社会的事象についてのさまざまな知識が体制化され、1つの構造を成している情報群」と説明しているが、「これまで個々人が蓄積してきたデータベース」と考えるとわかりやすいかもしれない。さらにこの社会的スキーマは、①他者の反応や特性に関しての「人スキーマ」、②自分についての「自己スキーマ」、③年代・性別・職業などの社会的役割や社会的カテゴリーについての「役割スキーマ」、④ある状況下で生じる社会的出来事についての「出来事スキーマ」、⑤物事が生じた原因とその結果に関する認知の枠組みである「因果スキーマ」と下位分類され、社会的スキーマをどれだけ有効に利用できるかが社会的スキルの高さを決定づける鍵となる。

ケース2

> A子はデザイナーズ・ブランドでアルバイトをしている。その日はセール中で朝から顧客の対応に疲れきっていた。ある顧客が注文した商品を言われたとおりに取り出したが、「それじゃなくて、これよ」と言われたので無言で取り替えたところ、「何、あなた怒ってるの？」と文句を言われ、マネージャーが呼び出された。

私たちが誰かとコミュニケーションを行う際には、まず①「相手の反応の解読」を行う。この際、社会的スキルが高いほど何種類もの反応を知覚し、より正確に相手の反応を解読することができる。たとえば、相手の言葉だけでなく、表情や視線からもメッセージを読み取れるかどうかである。ケース2ではどうだろうか。実はこの時、顧客もずいぶん待たされていていらいらした状態だったのだが、残念ながらA子は「それじゃなくて、これよ」という顧客の言葉や顔の表情から、顧客の「いらいら度」を的確に把握できなかったといえる。

次の段階②として、①の解読に基づき、「対人目標の決定」を行う。すなわち、「謝ろう」とか「無視しよう」などの目標を設定するのである。一般に社

---

[8] 相川［2000］17-18頁。

会的スキルの高い人ほどより適切で明確な目標をもつことができる。ケース2では、「自分が商品を間違えたわけではないのだから、謝らずに商品だけ取り替えよう」という目標を設定している。

③いったんこのように目標を決定すると、今度はその目標を達成するためにどういう反応を行えばいいかを決定する(「対人反応の決定」)。たとえば、もし謝る場合なら、どのような言葉を添えるかなどである。この場合 A 子は、「無言で新しい商品を手渡す」という対人反応を決定している。さて、いったん決定された対人反応は、人スキーマ、役割スキーマ、出来事スキーマなどに照らし合わされ、その反応がいい結果を生み出すかどうか、または実際に自分がその反応をうまく実行できるかどうか、再検討される。もしも適切でないと判断された場合は、再び「対人目標の決定」まで立ち戻って修正されることもある。ここで A 子は、役割スキーマや出来事スキーマが十分に活性化できず、顧客と A 子との関係では、A 子が「失礼致しました」とひとこと添えることが社会的に期待される行為だという事に気づかず、顧客の怒りをかうこととなった。

④対人反応が決定されるとその反応をうまく実行させるため「感情の統制」が必要になる。ここでの感情とは、①「相手の反応の解読」や②、③の「対人目標・反応の決定」によって生じる感情である。A 子の場合も、「自分が間違えたわけじゃないのに、どうしてあんな高圧的な態度なのだろう」という不満や怒りをコントロールしながら、次の⑤「対人反応の実行」に移っていく。

この段階は、決定された反応を言語・非言語の両面から実行する段階であり、言語メッセージと非言語メッセージを一致させる事が重要である。たとえば言語メッセージとしては謝罪していても、憮然とした態度では謝罪していることにはならない。ケース2の例では、黙って新しい商品に取り替えた場面であるが、この際、面倒くさそうな表情をしていなかったか、憮然とした態度をとっていなかったかなどもチェックしなければならない。また、この時 A 子が顧客対応に相当疲れていて、うまく感情がコントロールできなかったというのも、見逃してはいけない要因である。

非言語メッセージは正直

さて、私たちが対人反応を実行すると、⑥今度は相手が反応を示し(「対人相互作用」)、私たちは再び①の「相手の反応の解読」に戻るのである。ケース2では、相手の顧客が「何、あなた怒ってるの？」とA子の態度に不満を示し、マネージャーが呼び出され、A子も謝罪することとなった。後日A子も、「『それじゃない』と言われた時に、『すみません。失礼いたしました。』とひとこと言っておけば大事になることはなかったと反省している」と答えているが、この失敗がまたA子の社会的スキーマの中に取り込まれ、次回は良く似た状況でより適切な行動がとれるようになる。

このようにコミュニケーションとは、心理的、物理的状況にも大きく左右される非常に微妙なプロセスであり、コミュニケーションのメカニズムを知識として知るだけでなく、スキルとしても体得し、臨機応変に駆使できるようにならなければならない。

4 社会的スキルのトレーニング

このような社会的スキルを向上させるために、さまざまな測定法やトレーニング方法が開発されており、測定法には周囲からの評定、専門家による観察法やロールプレイ、自己評定などがある。表2-2に代表的な自己評定の尺度表を挙げているので、自分でチェックしてみよう。

表 2-2　KiSS-18（Kikuchi's Scale of Social Skill）の項目

1　他人と話していて、あまり会話が途切れないほうですか。
2　他人にやってもらいたいことを、うまく指示することができますか。
3　他人を助けることが、上手にやれますか。
4　相手が怒っているときに、うまくなだめることができますか。
5　知らない人とでも、すぐに会話を始められますか。
6　まわりの人たちとの間でトラブルが起きても、それを上手に和解できますか。
7　こわさや恐ろしさを感じたときに、それをうまく処理できますか。
8　気まずいことがあった相手と、上手に和解できますか。
9　仕事をするときに、何をどうやったらよいか決められますか。
10　他人が話しているところに、気軽に参加できますか。
11　相手から非難されたときにも、それをうまく片付けることができますか。
12　仕事の上で、どこに問題があるかすぐにみつけることができますか。
13　自分の感情や気持ちを、素直に表現できますか。
14　あちこちから矛盾した話が伝わってきても、うまく処理できますか。
15　初対面の人に、自己紹介が上手にできますか。
16　何か失敗したときに、すぐに謝ることができますか。
17　まわりの人が自分とは違った考えをもっていても、うまくやっていけますか。
18　仕事の目標を立てるのに、あまり困難を感じないほうですか。

回答は「いつもそうだ」「たいていそうだ」「どちらともいえない」「たいていそうでない」「いつもそうでない」の5件法。配点は5点から1点まで、得点は18-90に分布可能。
　　（出所：菊池［1994］179頁。）

　上記得点は18-90点に分布可能で、当然点数が高いほうが社会的スキルが高いという結果になる。しかし、ショックな結果が出た場合もそんなに落ち込むことはない。というのは、社会的スキルは訓練しだい、または自分の意識しだいでいくらでも高めていくことができるからだ。
　ここでは一例として、代表的なアサーション・トレーニング[9]を紹介しよう。
　コミュニケーションにおいてとりわけ重要な要素は「上手に聴くこと」（次節参照）と「うまく主張すること」であるが、アサーション・トレーニングは後者を扱うものである。
　次のような場面で、あなたはどういう行動を取るだろうか。

---
[9] 坪田［1999］211-213頁。

ケース3

明日のプレゼンテーションに備えて、あなたとB君が打ち合わせている。
あなたはいま風邪をひいていてのどが痛くてたまらない。しかし、ヘビースモーカーのB君はあなたの咳き込む様子にもまったく気づかず、たばこを吸い始めた。さて、あなたはB君にどう対応するだろうか。以下の中から選択してみよう。
① (内心B君を恨みながらも)何も言わず我慢する。
② 不愉快オーラを体中に発散させて、「どうしてこんな時にたばこを吸うわけ。思いやりのない人ね」と言う。
③ 「自分はいま風邪をひいていて調子が悪いので、たばこを吸わないでもらうとありがたい」と言う。

①の反応は、自分の感情や考えを抑えて表に出さない、「非主張的」反応である。この場合、あなたの風邪はさらに悪化するかもしれないし、あなたのB君に対する感情も否定的なものになってしまうかもしれない。一方、②は自分の感情や考えを優先し、相手を顧みない「攻撃的」反応である。確かに鈍感ではあるが、いつもどおりにたばこを吸っていたB君としてはおそらくむっとすることだろう。③は自分の権利を守りながら、他者にも配慮を示す「主張的」反応である。一般に「主張」と言うと、自分の意見や思考を強く言い張るというイメージがあるが、ここでいう主張(assertion)とは、自分の思考や感情、または権利などを素直に適切に表現できることであり、それを身につけるよう訓練するのがアサーション・トレーニングである。もしも②のように、相手の感情を無視した高圧的な発言をすると、相手の対人心理は非常に不愉快なものとなり、コミュニケーションは上手くいかない。反対に①のように常に自分の感情や思考を押さえつけていると、ある日突然爆発し、しかも周囲には全く理由を気づいてもらえないという状況にもなりかねない。自分が我慢することによってその場を穏便におさめることが、必ずしも有効なコミュニケーションというわけではないのである。

言い方いろいろ ― 3つの反応

1

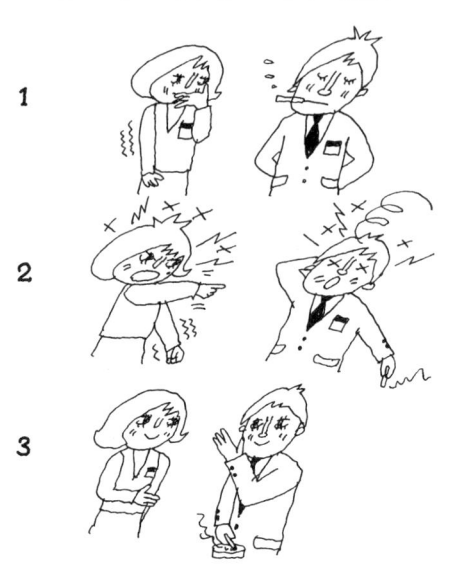

2

3

《スキル・トレーニング2》　　　　　　　　　　　　　　　　　社会的スキル

①あなたは入社2年目の営業部員である。営業部長から呼び出され、先月の売上が落ちた理由について説明するよう言われたが、あなたは、まだその理由を分析できていない。あなたならどのように対処するだろうか。さまざまなタイプの営業部長を想定し、社会的スキルのそれぞれの段階ごとに、自分ならどういうふうに対処するか考えてみよう。

②あなたはマーケティング部のアシスタントである。来年度の予算案に関連する資料を今週中に作成し提出しなければならないが、まだ上司Aより大まかなプランがおりてこない。先日も上司Aに早く提出してもらえるようお願いしたばかりだが、資料作成にかかる日数を考えると、今日中にプランをもらえなければ間に合わなくなる。あなたは上司Aにどう切り出すだろうか。「非主張的」「主張的」「攻撃的」反応の例をそれぞれ考えてみよう。

§3　カスタマー・サービス ── コミュニケーションの役割

　さてここまで、対人コミュニケーションのメカニズムやコミュニケーションを円滑にするためのスキルについて考えてきたが、ケース2のA子の例のように、本人に全く悪気がなくても、相手から非難を受けたり、意見が対立したりなど、トラブルが起きることがある（これを「対人葛藤」と呼ぶ）。本節では、一例としてカスタマー・サービスに焦点を当て、こうしたとりわけ繊細な対応が必要となる場合のコミュニケーションについて考えてみよう。

　カスタマー・サービスは、企業が顧客と直接に接する数少ない部署であり、コミュニケーションがいわば命綱になっている。カスタマー・サービスの目的は、顧客の会社や製品に対する理解を深め、顧客満足を向上させることにあるが、顧客からの質問や苦情への対応（クレーム対応）も主要な業務の1つである。
　クレーム対応では、顧客が苛立ちや怒りなど否定的な心理状態を抱いてコミュニケーションが始まることが多いため、その対応は極めて慎重かつ繊細に行われなければならない。実際、クレーム対応で大きな問題となるのは製品やサービスの問題そのものより、それに対する社員の対応─コミュニケーション─であり、いったん感情レベルにもつれこむと修復するのがきわめて困難になる。
　読者の中には、99年7月に起きた大手家電メーカーの事件を想起された方もいるかもしれない。これは、インターネット時代に入り、一顧客が巨大メーカーの絶大な信用を揺さぶることも可能になった例としても注目されたが、社員の対応─コミュニケーション─が企業の生産性や業績にどれだけ大きな影響力を与えるかを示した例と言える。

ケース4

　C子はZ社のカスタマー・サービス部で働くことになった。社内トレーニングも終え、今日から実際に顧客からの電話に対応する。C子は緊張してはじめての電話に答えた。
「はい、Z社お客様相談室でございます」
「この前お宅の○○という商品を買ったら、すぐに壊れてしまって、すっごく頭にきてるんですよね。」
　口調から顧客がかなり怒っていることがうかがえる。C子はどう対応すべきだろうか。

1　アクティブ・リスニング

　顧客からの電話を受けた時に真っ先に行うことは、問題を正確に把握することと相手を落ち着かせることの2点である。このために極めて重要なのが、第1章でも学んだアクティブ・リスニングである。聴く事は、相手から情報を得るための最も有効な手段であるばかりか、相手に「存在の肯定」「尊敬」などの「社会的報酬」を与え、「人間関係を形成するためのもっとも初歩的で同時に最終的なスキル」だからである[10]。

　ケース4のC子の対応例を考えてみよう。あなたが顧客なら、それぞれにどういう感情を抱くだろうか。

① 「あっ、はい。それはいつごろお求めに……」と、文章を完結せず、消え入りそうな声で質問する。

② 「それは大変ご迷惑をおかけしております。恐れ入りますが、お客様がご使用になった状況を詳しくお教えいただけないでしょうか」と質問する。

③ 事務的、機械的な口調で、「さようですか。その時の状況を詳しくお聞かせいただけますか」と質問する。

---

[10] 相川[2000] 22-24頁参照。

まず対応例①に関しては、何とも頼りなげでプロフェショナルでないという印象を抱くだろう。ことによると、更なるいらだちを感じるかもしれない。
　一方、②の対応を受けた場合は、相手が自分の話を聞いてくれているという安心感から、怒りをトーン・ダウンさせていくだろう。
　また、③のように機械的、マニュアルどおりの受け答えをされたらどうだろうか。恐らく、むっとするに違いない。
　すなわち相手の状況を理解し、感情移入を行ったリスニングができるかどうかがクレーム対応の１つの重要なキー・ポイントであると言える。また、顧客からの情報を上手く引き出すためには、タイミングよく質問していくことも重要である。

2　顧客のタイプに合わせた対応

　もう１つのポイントは、顧客ごとに異なった繊細な対応がとれるかどうかという点である。たとえば、顧客が使用状況について次のように述べたとしよう。
　①　「○月○日の○時に、新宿店で購入した後、きっちり３日間使用しました。４日目に……」
　②　「２カ月ほど前に購入して、いや、３カ月だったかな、しばらく使用していました。でもこの間……」
　①は、問題の状況などを時系列的に述べる理論的、分析的なタイプの顧客であり、このタイプには、やはり分析的に経過を順序立てて説明すると納得してもらいやすい。また②のように、問題の描写などが大雑把であまり細部にこだわらずどんどん話を進めていく相手には、すばやい返答が必要になる。この対応を間違えると副次的な怒りをかうこともある。
　さらに、話すスピードも相手に合わせると効果的である。たとえば、ゆっくりと話す顧客に矢つぎばやな質問をすると、相手が萎縮してしまうこともある。反対に早いペースで話す顧客にゆっくりと対応すると、相手がストレスを感じるのである。

会議などで、相手のしぐさや姿勢を鏡に映るように真似る「ミラーリング」という技法を使うと、相手との意思の疎通がはかりやすいと言われているが、電話においても、相手のリズムに合わせると効果があがるようである。

3　プラス・アルファの情報提供

また、顧客のニーズに応じて、プラス・アルファの情報提供を行う心配りも大切である。たとえば、「貴社の商品をほしいと思うのですが、サイズがなくて困っています。」という連絡を受けたとしよう。その時に「申し訳ございません。当社ではそのサイズを販売いたしておりません」と対応するのではなく、「現在は用意していないのですが、将来的にサイズが出揃った場合には連絡させていただきますので、ご住所をいただいても宜しいでしょうか」と対応し、記録しておくようにする。こうした態度は、顧客の満足度を高めるとともに、今後のビジネスの機会にもつながっていく。

最近では、カスタマー・サービスの重要性がますます認識され、マニュアルの作成や社内電話対応トレーナーなどの配置を行っている企業も増えているが、本節1でも取り上げたように、あまりマニュアルどおりでも誠意が感じられず、トラブルに発展することもある。コミュニケーションの基本はあくまでも「人対人」であり、どれだけ相手を尊重しているか、そしてそれをどのように伝えるかが1つのキー・ポイントである。上記2では、「顧客のタイプに合わせた対応」について述べたが、ここで1つの指標として、人間の基本的タイプ16種類をご紹介しよう。

4　16の基本的性格

基本的性質による人間のタイプ分けの基礎を作り出したのは、ユングであるが、その分類は後にアメリカで、マイヤーズ・ブリッグス・タイプ・インディケーター(Myers-Briggs Type Indicator)という16分類に発展し、現在は就職

試験としておなじみのSPIの性格適性検査や、企業のトレーニングにも多く利用されている。

　これは、以下の4つの側面において人間を2分類し、その組み合わせで16種類に分類するというものである。
　①興味関心の方向：興味や関心の方向が、自分の内面に向かう「内向」（Introversion）と、自分の外側の人や物に向かう「外向」（Extraversion）。
　②ものの見方：ひらめきや潜在的可能性を重視する「直観」（iNtuition）と、視覚、聴覚などの感覚機能を通じて得た事実や現実を重視する「感覚」（Sensing）。
　③判断の仕方：気持ちや感情を重んじる「感情」（Feeling）と、物事の論理性を重んじ、分析的に物事を考えていく「思考」（Thinking）。
　④環境への接し方：仕事や日常生活において、必要以上に計画を立てずに臨機応変に対処していく「知覚」（Perceiving）と、綿密なスケジュールをたて計画的に対処する「判断」（Judging）。

　以上、それぞれのイニシャル（「直観」は2文字めのN）をとり、16に分類したのが次ページの図である。
　この分類はあくまで1つのインデックスではあるが、先に述べたクレーム対応の例でも、問題の論述の仕方や1つ1つの反応から、顧客が「思考型」か「感情型」かなど、大きくどのタイプかということは把握できる。また、オフィス内での日々のコミュニケーションにおいても上記理論を適応することは有効であり、たとえば「思考型－判断型」には大雑把な指示を与えるよりも、きっちりした論理的な指示や報告を出す方が効率があがり、また「感情型」には、ちょっとした気配りを行うことでモチベーションを高めることができる。

図 2-2　性格類型のタイプ

ISTJ 安全着実な実務家	ISFJ 献身・誠実なリアリスト	INFJ 空想力豊かな人情家	INTJ 自分の考えを貫く科学者
ISTP 沈着冷静な職人	ISFP 温和な良妻賢母	INFP 自分の感性に生きるヒューマニスト	INTP 自分の理屈を大切にする理論家
ESTP 現実適応的な実践主義者	ESFP 開放的なエンターテイナー	ENFP 熱しやすく冷めやすい行動派	ENTP 自己主張旺盛なイノベーター
ESTJ 効率重視の組織管理者	ESFJ 律義な社交家	ENFJ 思いやり豊かな教育者	ENTJ タフマインドな合理主義者

出所：SPI 対策編集委員会〔2001〕138 頁

≪スキル・トレーニング 3≫　　　　　　　　　　　　　　　性格類型のタイプ

　以下の質問[11]に答え、あなたは上記の図でどのタイプにあてはまるか考えてみよう。友人や同僚などについても同様に行い、今後の対応の参考にしよう。

「内向型」(I) か「外向型」(E) か
①どちらかといえば無口で、知らない人と話すのは苦手ですか？
②1度に1つのことに集中しますか？　③よく考えてから行動を起こしますか？　　　　　　　　　　　　　　　　　　　　〈Yes〉なら「内向型」
①社交的でおしゃべりですか？　②同時にいくつもの仕事をこなせますか？
③「まず最初に行動ありき」ですか？　　　　　　　　〈Yes〉なら「外向型」

「直観型」(N) か「感覚型」(S) か
①ものごとの本質を見極めようとし、大局的なものの見方をしますか？　②想像力が豊かで、創造的ですか？　③今後の可能性がある新しい方法を選びますか？　　　　　　　　　　　　　　　　　　　〈Yes〉なら「直観型」
①事実を重視し、細かい点によく気がつきますか？　②現実的で五感が鋭いですか？　③うまくいった前例のある方法を選びますか？
　　　　　　　　　　　　　　　　　　　　　　　　　〈Yes〉なら「感覚型」

---

[11] ポール・D・ティガー/バーバラ・バロン=ティガー［1999］76-79 頁。

「情緒型」(F) か「思考型」(T) か
①自分や人の感情を考慮して結論を下し、人に感情移入しやすいですか？
②人を傷つけないためならば、多少のウソはしかたないと思いますか？

〈Yes〉なら「情緒型」

①客観的にものごとを考え、論理的に結論を下しますか？ ②公明正大がモットーで、たとえ誰かの感情を傷つけても正直でありたいですか？

〈Yes〉なら「思考型」

「知覚型」(P) か「判断型」(J) か
①計画を立てるのが苦手で、行き当たりばったりでものごとを進めますか？
②時間にルーズですか？ ③整理整頓が苦手ですか？ 〈Yes〉なら「知覚型」
①計画を立て、順序よくものごとを進めますか？ ②締め切りや納期は必ず守り、時間に厳しいですか？ ③几帳面で、整理整頓が得意ですか？

〈Yes〉なら「判断型」

§4 オフィスでのコミュニケーションの問題点と多様性

それでは最後に、対人コミュニケーションが組織に及ぼす影響や問題点、または反対に、組織が対人コミュニケーションに及ぼす影響を整理しておこう。

1 オフィスでのコミュニケーションの問題点

オフィスでのコミュニケーションの最大のポイントは、組織を理解したコミュニケーションができるかどうかであろう。特別な場合を除き、関連部署または担当者全員へ連絡を入れるというのは基本であるが、実際には案外連絡もれが起こり、大きな問題へと発展することも少なくない。そもそも事業部制などの縦割りの組織では、部署間や事業部間の水平レベルの連携が難しいという問題を抱えがちだ。とりわけ、社外に対しては、営業、カスタマー・サービス、経理部などが縦割りで仕事をするのでなく、顧客毎に一本化された情報をもつ

ことが望ましく、最近ではCRM(Customer Relationship Management)などの、商品の売買から保守サービス、クレーム対応に至るまで、個々の顧客とのすべてのやり取りを一貫して管理するマネージメント[12]に取り組む企業も増えてきている。

さらに、よりシリアスな問題としては、事業部や部署ごとのセクショナリズム(派閥主義)などが絡み、コミュニケーションの問題が感情レベルにまで発展するケースがある。たとえば関連部署の部長同士が対立しているような場合、なかば意図的に情報が伝えられない事もあり、こうした場合には、担当者レベルでのコミュニケーションを密接にするしかない。

オフィスで起こる問題のかなりの部分が、コミュニケーションによって引き起こされているのが実情である。

2　多様化するコミュニケーション・ツール

ビジネスシーンでのコミュニケーション・ツールは、ますます多様化している。ざっと考えられるだけでも、①対面、②電話、③ファックス、④Eメール、⑤書面が挙げられ、それぞれのツールが、長所、短所をもっているが(第9章参照)、ここでは近年爆発的に普及した④Eメールに焦点をあて、その役割を考えてみよう。

Eメールの出現はビジネスの効率を飛躍的に向上させたが、同時にもし使用方法を誤ると、危険なツールにもなりうる。Eメールは書面ではありながら、情報伝達の速さと対話性という観点から、書き言葉と話し言葉の両方の性質を持っており、その優れた長所がそのまま短所にもつながる、言わば諸刃の剣だからである。

長所については、①情報の伝達量とスピードの向上、②一斉同報通知が可能、③出張先でもほぼリアルタイムで情報にアクセスできるなど、その便宜性

---

[12] www.planet-van.co.jp/words/index.html「用語集プラネット」。

が挙げられる。反対に短所としては①多量に情報がくるため読まれない可能性もある、②整然としたフォーマットがなく、記述が多い割にポイントが不明瞭になりがち、③一方的な発信になりがち、④簡単に転送できるため1度送った情報はコントロールできなくなる、⑤感情的になりがち、などである。

　それぞれの短所について考えてみよう。上記①と②に関しては、件名に「報告」「依頼」などのメッセージ区分を書き入れたり、あいまいな表現を避ける事によって改善する事ができる。また、「○○日までにメールにてご返答ください」のように、返信の期日と方法を明確にすることも有効である。③は書面についても同じことが言えるが、発信者側が一方的に話を進めてしまいがちになる。例えば「問題がある場合は連絡してください」というメッセージを送り、連絡がなかったとしても、単に相手の返信が遅れていたり、読まれていなかったという可能性もある。書面と比べてはるかにコミュニケーションの速度が高まった分、問題も深くなったと言える。④は 'E-mail lasts forever.' と言われるように、いったん送信してしまった情報は、容易にコントロールできなくなる。1対1で感情のもつれたやりとりでも別な人に転送されてしまう可能性があり、関係者の士気をいちじるしくダウンさせてしまうこともある。⑤は対面や電話によるリアルタイムのコミュニケーションなら誤解だとわかることでも、誤解がとけないままにどんどん食い違いだけが進み、しかも書面とは違って、話し言葉のままの表現を文字化してしまう特性をもつため、感情的になりやすい。特に夜に書いたメールはもう1度翌朝読み返してから送信するなどの気遣いが必要だ。そしてもう1つ、Eメールでしかコミュニケーションできないスタッフの出現/増加という問題も出てきている。

3　コミュニケーション・ツールの選択

　今後もツールの多様化はますます進んでいくだろう。ツールは、あくまでも状況に応じて使いこなしていくものであるが、個々人の好みによる選択のかたよりがますます大きくなっていくだろう。その際やはり一番懸念されるのが、

Eメールによってしかコミュニケーションできないスタッフの増加である。Eメールは上記のように、使用の仕方によっては危険なマイナス面も多いツールである。また本体のサーバがダウンした場合やウイルスに感染した場合は、業務全てに多大な損失をもたらすという物理的な危険性もある。

　1つのリスク・マネージメントとしては、とりわけ重要な案件に関しては2つ以上のツールを使用して伝達することである。その際、「必ずしも相手が、その案件に自分と同じように注意を払っているとは限らない」という事を心がけておいた方がいい。Eメールで連絡した後も電話でフォローしたり、また重要な物事を依頼するときはまず対面でお願いし、その後Eメールで確認するなど、複数のツールを使用する事により、ある程度のリスクを軽減することができる。

　コミュニケーションの基礎はあくまでも対面コミュニケーションにあり、その本質はどのコミュニケーション・ツールを使用しようとも変わらないはずである。そしてそのツールはあくまでも、コミュニケーターである人間が選択するものであって、人間が支配されるものであってはいけない。優れたコミュニケーターとは、状況に応じていつも最適なツールを選択でき、そしてどのツー

コミュニケーションはメールだけ！？

＞さっきの会議の内容なんだけど
○○ってどういうこと？
＞もっと説明してほしかったわね

＞うん よくわからなかったね

ルを使用しても、必ず human touch(思いやり)を忘れない人だと言えるだろう。

スキル・トレーニングの解説

《スキル・トレーニング1》 (50頁)

①～③について ………………………………………………………………………

　自分ならどういう印象を受け、どういう人物だと推測するか自由に話し合ってみよう。

　一般に、視線を合わせるという行為(アイ・コンタクト)は、相手に好意や関心を伝える1つの手段であり、「信頼できる、親しみやすい」という好意的な印象を与えることができる。ただし、相手を批判するときや、相手が言いにくい内容を話しているときなどは、アイ・コンタクトを続けることが逆効果になることもある。また、笑顔やタッチング(軽く相手に触れること)も相手に対する好意や関心を表す手段である。アメリカ大統領選挙でも3S(スマイル・サイン・シェイクハンド)が重要視されているように、笑顔や握手も「信頼できる、温かい」などの好印象を与えるものである。ただし、アイ・コンタクトやタッチングなどの接触行動は、文化によっても習慣が大きく異なるので、注意する必要がある(第5章参照)。

《スキル・トレーニング2》 (58頁)

①について ………………………………………………………………………………

　ここでは一例として、常に即答を求めるタイプの営業部長を想定し、社会的スキルの低いA君と高いB君がそれぞれどのような反応を示すかまとめてみた。「人スキーマ」を十分に活性化できたかどうかが1つに鍵となっていることに注意しよう。

	A君	B君
反応の解読	営業部長の言葉から、部長は怒っている/イライラしているに違いない。	営業部長の言葉、顔の表情、手の動きから、部長は怒っている/イライラしているに違いない。
目標の決定	まだ理由も分析できていないし、とりあえず、申し訳なく思っていることを伝えよう。今月はもっと努力することを伝えよう。	まだ理由は分析できていないが、部長の性格から考えて即答を求めている。とりあえず一番わかりやすい理由だけでも伝えよう。
反応の決定	「努力不足だったのだと思います。今月はがんばります」と伝えよう。	「競合相手が新製品を出してきたことが一因だと思います。後はもう一度分析して後日レポートします」と伝えよう。
感情の統制	納得してもらえるかどうか不安をコントロールする。	納得してもらえるかどうか不安をコントロールする。
反応の実行	決定したとおりに実行するが、不安のため視線を落としている。	部長の目を見て落ち着いて、決定したとおりに実行する。
相互作用（上司の対応）	「君の熱心さは認めるが、何か原因があるならそれを取り除かないといけない。もう一度よく考えなさい。」	「なるほど。できるだけ早く分析結果を出して今月の売上に生かしてくれ。」
反応の解読	（部長の言葉から）自分のやる気が伝わらなかった。	（部長の言葉、表情から）どうやらわかってもらえたらしい。

②について

　ここでは、「主張的」反応の中でも特に問題解決に有効なDESC法を紹介しよう。この方法は、状況を客観的に描写し(Describe)、自分の気持ちを表現、説明し、しかも相手に共感を示す(Express, Explain, Empathize)ことで、相手の感情を損なわずに問題を提示できるばかりか、具体的な解決案を提案し(Specify)、行動の選択肢を考える(Consider, Choose)ことによって、現実的な解決が図れるという利点もある。

　この例にそって考えてみよう。「予算案のプランの件なのですが、そろそろ資料作成に入らないと厳しい状況にあります。」(D)、「実際の作成にはどんなに急いでも最低2日はかかってしまうので、いよいよ取りかかりたいと思っているのですが。」(E)、「いまの状況で大変なのは重々承知なのですが」(E)、「とりあえずできてい

る部分だけでもいただけないでしょうか。」(S)、「そうすれば大まかなフォーマットだけでも作成していけますし、またはそれが無理でしたら、数字だけでもいただき、細かな図表からでも作成し始めたいのですが。」(C)。ここでのポイントは、最後のCの段階で、その前の提案が受け入れられた場合と受け入れられなかった場合を考え、各々の選択肢を提示することによって、具体的な選択肢の幅を広げ、相手の心理的な負担を軽減しているところにある。

参 考 文 献

相川充［2000］『人づきあいの技術』サイエンス社。
相川充［1996］「社会的スキルという概念」(相川充・津村俊充編『社会的スキルと対人関係』誠信書房、第1章)。
菊池章夫・堀毛一也編［1994］『社会的スキルの心理学』川島書店。
渋谷昌三［1999］『しぐさ・ふるまいでわかる相手の心理』日本実業出版社。
坪田雄二［1999］「コミュニケーション・スキル論」(深田博己編『コミュニケーション心理学』北大路書房、第13章)。
深田博己［1999］「コミュニケーションの対人心理学」(深田博己編『コミュニケーション心理学』北大路書房、第7章)。
藤田主一［2000］「職場の人間関係」(岡村一成・松浦健児編『ビジネスの心理学』八千代出版、第5章)。
ポール・D・ティーガー/バーバラ・バロン=ティーガー(栗木さつき訳)［1999］『16の性格』主婦の友社。
和田実［1999］「出会いのコミュニケーション」(諸井克英・中村雅彦・和田実著『親しさが伝わるコミュニケーション』金子書房、第1章)。
SPI対策編集委員会［2001］『SPI短時間攻略法』曙出版。

第 3 章

コーチング
──相手の能力を引き出す最新ツール

夢を見ているとき、人は天才である。

黒沢　明

　私たちは、絶えず人と関わりながら仕事をしている。そのような中で時おり目にするのは、リーダーが交代したことで、グループ全体であげる効果が劇的に上がったり下がったりすることである。たとえば、社長交代によって企業の業績が急激に上がったり、スポーツ業界でも新監督の影響でチームの成績が激変するような現象を、私たちは日常的に見聞きしている。

　このように、メンバーの関わり方が変わるだけで、グループ全体の生み出す成果が変わるのは、一体、なぜなのだろう。この章では、人の能力を最大限に引き出すためのコミュニケーションの手法に焦点をあててみたい。本章では、人が他者と1対1で関わる時に、相手の能力を最大限に引き出すことを目指す

コーチングと呼ばれる手法について紹介したい。次章では、グループ・メンバーの能力を引き出すことでグループの相乗効果を生むファシリテーションと呼ばれる方法について述べていきたい。なお、これらの手法について、本書では最も基礎となるポイントに絞って要点を紹介している。「コーチ」もしくは「ファシリテーター」として専門家を目指す場合には、さらに詳しい専門書を参照することをお薦めしたい。

§1　コーチング──二人で生み出す相乗効果

1　21世紀はコーチングの時代

　不安定な社会生活が予測される21世紀、コーチングで自分を取り戻そうとする人が増えつつある。

　人生を変えてみたいが勇気がなくてできない、と思ったことはないだろうか。本当はもっと違う生き方をしたいが、それにはお金がない。本当はやってみたいが、人がどう思うかを考えると恥ずかしい。本当は何かが違うが、何をしたらいいかわからない。こうした思いは、ビジネスの現場でもよく起こることだ。あの上司さえいなければ、仕事は楽しくなるのに。部下さえやる気を持ってくれたら、もっと業績を伸ばせるのに。あの仕事ができたら、もっと生き生きと働けるのに。

　このような時、コーチングが活用される。本来の自分に立ちかえって人と接したい。本当の自分を生き、能力を最大限に発揮したい。そのために、コーチと定期的に1対1で会い、自分の状況を一歩でも前に進めようとする人が急速に増えている。1980年代に欧米で始まったコーチングは、今や日本でも広まりつつある。コーチングを提供しているある機関では、1998年には200名弱であった顧客数が、2001年5月には1,291名にも及んでいる。企業の倒産や失業に伴ない、これまでの安定した社会生活が危ぶまれている今、多くの人が

コーチを雇っている。企業も生き残りをかけて、各社員の能力を最大限に発揮させようと、コーチングを社員教育の一貫として導入し始めている。

　筆者は、日頃コーチとして人と関わる中で、人が変わっていく姿を目の当たりにすることがある。その経験から、コーチングとは何か、実際にどのように活用され、コーチはどのようなスキルを使っているのか紹介していきたい。

2　コーチとは——「馬車」のような存在

　コーチングとは、「個人が持つ潜在能力や可能性を最大限に引き出すための手法」といわれる[1]。もともと、コーチ(Coach)という言葉は、欧米で中世の時代に「馬車」という意味で使われ、今でも、コーチを「乗り物」にたとえることがある。現代のコーチは馬車として、人の能力を引き出すために一体どのような役割を果たしているのだろう。図3-1をご覧いただきたい。あなたは今、人生という道を車で運転して前に進んでいるとしよう。突然、何らかの事故が起こって、もう自分の車が動かなくなったとする。あなたは、コーチAを雇って目的地に連れて行ってもらうのだろうか。それとも、コーチBという車を新たに買って、再度、自分が運転して目的地まで行きたいと思うだろうか。

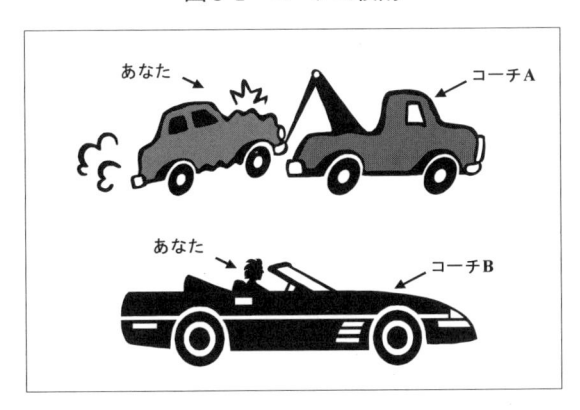

図3-1　コーチの役割

---

[1] 榎本［1999］40頁。

コーチAを雇ったあなたは、「私は、ただ連れて行ってもらえばいいのだから、楽だし、簡単だ」と思っているのかもしれない。しかし、よく考えてみると、コーチAは、あなたが本当に行きたい方向に連れていってくれるかどうかわからないのである。また、望ましいスピードで進んでくれるとも限らない。

コーチングが本来目指しているのは、コーチBとしての役割であり、あなたが本当に行きたい場所に、好きなやり方で行けることを支援することにある。コーチの基本的な役割は、乗り手が目的地を自分で見つけ出し、自発的にそこに辿りつけるよう手助けをすることである。

3　秘訣──押しつけではなく、自発性を引き出すこと

それでは、なぜ、連れていってもらうのではなく自発的に動くことが、能力を最大限に引き出すために重要なのであろうか。私たちは、子供の頃から「〜しなさい。〜してはいけません」というメッセージを何度となく親や社会から聞かされてきた。人が自分で動き自分の能力を最大限に引き出すためには、こうした押しつけや指示型のメッセージでは効果がないことは、教育心理学の分野でも言われ続けていることである。実際、あなたも、人から「〜しなさい」と言われ、逆にそうしたくなくなった経験をおもちでしょう。

押しつけられると、逃げ出したくなる

スーパーマーケットで、特定の商品を買うように圧力をかけられた人ほど、その商品を逆に購入しなくなる、という実験結果がある。人は、誰かに教えられたり指示をされる場合よりも、自分で考え、答えを出していくほうが、動機づけられる生き物である。コーチングとは、あくまでも本人が自分の中にある答えを考え、自発的に行動を起こすことをサポートする、コミュニケーションの有効な手法の1つである。

4　問題解決というよりも、自分らしさに基づく生活改善のためのコーチング

こうしたコーチングは、具体的にはどのように活用されているのだろうか。図3-2は、2000年9月に、日本コーチ協会が実施した「コーチングの活用実態と満足度調査」の結果である。コーチングで取り上げられているテーマを見ると、大きな問題を抱えた人がコーチングを受けているとは限らない。「健康的なライフスタイルの確立」「職場のコミュニケーション改善」など、誰しも日常生活で抱えるごく当たり前のテーマが取り上げられている。また、「自信を持つ/魅力的になる」といった自分らしさを今一度見つめ直したい、という人もいる。

図3-2　コーチングのテーマ（上位項目）

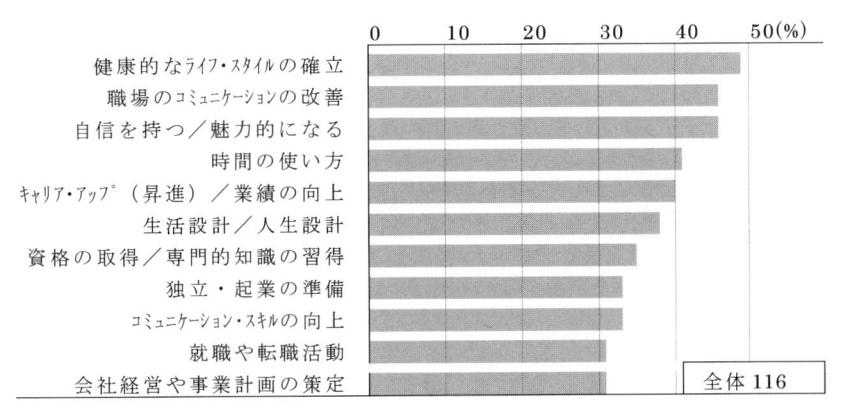

テーマ	割合(%)
健康的なライフ・スタイルの確立	約45
職場のコミュニケーションの改善	約43
自信を持つ／魅力的になる	約42
時間の使い方	約38
キャリア・アップ（昇進）／業績の向上	約36
生活設計／人生設計	約35
資格の取得／専門的知識の習得	約33
独立・起業の準備	約32
コミュニケーション・スキルの向上	約31
就職や転職活動	約30
会社経営や事業計画の策定	約30

全体 116

出所：『日刊工業新聞』2001年5月24日。

また、図3-3のとおり、クライアントの得た成果としては、「自己理解」や「ストレスの減少」など、自分の内面で起こっている変化をあげる人が多い。コーチングは、会社での業績向上や転職の成功など、目に見える成果を必ずしも保証するものではない。むしろ、本人がやる気を持ったり、生き生きとすることで、その延長線上に周囲にもわかる成果に繋げていこうとするものだ。このように大きな問題がなくとも、目に見える成果に保証がなくとも、コーチングを受ける人が増え続けている。それだけ不安定な社会生活の中で、自分と向き合いたいと感じる人が増えているのだろう。

図3-3　クライアントの得た成果

項目	割合
自分自身に対する理解が増した	約60%
ストレスが減った	約50%
コミュニケーション・スキルを日常で利用した	約45%
自信がついた	約43%
コミュニケーション・スキルが向上した	約38%
生活の質が向上した	約35%
人間関係が良くなった	約30%
健康的な生活になった	約28%
時間的なゆとりができた	約22%
収入が増えた	約15%

全体 173

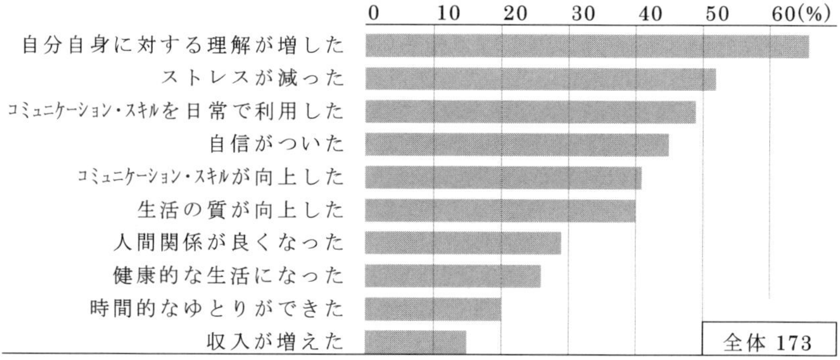

出所：『日刊工業新聞』2001年5月25日。

5　コーチングの3つのパターン

コーチングは、次の3つのパターンに大別される。

パターン1　日常的コーチング（ビジネス・コーチング）

ビジネスの中で活用されるコーチングの中に、企業のマネジャーが、コーチングという手法を用いて部下のやる気を引き出そうとする「日常的コーチング」といわれるものがある。企業はいったいどのような経緯でコーチングを導入するのだろうか。典型的な事例を1つ紹介する。

ケース1

　ある米国系製薬会社の日本支社では、営業部門のマネジャー約150名にコーチング・スキルを習得させるために研修を実施した。製薬業界では、このところ規制緩和などによってマーケットが著しく変わり、マネジャーが自分の経験に基づいて部下を指導しようとしても、現場ではそのやり方が通用しなくなってきている。このため、現場の情報をより速く入手できる部下の知識や力を引き出すことが必要となり、コーチングを通してそれを実現しようとした。この試みの結果、マネジャーの部下育成に対する認識と行動を変化させることができた。

　この他にも、リストラ実施後、社員のモチベーションが停滞し、その回復に努めるためなど、さまざまな経緯で、コーチング研修を導入する企業が増えている。研修でコーチングを身につけたマネジャーは、実際、どのように部下に接するのだろうか。たとえば、あなたが上司に「お客さんに提案書を出したところ、金額が高すぎて購入できない、と言われてしまいました」と報告した時、上司は、何と言ってくれるだろう。一昔前の上司であれば、「品質の良さを説明できればきっと購入してくれるはずだから、再度訪問し、他社と比較して自社製品の優位性をもっと強調しなさい」と答えを提供してくるかもしれない。しかし、コーチング・スキルを習得した上司であれば、お客さんのことを一番よく知っているのは部下であることを信じ、「あなたはどうしたらいいと思う？」と、一緒に考えて、方向性を確認しようとするに違いない。

　ただし、こうした対話は、いつも有効であるとは限らない。現場の経験と知

識がない新入社員に、いきなり「あなたはどう思う?」と聞いても、やる気を引き出すどころか、困惑させてしまう。したがって、マネジャーには、相手と状況に合わせて、指示・命令とコーチングを使いわけていくことが求められている。

パターン2 エグゼクティブ・コーチング

社内で抜擢された役員やその候補者に、集中的に成長を遂げてもらうためのエグゼクティブ・コーチングについて次に取りあげる。

ケース2

> 某外資系金融企業では、1年後に役員になる優秀な若手社員に対し、外部コーチを雇い定期的なコーチングを受けることを提案した。役員というポジションに備えて成長を遂げてもらうためだ。テーマは、その社員が苦手としている「部下へのビジョンの示し方」に絞り、定期的に(2週間に1回/各4時間/3カ月間)コーチングを実施した。

こうしたコーチングは、企業としてもひとりの人材にかなりの投資をすることになるので、対象者の人選には慎重になる。実施にあたっては、企業とコーチ、対象者とコーチとの間で事前に目標について合意しておくことが重要になる。また、終了時に、どの程度の行動変容が職場で認められたか、職場の上司

とコーチの間で評価を行い、対象者本人も自己点検をする。

パターン3　パーソナル・コーチング

　ビジネスというテーマに限らず、人生全体を取り扱うパーソナル・コーチングと呼ばれるものが最後に挙げられる。これは、主婦、学生、社会人どのような人でも対象となる。取り上げられるテーマは、人間関係、健康、余暇など、その時クライアントが最も重要であると感じる事柄が選ばれる。

　パーソナル・コーチングを実践する中で、筆者は、人生全体をテーマとして取り扱う利点を感じることが多い。たとえば、クライアントが仕事上の課題についてコーチングを受けたいと言っているのに、不安な気持ちの原因をたどってみると家族との関係である、というようなことがよくある。私たちは日々さまざまな役割を担っているわけで、それらの領域は、常に互いに関係し合っているからだ。

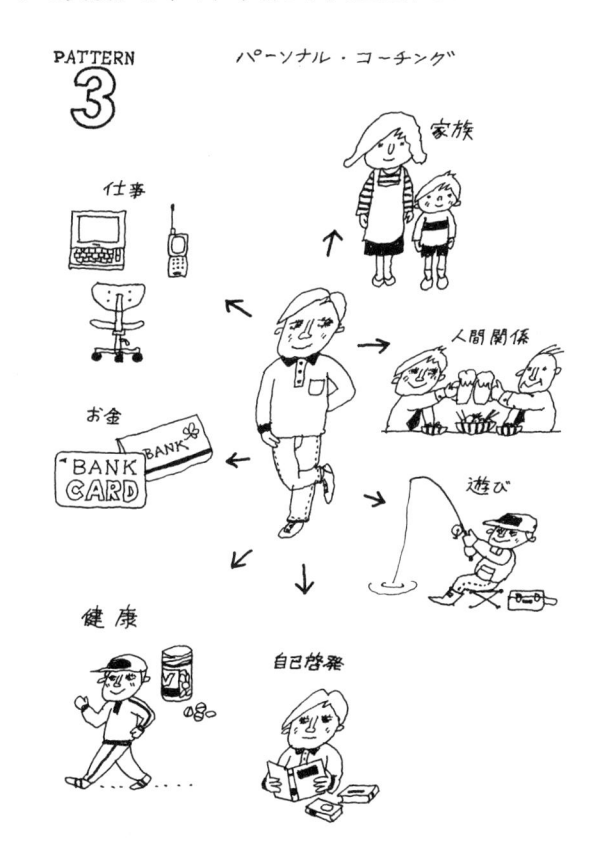

§2　コーチとしてのスキル

　ここまで、コーチングとは何か、その活用実態と種類について述べてきた。この節では、コーチは、実際にどのような意識やスキルを用いて、相手のやる気を引き出していくのか、そのごく一部を紹介したい。

1　相手の本来持つ大きな姿を信じる

　アメリカのローゼンタールという学者が、次のような実験をした。まず、小学生に知能テストを受けてもらう。その後、担任の先生に、「このテストは将来の学力の伸びを予測できるものです。先生だけ、将来伸びる子の名前を教えましょう」という。1年後、再び同じ小学生に知能テストを受けてもらうと、伸びると言われた子の知能指数は、そうでない子に比べて明らかに上がり、中には70ポイントも上がった子がいたという。また、知能テストの結果だけでなく、学力・学習意欲も進歩していたという。ちなみに、ローゼンタールが選んだ子は、5人に1人の割合でランダムに拾い出したに過ぎなかった[2]。

　コーチとして最も重要な土台は、相手の可能性を心から信じるということである。ローゼンタールの実験は、可能性を信じて期待していると、相手もその期待に応えるようになる「ピグマリオン効果」と呼ばれる現象を示唆している。この実験は、内容に不備があると指摘され、結論が完全に認められたわけではないが、少なくとも、コーチにはこうした心構えでクライアントに接することが必要とされている。人が本当にやりたいことに取り組み、コーチがその可能性を信じることで、本人の能力が引き出される土台が築かれる。

---

[2] 渋谷［1985］150頁。

2 相手の価値観を理解する

　コーチは、自分の思いこみをできる限り持ちこまずに、相手の世界を知り、その人が何を求めているのかを理解することが求められる。そのためには、相手の価値観を知ること、理解することが1つの手がかりになる。価値観を表す言葉は、どのようなものでも構わない。たとえば、筆者が20代から40代の社会人をコーチングする中で、クライアントの価値観として理解できた言葉には、図3-4のようなものがある。

図3-4　価値感を表す言葉(例)

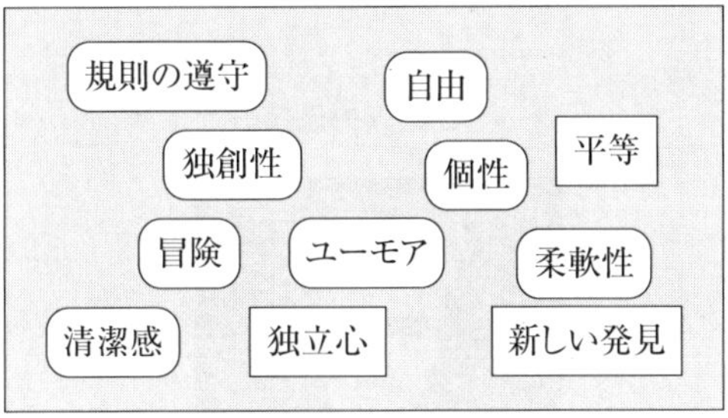

```
規則の遵守    自由
   独創性   個性   平等
   冒険  ユーモア   柔軟性
清潔感  独立心   新しい発見
```

　このように、価値観は直接見ることはできないが、価値観を反映しているものを見たり聞いたりすることはできる。ここに価値観を理解するための方法の一端を紹介したい。

〈その1〉 大切にしている物から理解する

　コンドンは、異文化コミュニケーションの授業で、学生に自分の文化で普及していると思われるものを持ってきてもらい、その文化の価値観を探ったという。その結果、ひとりのアメリカ人学生が免許証を持ってきて、移動に対する価値観を理解したり、日本人が風呂敷を持ってきたのに対して、融通性、単純ななかの美しさ、隠蔽(いんぺい)などの価値観を発見したりした、という。価値観を知りたい、と思う相手に「あなたを象徴すると思われる物を持ってきてください」と依頼してみよう。お守り、キーホルダー、写真、かばん、等さまざまなもの

を持ってくるだろう。その人が持ってきてもらったものから、価値観の掘り起こしを一緒にすることができるだろう。

〈その2〉 **身につけるものから価値観を理解する**

価値観を知りたいと思う相手の人に、「あなたらしさを象徴する洋服を着て来てください」といってみよう。その洋服を選んだ理由を聞くことから、さまざまな価値観を読み取ることができる。たとえば、図3-5の人を見て、この人が身につけている装飾品から、あなたはこの人がどのような価値観を持っていると想像するだろうか。実際に、感じる価値観を5つ書き出してみよう。その上で、他の人が感じ取った価値観と見比べてみよう。

図3-5 この人の価値観とは？

あなたが感じ取った価値観	他の人が感じ取った価値観
1 _____	1 _____
2 _____	2 _____
3 _____	3 _____
4 _____	4 _____
5 _____	5 _____

どの価値観が合っているのか、正解はわからない。しかし、私たちは、日々、自分の価値観を、洋服や装飾品にも無意識のうちに反映させているのだ。

〈その3〉心にふれた経験から理解する

人はそれぞれ固有の価値観を持っている。それ故に、その価値観に触れる出来事に遭遇すると、感動したり、感情的になったりする。相手の人に、心に残った出来事を聞くことで、どのような価値観を持っているのかを理解することができる。章末のスキル・トレーニングでこのスキルの練習をしてみよう。

3　質問によって相手の気づきを深める

コーチがクライアントに投げかける質問は、クライアントの意識を深めるものであることが望ましい。それは、クライアント自身も考えたことのない領域に届く質問である。そもそも人は、自分でもわからないと感じる答えをコーチと一緒に見つけたいと思っているわけで、すでに知っていることを報告しているのであれば、学習が起こっているとは言えない。

たとえば、クライアントが、職場での人間関係を改善したいと思い、コーチングを受けているとする。その時、コーチが、「どんな状況にいらっしゃるのか説明してください」「相手はなんと言ったのですか」などと、相手がすでに知っている状況の説明を聞いても、その人の認識の度合いを深めることはできない。相手はただ、コーチに状況を報告するに留まってしまう。このような時は、クライアントが今まで考えたことのない領域の質問を投げかけて見る。たとえば、「あなたが、その状況で心から欲し

図3-6　質問する

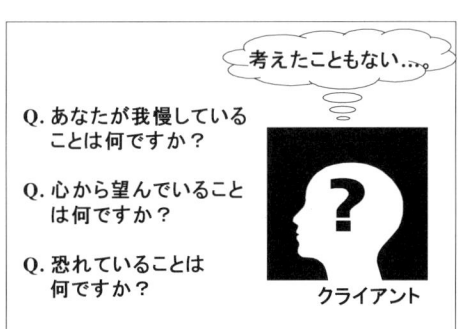

Q. あなたが我慢していることは何ですか？
Q. 心から望んでいることは何ですか？
Q. 恐れていることは何ですか？

考えたこともない....

クライアント

ていることは何ですか」「あなたが本当に恐れていることは何ですか」など、クライアントが、改めて自分について考えてみるような質問を投げかけることが必要だ。答えを探る過程で、クライアントの学習を促すことができるからである。

4　身体を使ってみる

　コーチングの分野では、コーチングに「身体を使う」コンセプトをとり入れる動きがある。コーチが投げかけた質問に対し、いくら頭で考えても答えがでてこないことがある。そのような時、突然、「姿勢を変えてみてください」「立って歩いてみてもらえますか」等と言ってみると、身体の動きを変えることで、クライアントの側に新たな発想がわいたり、気分が変わることがある。

　これは、身体を動かすことで活性化されていない領域の脳を刺激して、答えを見つけるというものだ。こうした手法の効果については、その根拠を導きだす研究結果がまだ発表されていないが、筆者自身は、コーチングを実践する上で効果が高いと感じている。

図 3-7　身体を使う

立ってみる　　歩いてみる　　姿勢を変えてみる　　身体に聞いてみる

5　声の抑揚や表情を含め、身体全体で聴く

　コーチであるあなたが「今週はいかがでしたか」とクライアントに聞いた時、クライアントが次ページの図 3-8 のように答えたら、どのように思うだろうか。

　いわゆる言葉と表情の不一致である。クライアントは、本当はそう思ってい

図 3-8

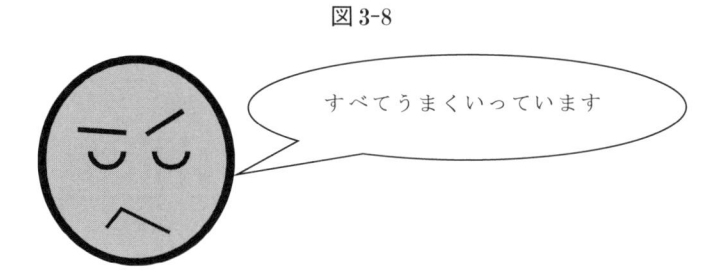

> すべてうまくいっています

なくても、コーチが喜ぶ答えを言おうとすることがある。あるいは、なんらかの理由で本心を語れないこともある。したがって、表情など非言語コミュニケーション（第1章第3節をご参照のこと）にも十分に着目し、何が真実かを見極めていくことが求められる。

　また、クライアントは無意識のうちに、強調したいことや感情を、声の抑揚に反映させることもある。たとえば、「その時に<u>必ず</u>達成したいと思いました」という時、その人の欲望を表す強い意図が、「必ず」という強い声の調子に示されることがある。そのような時、その声の調子からどんな意味が導きだせるのか、クライアントの意図や感情を探ってみてもよい。クライアントは自分では気づかずに、言葉よりも声や表情に本当の気持ちを出していることが多い。コーチとして観察した声の特徴や表情をクライアントに指摘することで、クライアントは思いがけず自分の気持ちに気づくことがある。表 3-1 は、声の特徴と推測できる感情や意味である。これらの情報がどのような状況にも当てはまるとは限らないが、声の調子や表情にも着目し、クライアントの感情を理解する姿勢が必要である。

表 3-1　準言語から予測できる感情や意味

パラ・ランゲージ（準言語）	予測できる感情や意味
単調な、平板な声	退屈感
ゆっくりとした速度、低い声	落ち込み
高い声、感情移入された声	熱　意
抑揚が上がり調子の場合	驚　き
ぶっきらぼうな話し方	防　衛
大声、速いスピード	怒　り
引き伸ばした話し方、速いスピード	疑　い

出所：Bolton [1986] p. 82.

≪スキル・トレーニング≫　　　　　　　　　　相手の価値観を理解しよう

●2人1組になって、次の質問を投げかけてみよう。
① 「これまでの人生の中で、あなたが最も充実感をおぼえた時のことを思い出してください。その時の状況についてできる限り詳しく、話してください。その時、あなたはどういう気持でしたか。何が充実感をもたらしたのでしょうか。」

② 相手の話から、どのような価値観が読み取れましたか。思いつく限り、書き出して見ましょう。（回答例：目標達成/チームワーク）

③ 価値観のリストを相手に見せ、相手の納得度を確かめて見ましょう。相手が納得しない場合は、相手と相談しながら、最も適した言葉を見つけましょう。

「コーチング」のスキルをさらに身につけたいと思う方へ

　コーチという専門家を目指したい、あるいは、コーチングという手法を使って部下や周囲の人々の能力をさらに引き出したい、という人のために参考となる情報を紹介したい。
　▶コーチ養成のためのワークショップ

CTIジャパンが主催するコーチ養成プログラムである。国際コーチ連盟でも正式に認められたCTI(Coach Training Institute)の手法に基づき、コーチとしての心のあり方・スキルについて学ぶコースである。詳しくは、ホームページを参照されたい(www.thecoaches.co.jp)。

▶ Whitworth, L., Kimsey-House, H., and Sandahl, P., *Co-Active Coaching*.

アメリカではコーチのためのバイブルと呼ばれる1冊。コーチとしての考え方やスキルの活用法をわかりやすく紹介。具体例やツールキットなどを含む、実践的に役立つ1冊(ハードカバー/265頁)。

スキル・トレーニングの解説

(88頁)

　相手の話の内容から、どのような価値観を読み取ることができただろうか。人は、自分の価値観が満たされる時、充実感を感じるものだ。話の内容が何らかの達成を示すものであれば、価値観として「目標達成」などが挙げられるかもしれない。また、人との関係を示唆するものであれば、「つながり」「信頼」などの可能性もある。また、話の内容だけではなく、どのような場面でいちばん、相手の話し方がいきいきとしていたのだろうか。声の調子や表情にも注意をすると、価値観が読み取りやすくなる。さらに大切なことは、一人で正解を出そうとしないことだ。自分が読み取った価値観を相手と共有し、相手が納得しない場合は、二人で一緒にいちばん適した言葉を見つけ出すことで、コーチングを体験してもらえるだろう。

参考文献

Bolton, R. [1979] *People Skills,* Simon & Schuster, Inc.
Condon, Jr., J. [1980] *Cultural Dimensions of Communication.* (近藤千恵訳 [1980] 『異文化間コミュニケーション』サイマル出版会。)
Whitworth, L., Kimsey-House, H., and Sandahl, P. [1998] *Co-Active Coaching,* Davies-Black Publishing.
「社長を社員をコーチング」『日刊工業新聞』2001年5月25日。
伊東明 [2001]「コーチングで「個」を活かす」『ハーバード・ビジネス・レビュー』第26巻第3号。
榎本英剛、増田弥生 [2001]「コーチングとは何か」『ハーバード・ビジネス・レビュー』第26巻第3号。
榎本英剛 [1999]「コーチング」『人材教育』第11巻第9月号、日本能率協会マネジメントセンター、40頁。
渋谷昌三 [1985]『おもしろくてためになる心理学雑学辞典』日本実業出版社。

第 4 章

組織の討議能力とファシリテーション

会議の形態は、組織文化を反映する。
T. E. ディール & A. A. ケネディー
（経営コンサルタント、教育者）

　読者の皆さまは、「ファシリテーション」という言葉をお聞きになったことがあるだろうか。英和辞書によると、"facilitation"とは、「事を容易にする」という意の動詞"facilitate"の名詞形で、「容易にすること・助長・促進」とあるが、最近、多国籍企業などでは、活発な話合いを促すために活用されている手法として注目されている。一体、「ファシリテーション」とは何なのか、とりわけ組織の中でどういう役割をになうものだろうか。あるミーティングでの実際のデモンストレーションに基づいて考えてみたい。

　☆　本章は、マネジメント・コミュニケーション研究会において、ファシリテーション・スタイルで行われた、1つの研究報告を一部再録したものである。

§1　イントロダクション

司　会：今日は司会を仰せつかりまして光栄でございます。司会は何をしたらいいかと聞きましたら、交通整理をするだけでいいということで、通常の学会と違って、皆さまよく発言なさる会なので、何もしなくていいという、大変ありがたい司会でございます。本日のテーマである「ファシリテーション」ということは、ビジネス以外の場でも広く使えるかなと考えたりしております。では、よろしくお願いいたします。

報告者：有村と申します。今日は、「組織の討議能力とファシリテーション」というテーマでご報告させていただきます。

1　アイス・ブレーカー

　ファシリテーションとは何かということをこれからカバーしていくのですが、まず最初に皆さまにご協力いただきまして、ペアになっていただけますでしょうか。
　椅子をこちら側に並べて、壁側に向かってペアになっていただけますでしょうか。椅子を外側に向けて、こういう感じで、お隣の方と、つまり、ほかのグループが見えないように。そうです、密談ですね。では電気も消してしまいましょう。暗闇の中で密談。
　お二人がペアになりました。これからお二人で足を比べたいと思います。大きい靴、あるいは古い靴、手入れしていない靴を履いている人のほうは、私が「お願いします」と言ったら、思い切り握りこぶしを作ってください。それに対してもう

一方の方、つまり小さい靴、または新しい、手入れをしている靴を履いている人は、相手の人が思い切り握りこぶしを作っているので、これを何とかして、開けてください。よろしいでしょうか。

　ではよろしくお願いします。はい、握りこぶし。それをどうにかして開けてください。開けられた方は、手を挙げてください。

有村：　開けられた方、いらっしゃいますか。一人だけ。あ、二人。はい、ありがとうございます。では、皆さん、席に戻っていただけますでしょうか。
　　　開けられたところが3グループですね。どうやって開けられましたか。

リスナーA：ものすごい勢いで。
　　　（以下リスナーは、B、Cとアルファベットで記す。）

B：　両手を使って、端から指1本ずつ開いていきました。

有村：　B先生がお開けになったのですか。

B：　私が彼のこぶしを開けたの。無理やり。

有村：　物理的なパワーではなくて、ポジション・パワーが働いていたかもしれませんね。Aさんは？

A：　この中に、ずっと指を入れていって。

有村：　あ、こうやって、徐々に徐々に。

A：　いやいや、この隙間のところに指を入れていって。

有村：　テコの力を使って。なるほど、なるほど。はい、ありがとうございます。ほかに、物理的な力以外を試された方はいらっしゃいますか。

B：　物理的な力以外？

有村：　そうです。無理やり開けようとするのがほとんどだったと思うんですけれども、それ以外の、くすぐったり、「開けてください」とか。

C：　ちょっと声をかけて、「引っかいちゃう」と言ったの。

D：　怖くなっちゃって（笑）。これはギブ・アップしたほうが速いなと……。

有村：　爪で引っかきますよという、リスクで開けさせたんですね。

D：　恐怖心ですね（笑）。

有村：　ありがとうございます。次の私の問いは、〈どうして物理的な力以外に訴えて、「開けてください」と言えなかったのでしょうか〉。くすぐったり、あるいは「開けてください」というようなことが言えなかったのでしょうか。

E：　ルールが……。「何とかして開

けてください」という、最初の思い込みというのかな。
有村： 私、何と申し上げましたか。
E： 「何とかして開けてください」というような。
有村： はい。
F： 暗黙のルールというものが…。
有村： 暗黙のルール、どんなものでした？
F： 思いっきり力で握り締めてということは、思いっきり力で開けるのだということがルール的に頭に浮かぶんじゃないかな。
有村： そうですね。私、「思いっきり握ってください」、もう1つのほうは、「何とかして、それを開けてください」と強調したんです。ついでに、環境は？どんな環境でしたか。
G： 皆が見えないところで、反対側で。
有村： 反対側で、それぞれノウハウが分からないようにした。
G： 墓地が見えたしね（笑）。
　（注：早稲田大学9号館5階の会場から下を見下ろせば、墓地が見える。）
有村： ノンバーバルの条件。ほかにノンバーバルの環境はどんなものがありましたでしょうか。
H： 靴の話が……。

ファシリテーターのコメント

　「足」とか「靴」というのは、普通は人が見られることを嫌がる体の部分なのですね。そこでまず劣等感というか、人があまり出したくない足に注意を喚起し、しかも大きいとか、小さいとか、手入れがいってないとか、新しい靴とか、競争するような要素を、最初の説明にあえて入れていたのですね。ただ、「力で物理的に開けてください」などということはひと言も言っていないのです。ですけれども、私の戦略はある意味では当たったということで、皆さん、やはり、すぐ物理的に競争意識を働かせました。それから、部屋も暗くしました。ということで、実は私は「物理的に」ということはひと言も申し上げていないのですが、皆さまはそのような環境を自ら選んでつくっていってしまわれたのです。私たちの思い込みの存在を感じさせるきっかけとして、この「アイス・ブレーカー（ミーティングの最初に、参加者の緊張をときほぐす簡単なゲーム）」を導入させていただきました。

2 ファシリテーション・スタイルで進めます

　今回の私の役割は、「ファシリテーター」です。ファシリテーターは、参加者(オーディエンス)がどういうやり方で共同作業を進めるか、「相互作用(インターアクション)」のあり方を一定の方向に持っていく、環境やモードを設定します。さきほどのアイス・ブレーカーが良い例ですね。ですから、私自身は、その環境設定——部屋を暗くする、競争要因を入れる、「思いっきり」等の、物理的な力を想定させる言葉を発することによって、実は皆さんの組織行動に思った以上に、影響力を与えることができたということなのです。これがファシリテーションということで、今日はファシリテーションについて一方的な報告をするのではなく、可能な限りファシリテーション・スタイルを実践する形で、私自身が皆さまにいろいろ問い掛けをするという進行方法で進めていきたいと思います。

　私自身は、アメリカの大学院修士課程で人材開発を専攻し、その後入社した多国籍企業のM社でも、ファシリテーションについての研修コースを新しく立ち上げたりしていました。ですから体験学習や成人の学習に非常に興味がありまして、どうやって安全な学習環境をつくるかということを学んできました。

　私がいたアメリカの大学院の教授は物理的な環境に非常に気を使う人でした。クラスが朝の8時半からだったのですけれども、彼女は必ず8時には来ていて、クラスの環境、椅子の位置などを全部、毎回毎回替えるのです。ある日はいわゆるクラスルーム・スタイルにして、ある日は末席に彼女がいて、皆が末席を見るという形にしたり、あるいはコンソーシアムというか、そのような感じのレイアウトにしたり、毎回毎回そのレイアウトを替えていたのです。ある日のこと、教室のレイアウトが非常に気持ち悪くて、学びにくいと思ったことがありました。それは、労働組合とマネジメント側という感じで、こちら側と、あちら側とを対峙させるように椅子が並べられていて、授業が行われたときでした。

　環境というものに対して研修講師が非常に注意を払うことも、人材開発の中では思った以上に重要な要素だということに気づいた経験でした。

Question 1

> ファシリテーションとはいったい何でしょうか。皆さまの中で、「ファシリテーション」という言葉を初めて聞かれた方は、どのくらいいらっしゃいますでしょうか。

H： 「ファシリテート」という言葉で使うね。
I： 英語の文字として読めるね。
有村： どういう意味でしょうか。
I： 「何々を簡単にする」とか。
有村： はい、ありがとうございます。他には？ ホテルのファシリティーがいい、設備がいいとか言いませんか。実は、GEの採用募集広告をインターネットで見ていると、「ファシリテーション・スキルがある人」という項目もあります。ファシリテーションとかファシリテーターというのは、最近のヒット・ワードというか、何か聞こえのいい言葉になっていますね。ファシリテーションというのは何でしょうか。
H： そこにある潜在的なものを引き出すというか、呼び起こしているというか……。

ファシリテーターのコメント

　はい、ありがとうございます。「ファシリテート」のおおよその意味は、皆さまがおっしゃったとおりです。英和辞書を引くと、動詞の"facilitate"には、「事を容易にする・助長する・促進する」などの意味があります。形容詞の「ファシル(facile)」は、「簡単な・容易な・軽快な」という意味ですね。名詞形の「ファシリテーション(facilitation)」は、「容易にすること・簡易化・助成・助長」、「ファシリテーター(facilitator)」は、「円滑な進行を図る役目の人・調整役」。

　これでもよく分からないというのが私自身の思いなのですが、これらの言葉のもともとの意味は、英英辞典で調べたほうが分かりやすいかもしれません。以下はご参考までに。

　　　　facilitate：to make an action or a process possible or easier
　　　　facilitator：a person who helps somebody do something more
　　　　　　　　　　easily by discussing problems, giving advice, etc.
　　　　　　　　　　rather than telling them what to do

通常、企業などで「ファシリテーション」と言った場合は、「人びとの相互作用を

効果的なものにし、話し合いを促進するための、コミュニケーションへの積極的な働きかけ」、という意味で使われていることが多いようですね。

3　キー・コンセプト

Question 2

> リスナーの質問
>
> ビジネス・スクールの授業などでは、「双方向的、インターアクティブなスタイル」がとられることが少なくありません。あれを指導する先生は、ファシリテーターと認識してよいでしょうか。「あなたはファシリテーターです」と言うと、座学(先生が話して学生は静かに聞く、という伝統的な教授スタイル)専門の先生は怒るかもしれませんが、成人学習には有効なアプローチなのですか。

　はい、ありがとうございます。まさにそのとおりです。先ほどの英英辞典は、*Oxford Advanced Learner's Dictionary* なのですが、例文として、"The teacher acts as a facilitator of learning." というセンテンスを挙げています。結局、ファシリテーションというのは、メイク・イット・イージアー(make it easier)なんですね。「促進する」「相乗効果が出るようなミーティングの進行を促進する」ということです。

　ファシリテーターとは、**グループ討議が円滑にいくよう進行プロセスに責任を持つ人**ということですので、今おっしゃった大学院や成人学習の中で講師がファシリテーターになるということは、教授という、一方的にいろいろ講義するというイメージとは別に、それぞれに専門性を持った大人が集まる中では、それぞれの参加者の専門性をいかに引き出すかということで、ファシリテーターの役割というのが非常に重要になります。

　ですから、中学生とか小学生の間に大人が入ってファシリテーションをするというのは、なかなか難しい。子供たちの場合は、どちらかというと、先生が「これはこうしなさいよ」と、一方的というか、先生主導になってしまいがちですが、成人の学習の場合は、「こうしなさいよ」と言っても、「何だ、そんなの、言われなくても分かっているよ」というのが人の常だと思いますので、参加者各人の専門分野の知識と今までの経験を生かしながら、それぞれが持って

いるもの以上のものを組織として作っていこうというのがファシリテーションのキー・コンセプトです。

Question 3

まだまだ、「ファシリテーションって、一体何？」、という段階だと思いますので、ここで具体例からイメージを広げていきましょう。たとえば、われわれの知識の中にあるファシリテーションがうまい人というと……実在の芸能人とか、テレビ司会者等で、好例を挙げてみてください。

I： さんま。
有村： 明石家さんまさん、ですね。
I： 彼は自分でしゃべらないですよね。全部、人にしゃべらせて。
J： とんでもない。彼は人の話を聞かないので、しゃべりっぱなし。大竹しのぶがそう言ってるよ。
有村： 実は私もさんまさんは、すごくファシリテーションが、うまい方だなと思いながら、時々、さんまさんの番組を見て勉強しています。そうですね、さんまさん、自分は話さないのですね。ただ、相手にしゃべらせるように仕向けていくのは非常にうまい。この辺で笑いが要るなというときに、何か突っ込みを彼が入れるのですね。時間が限られたときには突っ込みを入れないという、ファシリテーターとしてはすごくタレント性を持っているなと思います。他には……。
B： 黒柳徹子さん。
有村： どうして彼女がファシリテーターだとお思いですか。
B： 出演者は、通常だと人には話さないようなことも、あの番組に出て来ると、よくお話しになるでしょう。
有村： どうしてでしょうか。それは彼女の何が輝いているのでしょうか。
B： 聞き上手。
有村： 聞き上手ですねえ。黒柳徹子さんほど聞き上手な方は、なかなかいらっしゃらないですけれども、それもファシリテーターの1つの非常に重要なスキルだと思います。自分が話さない。話を牛耳(ぎゅうじ)らない。操作しない。とりあえず相手の話をじっと聞く。他にはどんな方がいらっしゃいますでしょうか。
B： 島田紳助さんはどうですか。

有村： 「kissはイヤ」とかいう夜中の番組で、20代、10代のカップルのインタビューなどをすることがあるのですが、紳助さんはファシリテーションが非常にお上手です。涙が出てきた子にはそれとなくカバーして、突っ込みを入れるときは絶妙なタイミングで突っ込みを入れる。それから、まったく違うような質問を投げかけるというのも、紳助さんの面白いところだと思います。他には。

K： ちょっと違ったやり方かもしれないけれども、久米さんなんかはニュースを読むという感じではなくて、見ている人とファシリテーションをやっているような気がします。

有村： はい。私も久米さんを意識していました。ニュース番組を一方的に伝えるというのではなくて、視聴者にあたかも自分がスタジオにいるような気にさせてしまう一体感を作るというのは、久米さんの「ニュースステーション」の10時の強みですね。高い視聴率を誇っています。その延長で言うと、「サンデープロジェクト」の田原総一郎さんも非常に攻撃的で、高圧的で、そして操作的にもとられるのですが、田原さんでないと聞けない質問をどんどん連発するのですね。普通だったら出入り禁止になってしまうようなことも、「田原さんが言うなら仕方がない」と、無礼講（ぶれいこう）が認められているような、ある意味で、ファシリテーションのユニーク性というのを持たれていると思います。

このあたりで、ファシリテーションの定義を試みてみたいと思います。

ファシリテーションの定義

　ファシリテーションとは、討議参加者の今までの経験や専門分野を尊重しながら、各人の多様な意見を歓迎し、話し合いにおける相互作用のプロセスをより有効・有益にするための対話上の働きかけを意味する。質問を投げかけたり、話しやすい環境を創るなど、最も良い意思決定を導くための、コミュニケーション・プロセスにおける効果的なマネジメント術の1つでもある。

§2　組織の中でのファシリテーション

1　相 乗 効 果

> 　では、そのファシリテーター、すなわち「ファシリテーションをする人」の役割について、考えてみたいと思います。時間も限られていますので、今回は主に会議、たとえば、こういう風に、皆さんが集まられるところでのファシリテーションということに限定して話を進めていきましょう。
>
> 　組織の討議能力というのは、自分がどう周囲の環境と向き合って組織的に変われるかということで、固定的ではない、常に動いている、変動的なものです。単に、個人が集まった頭数だけで、1＋1が2になるというものではありません。
>
> 　3人集まった場合、1＋1＋1は、本来ならば3になるはずなのですが、3人が協力しても実は1人で仕事した方が効果的だったり、3人でやっと、1.3人分ぐらいの力しか出ないということも皆さま、経験していらっしゃるのではないかと思います。1＋1がたとえば3くらいになる、そんな組織だったら、かなり良いほうだと思います。時間や資金など限られた資源の中で、1＋1＋1がたとえば5以上になるというのが相乗効果で、それぞれが持っている力以上のものが協働しているときに出てくる場合にこそ、組織の強さが発揮されたことになります。

Question 4

> ちょっとお伺いしたいのですが、このマネジメント・コミュニケーション研究会では、1＋1＋1は何になっていると思われますでしょうか。

K：　7ぐらいだと思います。
有村：　他の方はどうでしょうか。
L：　かなり「シナジー」があるんじゃないですかね。
有村：　シナジー、相乗効果が出ている。
L：　ええ。
H：　「シナジー」というのは、だい

たい同じようなメンバーの集団では起こらないんですよ。いろんなタイプの人とか、性格が違っていて、持っている知識もまた補完するような力がないと。同じような人の集合だったら、1＋1はせいぜい2。

有村： 水に水を入れても水ですからね。

F： 化学反応を起こす何かが必要ですね。

D： そうすると、「金太郎あめ」というような企業だったら、シナジーはほとんど起こらないということですかね。

M： そうでしょうね。それは生かし方もあると思うんだけど、人間である以上、人は皆、素質とかバックグラウンド(背景)が違うから。だけど、日本の社会ではとくに、初めから「こうだ」と決められてしまっている場合には、シナジー効果は起きないでしょうね。

有村： なるほど、では、マネジメント・コミュニケーション研究会は、シナジーが出ている組織と理解してよろしいでしょうか。では、このマネジメント・コミュニケーション研究会という組織で、どうしてシナジーが出ているのでしょうか。

M： 学ぼうというか、自分の知識を広げたり、いろんな人の見方を知ろうという気持ちがあるからではないですか。

有村： 他には。

N： バックグラウンド(背景)が違いますよね。アカデミックな勉強をされる方とか、私のような現場に立っている人間もいて。

有村： いろんなバックグラウンドを持たれた方が、それぞれ尊敬し合って、尊重し合って。他には？

A： オープン・コミュニケーションでしょうね。

有村： そうですね。C先生がときどき、「この研究会は女性が気軽に、自然体で居られる数少ないアカデミックな研究会の1つ」とおっしゃいますね。では、ここのメンバーを他の学会に持っていったら、どうなるのでしょうか。ここのメンバー全員を他の学会に、A学会、B学会、C学会に持っていったら、このようなオープン・コミュニケションで和やかな雰囲気はできるのでしょうか。

D： それは、移っていった先の組織によりますよね。「相互作用(インターアクション)」の仕方をうかがいつつ、それに合わせるということをどうしてもせざるをえないから、必ずしも今のままとは限らない。

2　組織文化という概念の実態をさぐる

　このインターアクションという動作こそが、組織の力を左右するものだと思っています。
　同じ人間が、たとえば東大生が100人集まってA社に入るのと、東大生が100人集まってB社に入るのでは、おつむに抱えている知識は同じだったとしても、A社での相互作用と、B社での人間関係のあり方とは、まったく違うものになってくるのですね。どうしてそうなるのかという理由については、今まで、「組織文化や風土が違うから」とひと言で片づけられてきました。よく、ウマが合うとか、波長が合うとか、逆に何か相性が悪いとも言いますね。あるいは、「あそこは何か雰囲気が暗いから」とか。こういったこともすべて、「組織文化」という1つのくくりで片づけられてしまって、「組織文化」と言った途端に次の議論が生まれてこない。もうそれ以上解明できないという傾向があります。

　円滑なコミュニケーションには「信頼」が不可欠である、と言われるのですが、信頼とか組織文化ということも、それが実際にはどういう行動を指しているのかという行動ベースでとらえないと、問題解決になっていきません。ですから、何をもって信頼ということなのかという行動ベースに落としていくような、あるいは信頼とか組織文化を、その言葉を使わないで表現できるように努めてはじめて、次の議論が効果的になると考えます。

3 組織内の「見えない関係」こそ重要な鍵

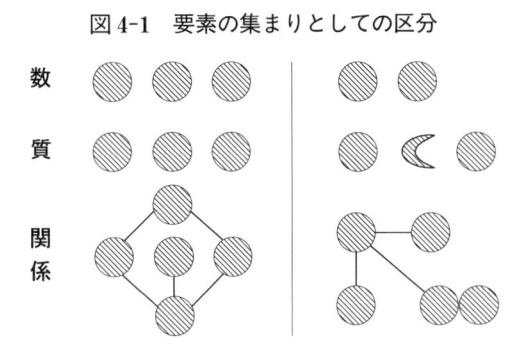

図4-1 要素の集まりとしての区分

数

質

関係

出所：北原貞輔・伊藤重行(1991年)を参考に、報告者が作成。

　上記図4-1の左と右を、A社とB社の組織と考えていただきたいと思います。A社とB社を比較すると、1段目の「数」の場合はA社が30人で、B社は20人というふうに、解釈してみることができます。2段目の「質」とは、たとえば左のA組織には男性が30人いて、右は男性が20人プラス女性10人で、数は同じだけれども質が違うという解釈ができます。この1・2段目は、それぞれの要素の質や数を分析して個々の要素を見ていれば理解できることです。

　しかし、3段目の「関係」に示されるラインは、それぞれの個がどういうふうにつながっているのか、あるいはつながっていないのかを表しています。誰と誰がつながっているのか、誰と誰が口もきかない、顔も合わせない、同席するのは好ましくない……といった、この関係性は、図を分解して個々の要素を調べても表面には出ず、全体の総体的な集まりを示して初めて、理解できる性質のものです。

　複雑系やシステム論で引き合いに出される例ですが、ピチピチの元気な鯛の秘訣を探るために、それぞれの体の部分、例えば内臓とか、えらの部分などを個別に分析していって、それぞれの成分を精密に研究したとしても、どうしてその鯛が元気なのかは理解できないのです。分解していって個々の部分を見て、その後、各パーツを統合しても、どうしてそこに強さがあるのかは、やはり全体の関係性をみなければ分からないという例です。

　要素を詳細に調べるだけでは理解できない部分にこそ、実は総体としての組織の強さあるいは弱みがあるのではないか、ということを示唆してくれる話です。

Column 1　　　　　　　　　　　　　　　　　　　　　　　**全体の印象をとらえる**

　具体的な例ですが、捜査でモンタージュ写真がよく使われますね。あれは、眉はどうか、口はどうか、などの情報を当事者に聞いていってモンタージュ写真を作るのですが、少し前にテレビを見ていてなるほど〜と関心したのは、最近、似顔絵による検挙率が増加しているという事です。似顔絵というのは、詳細は全然正確ではないのですが、全体としての特徴を、モンタージュ写真よりも、はるかによくとらえているというのです。

　たとえば、前アメリカ大統領のクリントン氏のイラストなどでは、大きな鼻が強調されて描かれます。それだけで、クリントンと分かってしまいますね。こういう具合に、全体の印象をとらえるというのは、個々の部分を統合して造っていくデジタル情報ではなかなか出てこない性質のものですが、人には伝わる部分なのですね。

　全体としての印象や特徴、集まりの中での部分部分の関係性というものを、われわれはもう少し謙虚に見ていったほうがいいのではないかという問題提起が、研究者の中から出されています。ハンガリー出身の物理学者マイケル・ポランニーは、その著『暗黙知の次元』の中で、「われわれは、言葉で語りえることより、多くのことを知っている」と語り、言語化できない部分の我々の「知」の存在を主張してます。

§3　効果的なファシリテーター

1　質問力

> ファシリテーションというのは今まで、主に発想法とか、グループでの効果的な会議方法など、スキル・ベースで議論されてきたことが多いのですが、私自身は、これは単なるスキルやテクニックではないと考えています。

Question 5

> ここでお伺いします。「今の日本の経済は悪いですか。」

K：　たぶんそうだと思います。

有村：　もう1つ、「今の日本の経済についてどう思いますか」

K：　私まで経済が直接響いてくることはないのですけれども、たぶん悪いと思います。

有村：　では次の質問をさせていただきます。「今の日本の経済は悪いですか」と「今の日本の経済についてどう思いますか」、この両者の違いは何でしょうか。

K：　「悪いですか」という誘導があるかどうかの違い。

ファシリテーターのコメント

　ありがとうございます。かなり操作的な質問ですよね。「悪いですか」という質問に、イエス、ノーで答えるのか、あるいは開放型の質問(オープン・エンディッド・クエスチョン Open-ended question)に対して、イエス、ノーに縛られずに自由に答えるのか、この違いですね。「いま日本の経済についてどう思いますか」と同様の尋ね方には、たとえば「お昼、何を食べましたか」というのもありますが、開放型の質問では、答える人の方が、かなりの裁量を持ちます。逆に、ファシリテーターが「昼食はすませましたか」と、イエスかノーの二者択一の応答を求める質問をしたら、尋ねるのにかかる時間は少なくてすみます。このときファシリテーターは、相

手にイエスかノーしか言わせないので、質問をする側のファシリテーターに、より大きな権限があります。答えるほうには、あまり力がない。逆に、開放型の質問（オープン・エンディッド・クエスチョン）、つまりどのような答え方をしてもよい質問というのは、回答を得るのに時間がかかってしまいますし、Kさんが話していらっしゃる間の私のファシリテーターとしての権限・コントロールは非常に弱くなって、むしろ答える人、Kさんの裁量が大きくなります。ですから、たとえばKさんが、5分、10分、15分、日本経済について話されても、「ありがとうございます」と言うのが精一杯で、なかなか相手の話の長さや内容をコントロールできないのですね。ファシリテーションを行う場合、限られた時間の中で、どんな効果的な質問を適切なタイミングで出せるかというのは、先ほどの黒柳徹子さんの例にもありましたけれども、ファシリテーターに求められる最も大事なスキルの1つかと思います。

Question 6

> ではまた、ここで聞いてみたいと思います。たとえば……というシナリオですが、今にも自殺を考えている人、昨夜自殺しようと思っていた、皆さまのお友だちが、何とか思い止まって、今朝、皆さまのところにやってきました。「自殺しようかと考えている。どうしても、死んでしまいたい。本当に生活に疲れちゃったんだよ」と、そのお友だちが訴えてきました。皆さまはどういうコメントをされますか。

M： ご自由に。

有村： その方には子どもがいます。「ご自由に……」と言われて、お父さんかお母さんが自殺されたら、子どもは路頭に迷いますよね。

L： 「決めるのはあなただ」ということを言ってあげたほうがいいんじゃないですかね、最初は。

有村： 主体性を。

L： ええ。「だけど、あなたには子どもがいるよね」などと言ってみます。最初から同調してしまったら、「おれはやっぱり自殺する」という方向に流れてしまうのじゃないですかね。

有村： 同調しない……。

L： ええ。

有村： 他には。皆さまの仲のいいお友だちが、「もう、おれ、生活に疲れちゃったよ」と……。

G： おれも疲れたよ、と（笑）。

有村： 「じゃあ、道連れで一緒に行こうよ」と言われたらどうしますか。

I： だいたいそういうことを聞いて

くる人は止めてもらおうと期待して言っている。

有村： I先生なら止めてもらえると思って、I先生のところに……。

I： 止めてもらおうと期待してきているのだから、先ほどのMさんのように、「好きなようにしたら」と言われたら、拍子抜けするでしょう。

有村： 戸惑ってしまいますよね。

B： 私、架空の話ではなくて実体験があるんです。生活に疲れたのではなくて、夫の不倫に悩んでいるお友だちで、私はご夫妻と親しかったのですね。あるとき、その女性が、ちょっとわがままな人だったのだけど、「もう死にたい、ここから飛び降りる」というような感じだったのです。それぞれの言い分はあるものの、どっちもどっちで、それで「飛び降りたら」と私、言ってしまったのです(笑)。止めてほしいのだろうな、と察しながらも。

有村： 結局、飛び降り…。

B： ませんでした。

有村： なるほど、なるほど。じゃあ、成功したのですね。

B： 怖かった、あとで考えると。

有村： それではここで、成功する確率が高いと言われるコメント例を挙げましょう。「じゃあ、どうして昨日、死ななかったの。どうして死なないで、私のところにきてくれたの」というように相手に尋ねるのです。

ファシリテーターのコメント

　「どうして昨日の夜、死なないで、思い止まって私のところにきてくれたの」というように言ったら、次に返ってくる答えというのは〈死ななかった理由〉、つまり、「子どもがいるから」とか、「いや、おまえの顔を見てから死のうと思った」とか、「ちょっと思い止まるところがあって」などなど、その内容は〈死ねない〉というこの世に対する未練、すなわちポジティブな理由が出てくるのですね。

　逆に、さっきL先生がおっしゃいましたけれども、「どうして死のうと思ったのよ」とこちらが同調した尋ね方をすると、相手は死ぬに値するようなネガティブな情報をどんどん吐き出して、それをまた再認識することになるのですね。ですから「何がいやなの」と尋ねるのではなくて、「何があなたをこの世に思い止まらせているの」というふうに尋ね方を変えると、ポジティブな答えを探そうとする力が働きだすのです。

しかしその一方で、通常の状況で思い悩んでもいない相手に、「どうしてあなたは死なないの」、「自殺しようとしないの」などと、突如尋ねるのはとんでもないことですから、やはり状況によって、相手との関係を考慮する中で、緊急性に照らし合わせて即、反応していくという力がファシリテーターには求められます。これは単なるコミュニケーション・テクニックではありません。議論を展開する中で、それぞれが出す質問によって、討議の内容も、それに続く意思決定の方向も結論も、全く違ったものになってくるからです。

このように考えると、ファシリテーションとは、単に発想法とか、効果的な会議の進め方という、短時間の研修で行うようなテクニックの問題だけではないことが分かります。ある意味で、組織の討議能力というのは、組織内で効果的な相互作用（インターアクション）ができるかどうか、もっと煎じ詰めれば、そこにいる人びとがどれだけ効果的な質問を出し合えるかということにかかってくるのではないかと思われます。

さらに言えば、われわれが、組織内で異なる意見を持っている人たちに対して、どのような反応をするのか。いかに彼らが持っている、自分とは違う発想や意見を組織に還元してもらうよう議論しやすい環境を整えられるか……ここに、組織の討議能力はかかっています。

私の知る、ある伝統的な日本の会社においては、上司が同席する会議では、部下は、「君はどう思うの」と聞かれるまでは話さないという暗黙のルールがあります。明示された規定ではないのですが、これでは部下が素質としていくら良い意見を持ち、現場の知識が豊かだとしても、個々人として優秀であっても、組織としてはその人の力を生かしきれていないということになります。インターアクションの観点から言えば、1＋1 を 0.8 にしているという組織です。

「多様性を入れなければ」と、いかに多様な人材を組織に入れても、個々人を招集させたつもりでいるだけで、各人の多様性を本当に活用しなければ、単に頭数で、色とか形の違うものを集めているだけになってしまうのですね。〈異質性〉を活用するというのも、集めるだけではなくて、その相互作用（インターアクション）のあり方をマネジメントするということを考えなければ、組織の強さは出てこないと私自身は考えています。

Column 2　　　　　　　　　　　　　　　　　　　　効果的な質問法

質問の機能を確認し、効果的な質問を出すことによって、相手の反応に多大な影響を与えることもできる。
- 同意を求める　　（例　「この方法に賛同いただけますか」）
- 強い叛意を示す　（例　「あの状況下で、いったい誰が平常心を保てるというのでしょうか」）
- 確認する　　　　（例　「では、明日の9時の納品でよろしいですか」）
- 異議を申し立てる　（例　「本当に明日、この状態のままで申請するのですか」）
- 相手の話に興味を示す　（例　「あの点について、もっと詳しく教えていただけませんか」）
- 相手の話に興味がないことを示す　（例　「時間が無いので、またにしていただけませんか」）
- 相手の本意・決意の度合いを探る　（例　「では、このプロジェクトがたとえ500万円かかってもよいのですか」）
- 相手を叱責・攻撃する　（例　「こんな計画で、はたして本当に実現するとお考えですか」）
- 提案する　　　　（例　「では、水曜日の3時30分は、いかがでしょうか」）
- 追加情報を求める　（例　「この商品に、例えばどんなおまけがついていたら買いますか」）

2　ファシリテーターは、プロセス・コンサルタント

　ファシリテーションは、ビジネス・マネジメントの分野で近年とくに重要になっているアプローチの1つですが、アメリカにはファシリテーションのプロフェッショナルという人びともいます。彼らは「ファシリテーターのプロ」というよりも、「プロセス・コンサルタント」として生計を立てています。プロセス・コンサルタントというのは、たとえば他の企業を買収するかどうかという意思決定の中身について直接アドバイスするのではなくて、意思決定に至るまでの人びととの討論のプロセスに責任を持つ人々のことです。
　最近、アメリカでプロセス・コンサルタントと呼ばれている方が『効果的な

会議』という本を出版されましたけれども、やはりテクニックとしてのファシリテーションに焦点が置かれており、マネジメントに及ぼす影響ということについては触れられていません。

　新生銀行の八城社長は、元シティバンクのトップだった方ですが、氏はエクソンに勤務時代、外部のコンサルタントをあまり使われませんでした。唯一使った、とある講演でおっしゃっていたのが、このプロセス・コンサルタントです。それは重役会議等での重要な意思決定において、出席者が持論を話し合うために効果的なインターアクションができるよう、外部のプロセス・コンサルタントが雇われたのでした。その外部コンサルタントはエクソンの石油関連の知識を持つエキスパートではないのですが、出席者の専門分野をどんどん活かせるよう活発な議論をするための、ファシリテーターとしてのノウハウを持っているのです。そういう役割に企業がお金を払うという慣習があるのですね。

　M社でも、アメリカの本社では、北米・南米・アジアそして、ヨーロッパの各国から、マネジャーやディレクターが集まってくるのですが、彼らが講演者として招くのは、いろいろな国の人たちが集まってくる会議において、英語でファシリテーションができるプレゼンターです。プレゼンターには、単に「私はこう思いますよ」と一方的に話すのではなくて、いろいろな国のあるいは地域の事情を理解して、かつ参加者の異なる意見発表を促し、その多様性から学び合うような環境を創る……というように、プロセスを効果的に導いていく能力が求められます。ここではファシリテーションは、単なるスキルではありません。ファシリテーターの仕事は、現場の意識をいかに吸い上げるか、彼らのコミットメントをいかに高めるか、そしてマネジャーの意思決定のプロセスをいかに的確なものにするかという点で、思った以上に重要な役割を果たします。

3　クロージング

Question 7

さきほどから1時間ぐらいが経過しました。私がファシリテーターとして注意してきたところ、またはスキルとして使ったものにはどういうものがあったでしょうか。

§3 効果的なファシリテーター　111

T：　報告会がスタートした時に…。
有村：　確かに、アイス・ブレーカー（参加者の緊張を解くための息抜き的な活動）を冒頭に入れました。
L：　参加者を巻き込むという…。
有村：　参加者を巻き込むために、どんどん質問を投げかけるというのも手法ですね。他には…。
B：　固有名詞を出して、少なくとも名指しされたM先生はハッとして、さらに緊張度を高める。私もそうですけれども。この手法は大切だと思います。
有村：　そうですね。同時に気まずい雰囲気のときには相手の名前など、固有名詞をあえて口に出さないというのも大事ですね。名指しされた人が、「フンッ」とそっぽを向いて、その人のネガティブ・エネルギーが参加者に広く伝染してしまうのは避けねばなりませんから。
N：　場がシラけてしまう……？
有村：　シラけてしまいますね。ですから、元気な人とか、この人には協力してもらえるだろうと思う人に質問を投げかけるというのも、テクニックの1つです。他に何かありますか。
I：　1か所に止まってなかったような気がしたけど。
有村：　そうですね。M社で研修するときなどでは、私はもっと動きます。500人のときは、もうステージから全部降りてしまって歩いていました。そのように、多人数の場合や、後ろの方は聞こえないかもしれないと思ったときには、参加者から質問を受けても「あ、今のはこういう質問だったのですが、皆さまならどうコメントされますか」と確認しながら問いかけるようにして、全員を巻き込むよう努めます。権威が高い方の場合は、「すみません、もう少し大きい声で言ってください」などとは言えませんので、「今のはこういう質問でしたが」という感じで、情報を全員に紹介し、これを共有するようにします。

Question 8

> リスナーの質問
>
> 1つ質問します。今おっしゃったようなファシリテーターのスキルとか、ファシリテーションの概念は、M社で独自に開発したものなのか、あるいは、たとえばアメリカの経営では普遍的な知識なのか、そのへんはどうなのですか。

有村： 普遍的なものではありません。アメリカのカルチャーが強く反映されたものだと考えられますね。また、M社独自のものかという問いについては、全くそんなことはありません。ただ、私たちの、コミュニケーションの過程で「相互作用(インターアクション)の質を高めたい」という思いは、マネジャーの願いに共通するものなので、そのプロセスにもう少し関心を持ってもいいのでは、という提案として例にあげました。くり返しますが、これは単にテクニックの問題ではないのです。

B： その大前提として、環境を利用なさいましたね。この研究会はM社と同様に非常にフラットな組織なので、ファシリテーションをやり易いですよね。だからこそ報告会の冒頭から驚かすような方法でファシリテーションをなさったと思うんですが。

有村： そうですね。ありがとうございます。今のご指摘はそのとおりです。ファシリテーションが的確でないという状況もあります。どんな状況があるでしょうか。ファシリテーションを使ってはいけないというか、使うのが適切ではない場合は？

B： ヒエラルキーの強い組織。

T： 軍隊とか。

有村： そうですね。軍隊など官僚的な階層組織、とくに二等辺三角形の高いところでは、上司に向かって、「あなたはどう思いますか」などと、部下が言えるような雰囲気ではないですからね。

N： そういうときはどうすればいいのですか。

有村： ヒエラルキーの強い組織ではファシリテーションが全く使えないかというと、そうでもありません。すごく権威的な人や、上から高圧的に物を言う人は、ミーティングのメンバーから外してしまって、その方がいないときにファシリテーションを使うということもあり得ます。

　これも単なる具体例の1つ、解決案の1つなのですが、M社では、そういう人がどうしてもミーティングに入らなければいけないときは、スポンサーがその会議を見るという形にもっていきます。「では、今回はスポンサーの意見を伺います」と言うと、その人が議論を牛耳ることはありません。一応、オブザーバーという形でご出席いただいて、「最後にひと言、アドバイスをください」という感じにもっていくと、皆さん、スポンサーというポジションを受け入れ易くなります。トップの参画方法をあらかじめ組織的に規定

§3 効果的なファシリテーター　113

I： トップ自らが最初から、ご自分の意見をおっしゃると、他は追随してしまうので、自分は言わないで中立になって、ということですか…？

有村： そういうこともできる組織はいいですね。実際にはポジション・パワーが効いてしまうので、なかなか難しいところがあるのですが、トップがファシリテーション・スキルを持っていて益することは多々あります。

N： 分からないけど、日本ではこういうのがあまり流行らなかったというのは、日本の場合はまずマイナス点から見る。マイナス点から、否定的なところから見ていく。これが何で西洋のほうから入ってきたかというと、西洋人というのは、プラスとマイナスで考えて、たとえば、簿記の原理で財産と負債を見て、それでプラス、マイナスを合わせて考えるということをよくする。向こうの人は、マイナスとプラスとを考えて物を言う傾向があるけれども、日本人の場合はどちらかと言えばマイナス点から物事を見る。そういうことじゃないかと思うのですが。

有村： ありますね。「出る杭は打たれる」というのもありますし、ファシリテーターとして誰かがちょっと表に出てしまうと、「アイツは面白くない」という組織風土が、日本には強いのかもしれませんね。

K： でも、伝統的な日本の組織の中で、あるカウンセリングに参加したことがあるのですが、先生が世話人として座っていらっしゃるだけで、あとは全員が勝手に話をすることによって習得していくカウンセリング方法がありました。私は今日はじめてファシリテーションという言葉を聞いたときに、このカウンセリングを思い出したのですけれども、世話人の先生が、最初にただ「皆さんでやってくださいね」というだけで全然ファシリテーションをしてくださらなかったという大きな問題はあったのですが、その考え方そのものは、何となく、自分がリードして教えるよりも、皆さんのインターアクションを促進するという、ファシリテーションそのものだったのではないかと思います。

有村： ありがとうございます。もともと改善とかTQC(トータルクオリティー・コントロール)等の日本のお家芸は、「皆でざっくばらんにやっていこうよ」という姿勢に支えられてきました。

ですからカウンセリングなどでもそういうとりくみ方が活かされますね。しかし、やはり討議にただ身をまかせて、「丸投げ」という状態ではいけないので、ファシリテーターは、参加者の英知を使いながら、組織として行くべき方向、意思決定がどちらに行くにしても、進むべき結果は出す、何らかの意思決定は行うというような、ある方向にもっていくだけの責任を持つという意味で重要な役割をになっています。

積もる話はいっぱいあるのですが、時間的な制約もありますので、とりあえずここで第1セッションを終わらせていただきたいと思います。

司会： インパクトの強いご報告でした。刺激的なトークをありがとうございました。今とっさに言葉が出ませんけれども、私たちは今日、貴重な経験をしました。ここでティータイムを入れます。一息ついたあと、〈フロアとのディスカッション〉になります。ご質問やコメントは第2セッションでどうぞ。

☆ 本章は、2001年3月24日、早稲田大学において開催された第22回マネジメント・コミュニケーション研究例会において、「組織の討議能力とファシリテーション」というタイトルのもとに報告された口頭発表を、一部再録したものである。

☆ テープ・リライター：土橋紀子

参考文献

Bartlett, A. C. and Ghoshal, S. [1997] *The Individualized Corporation*, HarperCollins.（グロービスマネジメントインスティテュート訳［1999］『個を活かす企業――自己変革を続ける組織の条件』ダイヤモンド社。）
Deal, T. E. and Kennedy, A. A. [1982] *Corporate Cultures*, Addison-Wesley.（城山三郎訳［1983］『シンボリックマネージャー』新潮社。新訳は岩波書店、1997年。）
Schein, E. H. [1985] *Organizational Culture and Leadership*, Jossey-Bass.（清水紀重・浜田幸雄訳［1989］『組織文化とリーダーシップ――リーダーは文化をどう変革するか』ダイヤモンド社。）
Watkins, K. and Marsick, V. [1993] *Sculpting the Learning Organization*, Jossey-Bass.（神田良/岩崎尚人訳［1995］『「学習する組織」をつくる』日本能率協会マネジメントセンター。）
伊丹敬之［1996］『場のマネジメント』NTT出版。
北原貞輔・伊藤重行［1991］『日本的システム思考』中央経済社。
桑田耕太郎・田尾雅夫［1998］『組織論』有斐閣。
高橋伸夫編［1997］『組織文化の経営学』中央経済社。
田坂広志［1997］『複雑系の経営』東洋経済新報社。
寺本義也ほか［1993］『学習する組織――近未来型組織戦略』同文舘。
根本孝［1998］『ラーニングシフト――アメリカ企業の教育革命』同文舘。
野中郁次郎・竹内弘高［1996］『知識創造企業』東洋経済新報社。
畑村洋太郎［2000］『失敗学のすすめ』講談社。
林吉郎［1994］『異文化インターフェイス経営』日本経済新聞社。

第5章

異文化コミュニケーションと英語コミュニケーションの醍醐味

Great minds have purposes, others have wishes.
（崇高な精神の持ち主は目的を、そうでない人は願望をもつ）
ワシントン・アービング（アメリカの作家 1783-1859）

§1 文化の多様性とコミュニケーション

　21世紀を迎えて、ビジネスのみならず教育も含めた社会のあらゆる面で、グローバル化が進んでいる。これからは、国境やジェンダーや年齢を越えて、さまざまな考えや価値観を持つ人々が共に働き、共に人生を楽しむ多様性の時代となるだろう。そこで鍵となるのが「異文化コミュニケーション」。つまり、いろいろな文化的背景を持つ人々の間でいかにうまくコミュニケーションをし

ていくのか、これが大きなポイントになる。

「文化」というと、真っ先に頭に浮かぶのが「国の文化」であるが、1つの国の中でも、たとえば大阪と東京、ニューヨークとカリフォルニアというように、地域による「文化」の違いがある。さらに「社風」も文化の1つの姿で、それぞれの会社には独特の「企業文化」や「組織文化」がある。また学校にも「校風」という文化がある。それでは「個人の文化」というのはあるのだろうか。

文化にはさまざまな定義があるが、オランダの著名な異文化経営論の学者であるホフステードは、文化を個人の「精神的なプログラム」であると言っている。つまり、人には一生を通じて学習する思考や感情や行動のパターンがあり、彼はこれをコンピューターになぞらえて、「心のソフトウェア」と呼んでいる[1]。このように文化の最小単位は、人それぞれが持つ価値観や判断基準となる「個人の文化」であろう。

それでは、男性と女性の文化の違いはどうだろうか。女性がいかに社会進出を遂げようと、男性がどんなに育児に携ろうと、この両者の間には、物事に対する反応や対処の仕方に相違があることは否めない。それは、どちらが優れているかという論議ではなく、生物学的に、また育った社会や環境の影響により、男性と女性には異なるプログラムが組み込まれているのかもしれない。そ

---

[1] Hofstede [1991] pp. 4-5.

して違うからこそ、魅力的で面白いのではないだろうか。

このように文化と一口に言っても、それは複数の層からなり、大変奥が深い。文化の違いを尊重し、お互いを受け入れて、異文化コミュニケーションを大いに楽しもう。

1　文化の複層モデルとステレオタイプ

（1）　複数の層からなる文化

ここでもう一度、文化について考えてみよう。図5-1が示すように、トランペナーズは、文化は複数の層から構成されているという。一番外側にあるのが、「明示的な文化」で、言語・食べ物・建物・芸術・ファッションといった、自分の目で確認できる文化である。次に来る中間の層が「規範と価値観の層」である。規範とは正しいかそうでないかの判断であり、公式には法律として、非公式には社会のコントロールとして展開される。価値観は善悪の判断であり、集団が共有する考えと密接につながっている。最も深い層にあるのが、「暗黙の文化」で、「基本的な前提」である。つまり、なぜそうするのかと問われると答えられないような、当事者にとっての当たり前の事柄をさす[2]。

図5-1　文化の複層モデル

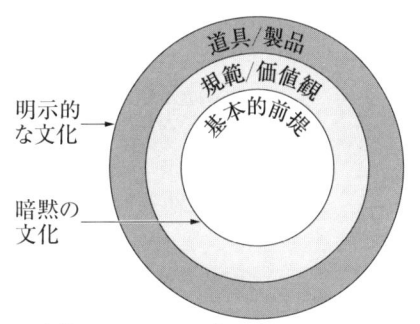

出所：Trompenaars［1995］p.51.

---

[2] Trompenaars & Hampden-Turner［1998］pp. 21-24.

（2） 正規分布としての文化が示すステレオタイプ

同じ文化の人が必ずしも同じ価値観や規範を持っているとは限らない。それぞれの文化は広がりをもち、平均を中心として正規分布の形をしていると考えられる。たとえば図5-2にあるように、平均的に見ればアメリカとフランスの文化は違うが、共通点（黒塗りの部分）も多く見られる。

また、1つの文化を捉えようとするとき、ステレオタイプの問題が生じることがよくある。ステレオタイプとは、図5-3に示すように、極端に異なる文化（黒塗りの部分）だけに注目して、それがその文化の特徴だと判断することである。この方法で文化を比較すると、相違点が過剰に評価され、誇張される危険が十分にあるので、注意が必要だ。

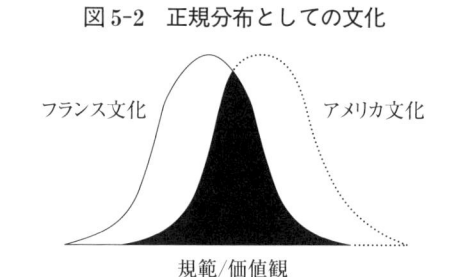

図5-2　正規分布としての文化

フランス文化　　アメリカ文化

規範／価値観

出所：Trompenaars & Hampden-Turner ［1998］ p.25.

図5-3　文化とステレオタイプ

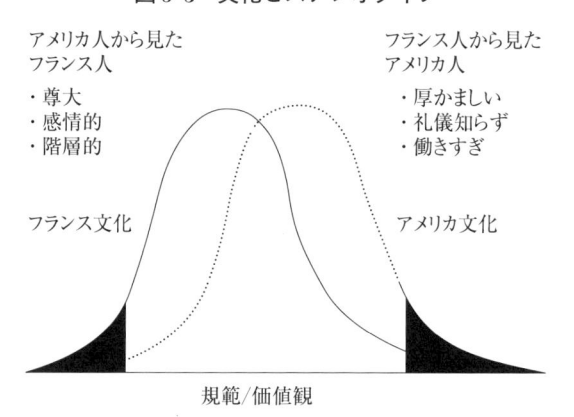

アメリカ人から見た
フランス人
・尊大
・感情的
・階層的

フランス人から見た
アメリカ人
・厚かましい
・礼儀知らず
・働きすぎ

フランス文化　　アメリカ文化

規範／価値観

出所：Trompenaars & Hampden-Turner ［1998］ p.25.

2 距離のコミュニケーション──プロクセミックスとボディ・バブル

それでは次に、異なる文化の人々がお互いを理解する上で問題となることが多い、距離と空間の感覚の違いを見てみよう。

(1) プロクセミックスとは

人がおおぜい集まる立食パーティなどで、相手に近づきすぎて相手が後ずさりしたり、逆に相手が近づいてきてこちらがビックリしたりした経験はないだろうか。このように相手とどの位の距離を保って接すればいいのかは、一筋縄ではいかない問題である。

相手との距離やスペースをうまく使うことは、コミュニケーションの大切な要素だ。異文化コミュニケーションの分野では、空間をうまく利用してコミュニケーションを図ることをプロクセミックス(proxemics；近接学)と呼んでいる。これはエドワード・ホールが、空間に関する非言語コミュニケーションとして命名したものである。

そもそもプロクセミックスはプロクシミティ(proximity)という言葉に由来しており、人と人の間にどのくらいの距離をおくかという、空間と距離の度合いを指している。発する言葉もさることながら、どのくらい離れて(または近づいて)相手と話すかは、想像以上にコミュニケーションに大きな影響を与えている。ホールによれば、アメリカの男性は同性と話すとき、50センチは離れるが、相手が女性だとさらに10センチは下がって話すという[3]。日本人も同様であろう。しかしラテンアメリカの人はその半分くらいの距離しかあけずに近づいて話すことが多い。筆者もかつてアメリカに

---
[3] Hall [1955].

留学した時に各国から集まった留学生と友達になったが、南米の友人は会うと抱擁して挨拶をした後も体を抱きかかえるようにしたり、肩を寄せあって話をするのに驚いたものだ。南米の人は距離をおいて話をする日本人を冷たいとかよそよそしいと思うだろうし、反対に日本人は南米の人をなれなれしいとか、図々しいと思うかもしれない。距離の価値観には文化的な要素が大きくものをいうのである。

（2） 無意識の反応

相手が自分の習慣と異なる距離で接してきたとき、どのような反応が見られるだろうか。たとえば、店の前で列に並んで順番を待っているとき、後ろの人がぴったり近くに立ったらどうだろう。「何て失礼な、こんなに近寄って」と心の中で思うのではないだろうか。「後ろの人は外国の人に違いない。そしてその国ではきっと人の近くにぴったりよって立つ習慣なのだろう」などと客観的に分析する人はほとんどいないだろう。文化や習慣は多種多様で、人の行動は文化的背景に大きく影響されるということを頭ではわかっていても、いざその場になると、自分の感情が優先してしまうのは無理からぬことである。ほとんど無意識のうちに反応が起るということは、それが自分の尺度や価値判断の深い層に根ざしているからである。

（3） 満員電車は例外―ボディ・バブルがはじけて

人は皆自分の回りに他人に入ってほしくない領域があり、泡のように体の回りを覆っていることから、これをボディ・バブルと呼んでいる。ボディ・バブルは泡の如く弾力があり、相手によってこの"不可侵領域"は変化する。恋人のような親密な関係の相手なら、バブルは無用ということにもなろう。ただし例外は満員電車である。まったくの他人にピッタリと寄り添って小1時間を過ごさなくてはならないということが起りうる空間である。この場合はボディ・バブルで自分を覆う物理的な余裕がない。これは日本特有の現象かもしれないが、欧米でも見られる例がエレベーターである。満員のエレベーターの中では

自分の許容範囲を超えて他人の近くに立たなければならない。そのような時、人はどう反応するだろうか。

　目線は下に落として、できるだけアイコンタクトを避ける…または反対に、笑顔で挨拶をする…このような状況が込み合ったエレベーターの中ではよく見られる。それでは日本の満員電車はどうだろうか。立ったまま居眠りをしたり、ヘッドフォンをして音楽を聴いている人もよく見かける。物理的な距離であるボディ・バブルははじけざるを得ないが、その代りにメンタル・バリアー(心の壁)を作って自分を心理的なカプセルの中に入れて、周りに人が存在しないかのように振る舞っているようだ。毎日ボディ・バブルを著しく侵食されつつ通勤通学することはものすごいストレスになるだろうから、これは一種の自己防衛手段といえよう。このような様子を見た欧米の研究者が、日本人は他人と近接しても平気なのだと思ったとしたら、それは間違いである。その場の要件によりやむを得ず近接しているのだから。

　ただし、日本古来の建築様式を見ると、襖や障子など空間の仕切りがソフトであるところから、プライバシーという考え方が欧米とは多少違うのかもしれない。会社で机を並べて仕事をする大部屋が多いこと、病院で診察室がカーテンで仕切られて、医師と患者の話が待っている人にも聞こえること、などを考えると、日本人のプロクセミックスは満員電車の例と同様に、近接でありながら、心理的距離をおくような感覚、平たく言えば、聞こえなかったことにする、そこにいなかったことにする、といった別の次元を取り入れて考えるべきかもしれない。いずれにしても、プロクセミックスは非言語コミュニケーションの重要な部分を担っている。

（4）　接触行動の日米比較

　アメリカ人の対人距離に関して、ホールは人間関係の度合いによって、表5-1のように4つの距離に分類している[4]。

---

[4] Hall [1976].

表 5-1　対人距離

関　係	距　離	内　　　容
親密な関係	0〜45 cm	恋人の距離
個人的な関係	45 cm〜120 cm	友人等の個人的な付き合いの距離
社会的関係	120 cm〜300 cm	会社の同僚や仕事関係の付き合いの距離
公衆の関係	300 cm 以上	テーブル越しの交渉や聴衆を相手にした講演や演説

　それでは距離や接触行動について、たとえば日本人とアメリカ人にはどの程度、違いがあるだろうか。アメリカに移住した友人が娘によく言われるという。

　「アメリカ人の友達の家に行くと、お母さんが彼女を抱きしめて誉めたり励ましたりしているの。私にもたまにはそうやって優しくして欲しいわ。」

　この日本人の母親は決して娘に冷たい訳でなく、親切で家庭的な人なのだが、直接娘の肩を抱いて愛情を表現することはしていなかった。日本ではそれが当たり前であっても、アメリカでは冷ややかな印象を与えるのだろう。

　バーンランドは日米の学生を対象に対人関係における接触の行動を調査し比較分析しているが、接触の量はアメリカ人が日本人の2倍近くであったと言う[5]。筆者の経験でもアメリカでは握手や抱き合ったりキスしたりという身体的接触が自分の気持ちを表現する手段として頻繁に用いられている。また、一般的にアメリカに比べて対人関係に距離のあるフランスでも、挨拶となると頬に3回もキスをするということが日常的に行われていて、接触行動は盛んである。

---

[5] Barlund [1973].

このように非言語コミュニケーションにおいて空間や距離を扱うプロクセミックスは、異なる文化の人とコミュニケーションをする際に無意識の内に働く要素として、極めて重要なのである。

3 時間の価値観とコミュニケーション——クロネミックスと M 時間・P 時間

それでは時間の価値観はどうだろうか。

コミュニケーションにおいて時間がどのように影響するかを扱う分野は、クロネミックス(chronemics)と呼ばれている。たとえば約束の時間に数分遅れただけで平謝りしなければならない国、5分や10分なら挨拶程度で済まされる国、1時間程度は遅れるのが普通の国、などなど、時間に関してはさまざまな価値観がある。

エドワード・ホールは時間の価値観を、モノクロニック・タイム(monochronic time：M 時間)とポリクロニック・タイム(polychronic time：P 時間)という2つの概念に分けて、理論化を試みている。M 時間の人は、時間に正確で物事を1つずつ片づけていくタイプである。P 時間の人は、時間に対する考え方が緩やかで、複数のことを同時に処理するタイプである。M 時間の文化では時間の流れが直線的で、時は過去から未来に向ってまっすぐに流れていく。ここでは一度決められたらそのスケジュールを守ることが大切で、時間はあたかもモノのように扱われ、「時間を使う」「時間を節約する」「時間を無駄にした」などの表現を用いる。まさに「時は金なり」なのである[6]。

これに対してP時間の文化では、時間はプールのような空間であり、スパイラルに流れる。誰かと会う約束をしていてその時間が来ても、友人が突然尋ねてきたら、そちらの方を優先するし、パーティの開始が夜の8時なら9時過ぎに行くなど、時はゆったりと幅を持って過ぎていく。M 時間は、主にイギリス、アメリカ、ドイツ、北欧諸国に、P 時間は中南米やフランス、イタリ

---

[6] Hall [1976].

ア、ギリシャなどの地中海諸国、中近東やアジアなどに見られると言われている。

さて日本人はどうだろうか。日本は地理的にはアジアに属しており、P時間の地域に含まれるが、実際は明治維新後の欧米文化の影響と戦後の経済成長期を通じて、M時間の文化が主になったようだ。確かに電車は定刻に発車するし、製品の納期を守ったり会議も時間どおりに始まることに見られるように仕事での時間厳守は徹底していると言えるだろう。またプライベートな生活でも友人との約束の時間を守る人が一般的には多い。しかし最近は様子が変ってきた。特に教育の現場で感じることは、学生の遅刻が多いことである。これがP時間の文化の良さを取り入れて時間を自由にクリエイティブに使うことの現われならいいのだが、単なる規律の乱れや怠惰であったなら残念だ。

今後はM時間のように正確に、かつP時間のように複数のことを平行して行う、といったPとMの両者を取り入れたPM時間を試みて、新しい時間感覚を生み出すのもよいだろう。マルチな生き方が増える21世紀にはピッタリかもしれない。

4 謙譲や謝罪の表現に見る日米の違いと共通性

空間や時間に加えて、文化の違いが顕著に現われるもう1つの点として、謙譲や謝罪の表現について考えてみよう。

久しぶりにアメリカを訪れてしばらくすると、友人にこう言われることがある。「やっとアメリカに慣れたね。Thank you, Excuse me, I am sorry を連発しなくなったから。」

日本では目上の人に対しても友達のような話し方をする、いわゆる「ため口」が流行る一方で、「…させていただきます」を多用する過度な謙譲表現が幅を利かせているし、一応謝っておく、といった過剰謝罪の習慣もある。そんな日常に慣れてしまうと、英語の環境におかれても、日本的発想をそのまま英語に直してしまい、結果として冒頭のような表現をすることになるのである。

英語には日本語のような謙譲表現の選択肢があまりないため、日本人が英語を話す時に thank you や sorry を連発することがあるが、かえってこちらの誠意を疑われることにもなりかねない。

　また反対に、長い間アメリカに滞在して日本に帰国すると、自分の非がはっきりしない限り謝らなかったり、ちょっと約束の時間に遅れたぐらいでは謝らなくなってしまって、思わぬ反感を買うこともある。さらに肩書きや年齢の差を意識せず個人として対等に接しようとして「生意気だ」という烙印を押されることもある。

　不祥事を起した企業トップの謝罪の仕方を見ても、日本の場合は平身低頭に謝ることが誠意の証(あかし)であり、ウェットな謝罪によって当面の非難をかわそうとしている例を多く見るが、アメリカの企業ではもっと理路整然としたドライな謝り方をしている。ただしアメリカでも最近は少し変ってきており、潔く謝った方が好印象を与えるという計算ずくの謝罪も増えている。

　また以前アメリカでは交通事故を起した時に、裁判で不利になるので、その場では絶対に謝ってはならないと言われていた。しかし最近いくつかの州で、事故の直後に言った "I am sorry" という表現は自分の過失を認めるという意味ではないという解釈が認められるようになった。日本ではこんなことは常識

だと思えるかもしれないが、自国の常識は他国の非常識ということもあるので、十分な注意が必要だ。

このように「謝罪」の表現と頻度は、極めて文化的な現象であり、謝罪が実際の責任にどの程度結び付くのかという法制度上の問題や、どの程度の謝罪が社会的に期待されているかといった社会的慣習の側面によって決まると言えよう。さらに別の要素として、ルールや原則を中心に据えるのか、または人と自分との相互の力関係を重視するのかという、価値観も無視できない。

しかし考えてみれば、どのような文化的背景があろうとも、起こったことに関しては潔く謝り、責任の所在を明らかにして対策を説明することが、真の謝罪の姿とは言えないだろうか。そして何よりも大切なことは、その対策を実行し、2度と同じ間違いを犯さないように予防措置を継続的に実施し、その経過をオープンにすることである。「是正・予防措置の実践による具体的な謝罪」こそが、国の違いや企業や個人を問わず、共通した謝罪のあるべき姿ではないだろうか。

§2　コミュニケーションの醍醐味と英語コミュニケーション

1　心温まるコミュニケーション

（1）　手書きファックスとEメール

Eメールの普及により、時差と物理的距離を越えて、安くかつスピーディに意思の疎通を図れるようになった。たとえば、郵便事情のよくない中近東に住む知人とはこれまでなかなか連絡がとれなかったが、双方がEメールを始めたことによってコミュニケーションが飛躍的に改善された。また大学の学生には、学内の掲示板だと伝達が徹底しないが、Eメールなら確実に連絡がとれる。このようにインターネットを中心とする情報技術は生活を便利にするとい

う意味で、大きな恩恵をもたらしたと言えるだろう。

　しかし同時に、Eメールはコミュニケーションから感動を奪ってしまう傾向もある。これまで筆者が受け取ったEメールの中で感動のあまり涙したり、記念にとっておこうと思ったメールは、残念ながらあまりないのである。これに対して手紙やファックスの中には、人生を変えてしまうほどに人を奮い立たせるものがある。

　たとえば筆者の場合には、大学院の恩師が時折送って下さる手紙である。その方は極めて多忙であるため、こちらが拙著を送ってもその返事は数カ月後であるが、必ずご自身の言葉で暖かなメッセージを下さる。これは時間をかけて人手を借りて行う遠回りのコミュニケーションであるが、Eメールが決して届けることのできない、深い味わいと心の喜びをもたらしてくれる。

　そしてもう1つの例は、手書きのファックスである。ファックスの効用はE

ウェルチ氏の手書きファックス

```
10/25/94

Dear Emiko Magoshi,
    Thank you for sharing
your management paper with
me. I enjoyed it very much and
found your logic to be very good.
I wish you the best in your
career.
              Sincerely,
              Jack Welch
```

メールのように時空を超えられることだが、紙を使うという制約がある。ただしそれが反対に強みとなる。手書きの場合にはその字体に人の気持ちがにじみ出る。急いでいるのか、怒っているのか、何かを訴えているのか、送り手の表情を彷彿(ほうふつ)とさせる温もりが感じられる。筆者はかつて米国の著名な経営者の手書きのファックスに、大変心を動かされたことがある。国籍や社会的地位を超えた暖かな励ましの言葉は、まろやかな字体から放たれる思いやりの光と共に、私の心に明かりを灯し、その後の人生の展開を大きく変えてくれた。これがEメールだったら、はたして同じ感動をもたらしただろうか…。

(2) sympathyとempathyの違い

コミュニケーションをするに当って、相手をどう受け入れるのかは大切なポイントである。この点について、sympathyとempathyという概念を使って考えてみよう。

一般的にsympathyは「同情や同感」、empathyは「感情移入」と訳されることが多いが、訳語をみてこの2つがどのように異なるかを識別することは難しい。

異文化コミュニケーションの大家であるミルトン・ベネットによれば、この2つは次のように区別される[7]。

Sympathyとは自分を他の人の立場におくということである。たとえば友達の伯母が亡くなったとしよう。自分の伯母が亡くなったら自分はどう思うだろうとか、自分のかわいがっていた犬が死んだときのことを思い出したりして、悲しんでいる友達を慰めようとするのが、sympathyである。つまり、他人の感情を理解しようと努めるが、その時に参照するのは「自分がそうだったらどうするだろう、自分の場合はこうだった」という、あくまで自分の感情なのである。ここでベースとなることは、相手も自分と同じように感じるだろうという similarity（類似・相似）の考えである。

---

[7] Bennett [1998] pp. 197-208.

これに対して、empathy は基本的に difference（相違）を前提とし、人はそれぞれ異なっていることを肯定している。他人の立場に自分をおくのではなく、他人の経験に参加して分かち合う。自分の価値判断はとりあえず傍(わき)において、白紙でその人の話を聞き、創造力を駆使してその人の痛みを自分の痛みと感じるのである。

「アクティブ・リスニング」に通じる empathy

人は自分では解決できないような問題に直面したとき、誰かに助けを求めたくなるものである。そのような時、この sympathy と empathy のどちらの姿勢がありがたいだろうか。

長年青少年のカウンセラーを勤めた方に話を聞いたことがある。繰り返し問題を起した少年でも、とにかく話を聞くことに徹していく内に、こちらがお説教しなくても自分から非を認めて謝るそうである。彼女はおいしいお茶とケーキを用意して丁寧にもてなし、彼がどんな話をしても興味を持って何時間も話を聴くと、少年はとても満足して、次にはその友達を誘って連れてくる。今度は自分がお茶を入れて、「この人には何でも話していいんだよ」と言うそうだ。彼女はとにかく少年たちの感情を受け止めて、彼らの話を受入れる姿勢に徹するそうだ。これは、相手の言ったことを自分が正しく理解したかを確かめながら対話する「アクティブ・リスニング」に通じるものである。相手の話に共感し、理解し、一緒に考える、これこそが empathy ではないだろうか。Empathy、それはこれからの時代にとても大切なコミュニケーションのあり方で、「共感的理解」という日本語訳が最も適しているのかもしれない。

2　イングリッシュ・ディバイド──英語が日本の将来を決める

日本人が、国際社会で効果的にコミュニケーションをするにはどうしたらよいだろうか。そこでは現状では、英語が決め手となるのではないかと思う。

日本のある著名なロック歌手は、海外進出の経験から次のように語っている。

「英語がペラペラだったらどんなにいいだろう、と何度思ったことか。日本人が

英語を普通に話せたら、もっとたくさん世界に通用するアーティストが出ると思いますよ。」

　このことは音楽や映画の世界に限ったことではない。政治や経済の分野でも、日本には英語で国際的な場で互角に勝負できる人が余りにも少ない。たとえば、筆者が毎年ゲストスピーカーとして出席する国際フォーラムは講演よりもむしろ自由な討議が主体であり、英語での丁々発止(ちょうちょうはっし)の議論ができる人が限られているせいか、日本人の出席者の顔ぶれが固定されている。

　ほとんどの日本人が中学と高校で6年間英語を学習し、さらに大学受験で上位校を狙う学生は相当量の英語を勉強し、難解な英文と格闘している。さらに最近では、日本企業の中にも英語を社内公用語にしたり昇進にTOEICの点数を義務づけたりするところが出てきており、英語の学習熱が再燃している。これほど英語の学習に恵まれた環境なのに、なぜ普通に英語で話せるようにならないのだろう。その背景には、語学としての英語を学習することが、必ずしも英語でコミュニケーションを図ることに通じていない問題がある。

　そもそも外国語を学ぶことは自分と異なる文化に興味を持つことであり、距離をおいて自分を見つめることである。また、異なった価値観や考えに触れて自分の視野を広げ、日本を外から客観的に眺めるきっかけも与える。さらに、国際語としての英語に習熟することは、国際舞台での流儀を身につけることにもつながる。自分の頭で考え、明確な主張を持って議論を展開し、かつ相手の意見にも耳を傾ける。このような論理的なディベートの訓練を英語の学習と併せて行うことが、英語のコミュニケーション能力を高めるには必須である。

　欧米のみならず、日本に近いアジアの人々や遠いアフリカや中南米の人達と"共通語"で話せることは、仕事がはかどるのはもちろんのこと、文化や距離を超えて分かり合うことを可能にし、大きな喜びをもたらすだろう。デジタル・ディバイドでは日本がインターネットを使いこなせる側に入ったとしても、情報の多くが英語で発信されている現状を鑑(かんが)みれば、英語できちんとコミュニケーションができるかどうかというイングリッシュ・ディバイドに、日本の将来がかかっていると言っても過言ではあるまい。その意味でもさまざまな

文化の人々とコミュニケーションができること、とりわけ英語できちんとコミュニケーションができることは21世紀のビジネスを中心としたあらゆる局面において必要不可欠であり、本書で謳っているアクティブ・コミュニケーションがますます求められると思われる。

そこで次に、コミュニケーションを行う際のポイントを英語でのコミュニケーションを中心に、いくつか上げてみたい。

3　楽しくスピーチをするコツ

（1）　英語はリズム

英語でスピーチをするように頼まれたとき、よかった！　と思う人は少ないかもしれない。人前でスピーチをするだけでも大変なのに、それが英語となれば肩の荷はなおさら重い。

かつて筆者が同時通訳をしていたころ、国際会議で日本人の代表者が英語でスピーチするのを日本語に訳す機会がたくさんあった。公用語が英語である会議で、英語で話す努力をしたことは賞賛に値するが、その効果がどれほどのものであったかは疑問である。用意した原稿をただ棒読みにするぐらいなら、熟練した通訳を使ったほうがよかったのでは、と思うことが一再ならずある。

それでは英語のスピーチのコツとは何だろう。ひとことで言うと、内容とリズムである。内容について言えば、スピーチは、論理的で説得力があり、伝えたいメッセージが明確で、話し手自らの言葉で語られる必要がある。これにちょっぴりウィットが効いていれば、申し分ない。またリズムというのは、英語のパフォーマンス全体を左右する奥の手である。

カラオケからヒント

　日本のある大手メーカーの副社長がはじめてアメリカに出張してスピーチをした時の話である。英語の不得手な彼は留学経験のある部下に特訓を依頼して、まず発音の練習から始めたが、どうもうまくいかない。半ば諦めかけていたある晩、その部下がカラオケで歌を謡うのを聞いて、音感と語学の関連性に気づき、英語もリズムでとらえようと思い立った。それ以降、リズムとアクセントの練習に特化した結果、英語がスムーズになって、無事にスピーチを終えたという。この例が示すように、個々の発音の正確さより、全体の〈高低〉や〈強弱〉、つまり「リズム」が英語のスピーチの流れを決めるのである。〈高低〉とは、イントネーションをつけることである。〈強弱〉とは、ストロング・フォームとウィーク・フォームの区別をつくることである。つまり、名詞・形容詞・動詞・副詞を強く発音し、その他の品詞は小さく弱く発音するのである。こうすると、自然にリズムが生まれて、全体としてなめらかな英語に聞こえるのである。

　英語を話す時には、完璧にアメリカ人やイギリス人のような発音をしなければならないという考えは間違いである。英語は今や世界共通語になりつつある。オーストラリアやインドやシンガポールやフィリピンにもそれぞれの「英語」があるように、英語に対する許容度は日本語に対するそれよりはるかに大きい。母国語でない言葉で話すハードルに臆せず、心から湧き出ることばをもって英語を「リズム」と心得てスピーチをすれば、きっと話すことが楽しくなるし、聞き手も喜んでくれるに違いない。

（2）聴衆からの質問を楽しむ方法

　スピーチをする際の難関の1つに質疑応答がある。かなり前の話になるが、ビジネスマン向けに講演を頼まれたことがある。講演自体はうまく行ったのだ

が、その後の質疑応答の時間に自分の知らないことを聞かれて、立ち往生しそうになった。今にして思えば、斜に構えた質問については軽くユーモアで受け流せばよいものをうまく対処できずに、全体の印象がパッとしなかった悔しい思い出がある。

　この例が示すように、人前で話をする時には質問をうまくさばくことが話の中身と同じくらい重要だ。特に海外の人に英語で話をする時は、話の途中から質問攻めにあうことがよくあるので、講演と想定質問を合わせて準備することが望ましい。具体的には次のような対処方法がある。

　まず、いつ質問を受けつけるのか、話の途中か最後かを、はじめに明確に伝えることである。欧米では話の途中で質問を受けつけることが多いが、これは聴衆の注意を引きつけて退屈させないという意味で有効な手段だ。しかし時として質問に時間を取られて、自分の主張を言い尽くせないリスクもある。日本では質疑応答の時間を最後に回すことが多いが、質問が少なくて時間をもて余すこともあるし、聞き手がどの程度理解しているかが最後までわからないという問題がある。

　もう1つ大切なことは、質問を正しく理解することである。これは当たり前のようで案外難しい。英語の場合はなおさらである。特に聴衆の数が多い場合には、こちらが「質問を要約して繰り返すこと」が必要だ。

　最後の難関は、難しいことを聞かれて即答できない時の対応である。絶対にしてはならないのは、いい加減な答えをすることである。特に数字を用いる時は要注意だ。正直に「わかりません」と言うこと、できれば「後で調べて連絡します」とはっきり勇気をもって言うことが大切である。こうしてゆとりを持て質問を楽しむことができれば、話し手も聞き手も爽やかに会場を後にするだろう。

（3）　人前でリラックスして話すコツ

　1対1や少人数で話をする場合と違って、大勢の人の前で話をするのはかなりストレスのかかることである。これは英語のスピーチに限ったことではない

が、いくら準備万端整えていても会場が近づくに連れて胸が高鳴り、いざ演壇に立つとアドレナリンが全身を駆け巡り何を話していいのかわからなくなることがある。このような経験はないだろうか。

　スピーチが成功するかどうかは、中身はさることながら、声の調子や顔の表情によることが多い。そこでリラックスするいうことが大切になる。どうやったら緊張しないで話ができるのか、リラックスして話すコツを考えよう。

　まず体をリラックスすることである。スピーチの本などにはテニスやジョギングなどの軽い運動を薦めているものもあるが、忙しい日常でこれはなかなか難しい。そこで思い付いたのが、会場に行くまでの時間を利用することである。早めに家を出て、電車の中でスピーチの復習をしてゆっくり歩いて会場へ。時間があれば近くの喫茶店で小休止することも有効だ。移動しないで同じ社内で話をする場合には、たとえば昼休みに外出してひとりで食事をして付近を散歩する。こうしてゆっくり深呼吸しながら体のリズムを整えると緊張がほぐれる。

　体がリラックスすれば心も落ち着いてくるものだが、さらに気持ちをリラックスさせるにはどうしたらよいだろう。人前で話していて一番辛いのは、聴衆が誰だかわからない場合である。たとえば、事前に聴衆に関して何の情報も得られないままに会場に駆け込んで話を始めると、一生懸命話しても期待した反応が得られず、焦って空回りしてしまうことがある。これを避けるためにも、始まる前に聴衆の何人かと挨拶を交わしたり、短時間でも話をしたりするとよい。こうすればスピーチをする時に知っている人の顔が見えるから安心である。また、うなずいたり笑ったりといった、ポジティブな反応を示す人を探して、その人に語りかけるように話すとリラックスできる。また目線については、はじめは後方の人に合わせると、声や立ち振る舞いが大きくなって効果的だ。

　さらに大事なのは、リラックスしながらも情熱をもって自分の言葉で語りかけるということ。そうすれば必ず聴衆の心を摑むことができるだろう。

4 「百言は一笑に如かず」——ジョークに御用心

　冗談に対する反応にも国柄がある、というジョークをご存知の方も多いだろう。たとえば、同時通訳の草分けであるM氏によれば、次のようになる。

　「フランス人は半分聞いただけで笑う。落ちがわかるから」
　「ドイツ人は翌日になって笑う。一晩中なぜ面白いか理詰めで考えるから」
　「アメリカ人は笑わない。すでにジョークは大半知っているから」
　「日本人はニコニコするだけ。冗談はわからないけれど、お付き合いで笑うから」

　ジョークは人の気持ちをほぐすと共に、問題解決のヒントも与えてくれる。たとえば、筆者が「突然スピーチを指名されたらどうしよう」とぼやくと、職場の上司は「オー・マー・ゴッシュ！」と言えばいい、と答えてくれた（Oh, my gosh！［これは大変だ。どうしよう］に筆者の名前「まごし」をかけた、だじゃれである）。笑ったおかげで気分爽快、不安は消失した。

　また同僚のイギリス人は、毎日必ずと言っていいほど、その日のジョークを持ってきて、職場を和やかな雰囲気にしてくれるが、結構辛みの効いたジョークもある。中でも、ちくりとするジョークでは、ブロンド（金髪）の女性が登場するものが多い。

　「あるブロンドの女性がニューヨーク行きの飛行機に乗り、エコノミークラスのチケットなのにファーストクラスの席に座ってしまいました。スチュワーデスがその女性に何度も移動するように頼んでも、がんとして動こうとしません。困り果ててパイロットに相談すると、よい考えがあると言います。パイロットは飛行機を自動操縦モードに切り替えると、ブロンドの女性のもとにやってきて、耳元で何かをささやきました。すると彼女は慌てて席を立って、エコノミークラスに移りました。はたしてそのパイロットは彼女に何と言ったのでしょうか。答えは、『この飛行機はエコノミークラスしかニューヨークに行きませんよ！』」

さて、某国の町中には、美しい黒髪をわざわざブロンドに染めて闊歩する少女たちであふれているが、このジョークを聞いて彼女らはどう思うだろうか？はたしてブロンドの髪に秘められたステレオタイプに気づくだろうか。どんなきわどいジョークにも教訓が隠されている。ジョークにただ笑っているだけではなく、ジョークを言われたらジョークで返すくらいの心意気が必要だ。スピーチをするときには、ジョークやユーモアの善し悪しで聴衆の心を摑めるかが決まると言えるくらいだ。

5　よりよいビジネス・コミュニケーションのために

　ここまで、文化の多様性とコミュニケーション、そして英語コミュニケーションについて述べてきた。最後に、ビジネスのエチケットとコミュニケーションについて、日頃見落としがちなポイントのいくつかを考えてみよう。

（1）　ジェンダーを超えた職場のエチケット

　アメリカ人の友人がこうぼやいていた。「今や女性は職場で男性と互角に勝負していますよ。それどころか、うかうかしていると、先を越されてしまいます。だから以前のように女性のためにドアをあけたりすることはしなくなりました。かえって失礼になると思いますから。」

　そういえば筆者にも思い当たる節がある。アメリカのウォール・ストリートのディーラーと仕事をしたときに、その男性がさっさとエレベーターに乗り込んだので、びっくりした。もちろん個人差があるだろうが、特に若い世代にこのような傾向が見られると思う。ジェンダーの中立性を守らなければと思うばかりに、男性が女性に職場でどう対応していいのかわからないというためらいがあるようだ。

　また、ITを中心としたハイテク・ビジネスでは20代で成功を収める人が増えているため、「役員会でのリーダーシップ」に加えて、「正式なディナーでのリーダーシップ」をどう発揮するか、悩んでいる人が多いと聞く。きちんとし

たビジネスマナーを身につける暇がなく出世してしまった人たちの間に、戸惑いがあるようだ。

さらに、Ｅメールによる速いテンポのやりとりやカジュアルな服装の影響のせいか、公式の場でどのように振る舞っていいかわからないという、職場のエチケットにおける混乱が見られている。

本来、マナーは家庭で習得するものだが、最近の状況を見ていると、社会に出る前に大学でマナー教育をしなければならないと感じることが多い。それは家庭で礼儀を教えるはずの親がマナーを知らなさすぎることが多いからである。いずれ大学でも「エチケット・トレーニング」というような科目が必要になるかもしれない。

また、日本語に「才色兼備」という言葉があるが、男性に対しては「才色」の両方が求められることは希であることから、これは気をつけなければならない表現であろう。誉めたつもりでも相手が失礼だと受け取るかもしれないからである。むしろ、相手の名前をすぐに覚えて、その人の業績を中心に爽やかに誉める習慣を身につけたいものだ。

後から来る人のためにドアを開けて待っていたり、エレベーターで他の人を先に乗せたりすることは、職場のジェンダー中立性から見ても、まったく矛盾はないはずだ。紳士は性別を問わず誰に対しても礼儀を尽くすだろうし、女性も職場でさりげなく優しさを表現して良いと思う。

職場のエチケットとは、上下関係や男女の差を超えた、人間として他を思いやる心ではないだろうか。

（2） ビジネス文書におけるスタイルの重要性

エチケットとともに大切なのが、ビジネス文書におけるスタイルである。友人や知人に宛てた手紙などと違って、ビジネス文書には簡潔性が求められる。くどい言い回しや長い文章を避けて、できる限り手短かに明瞭に書くことが重要だ。これは練習によってマスターできるスキルである。これに反して、適切な文書のスタイルを選ぶのはなかなか難しい。どのような状況でどのような相

手に対してコミュニケーションをするのかによって、戦略的思考はもとより、感覚を研ぎ澄ませて対応する必要があるからだ。

アメリカ・ダートマス大学のメアリー・マンター教授によれば、(英語の)ビジネス文書のスタイルには、ビジネスライクか官僚的か、能動態か受動態か、専門用語か一般用語か、の3つのポイントがあるという。

英文ビジネス文書のスタイル―3つのポイント

① ビジネスライクか官僚的か

表5-2にも記したように、たとえば、「ご要望に従って」はビジネススタイルでは "as you requested"、官僚スタイルでは "pursuant to your request"、「こちらで何かできることがありましたら」は前者が "if you need more help"、後者が "should additional assistance be required" となる。このように、ビジネス文書ではなるべく官僚スタイルを避けて、簡潔でパーソナルで、しつこくない程度に暖かく、力強い握手のような調子にするのがよい。

② 能動態か受動態か

"John decided," と "It was decided by John," では与える印象が異なるため、状況によって使い分けることができる。能動態は、くどい言い回しやフォーマルな印象を避け、誰がそうしたのかという責任の所在を明確にして読み手の手間を省きたい時に使う。受動態は、文章が長くなりがちなのでなるべく避けた方が無難だが、"A mistake was made," のように誰がしたかを言わない時や、文書をつなげる時に便利である。

③ 専門用語か一般用語か

たとえば財務の知識のある人に対してROI(投資収益)などの専門用語を用いれば効率が良くなる。しかし、一般の人々に対して、とかく弁護士や経済学者に見られるように、簡単な内容をもってまわったような難しい言い方で説明すれば、ますます混乱するばかりだろう。いずれにしても、相手がどう受け取るかを想定してスタイルを選択することが大切だ。[8]

---

[8] Munter [2000] pp. 74-81.

表5-2 ビジネス・スタイルと官僚スタイル[9]

ビジネス・スタイル	官僚スタイル	日本語の大意
about	pursuant to	について
as you requested	pursuant to your request	ご要望に従って
be aware of	be cognizant of	知っている
here are	attached please find	同封の
if you need more help	should additional assistance be required	こちらで何かできることがありましたら
separately	under separate cover	別のところに

(3) 戦略的な知識の活用とマネジメント・コミュニケーション

　ビジネスでコミュニケーションがいかに大切な役割を果しているかは、誰しもが認めるところだろう。問題はどうやってコミュニケーション能力を高めるかにある。日本の教育では小学校の時はさまざまな発表の場が用意されていて、生徒も年齢的に素直にそれに応じることが多い。しかし中学となると、特に公立の場合は高校受験を控えて内申書に試験の点数だけでなく日常の態度も反映されるため、生徒が伸び伸びと行動できない傾向がある。また高校でも大学受験に備えて、偏差値向上には直接結び付かないコミュニケーション教育は重視されていない。このため、中等教育にコミュニケーション能力の向上は期待できないのが現状である。そこで大学で論理的な思考と意思伝達の訓練を行う必要が生じ、実際に多くの大学で様々な科目名の下にコミュニケーションの授業が行われている。

　アメリカの大学のビジネススクール(MBA を含む)でも、ビジネス・コミュニケーションやマネジメント・コミュニケーションのクラスが設定されている。この両者は共通点も多いが、必らずしも同じではない。ビジネス・コミュニケーションは、ビジネスレターの書き方やプレゼンテーションの仕方などビ

---

[9] Munter [2000] p. 75.

ジネスにおけるコミュニケーションのスキルの習得を目指す。これに対して、マネジメント・コミュニケーションでは、マネジャーに求められるコミュニケーションのスキルに加えて、コミュニケーション戦略を展開するための知識を習得することが必須となる。この後者の「知識」とは、組織と人との関係や組織対組織の関係を社会学、心理学、経済学などの観点から解明する「組織行動論」や経営学の知識を指しており、マネジメント・コミュニケーションはこれらの理論とスキルの融合をねらいとしている。つまり、ビジネスでいかにマネジャーが戦略的に知識を活用して目標を達成するか、その総合的な能力を培うのがマネジメント・コミュニケーションである[10]。

さらに日本人にとって大切なことは、英語のコミュニケーション能力である。今後はこの学際的な分野がますます重要になっていくに違いない。ただ単に英語がうまくなりたいという願望をもつのではなく、目的意識をもって日々努力することが大切だ。

≪スキル・トレーニング≫

①距離感について話し合いましょう。たとえば、電車が空いているとき、あなたはどこに座りますか？ また、人前でお化粧している人を見かけたら、あなだはどう思いますか？
②国内や海外で自分が体験した異文化とその時の自分の反応について、簡単にまとめてみましょう。
③次の文章を、ビジネススタイルを用いて簡潔に書き直してみましょう。
　　Pursuant to your request, attached please find the figures on your account. Should additional assistance be required, you are kindly requested to notify us.

---

[10] 高橋［1997］pp. 238-239。

スキル・トレーニングの解説

(142頁)
③の解答例

As you requested, here are the figures on your account. If you need more help, please let us know.

参考文献

Barnlund, D. C. [1973] *Public and Private Self in Japan and the United States*, The Simul Press.
Bennett, Milton J. [1998] "Overcoming the Golden Rule : Sympathy and Empathy", *Basic Concepts of International Communication* edited by Milton J. Bennett, Intercultural Press, Inc.
Hall, Edward T. [1955] "The Anthropology of Manners", *Scientific American*, 192, pp. 85-89.
Hall, Edward T. [1976] *Beyond Culture*, NY : Anchor Presss.
Hofstede, Geert [1991] *Cultures and Organizations*, UK : McGraw-Hill.
Munter, Mary [2000] *Guide to Managerial Communication*, Prentice Hall.
Trompenaars, Fons [1995] "Resolving International Conflict : Culture and Business Strategy", *Business Strategy Review*, Vol. 7, No. 3, p. 51.
Trompenaars, Fons & Charles Hampden-Turner [1998] *Riding the Waves of Culture*, Second Edition, NY : McGraw-Hill.
高橋伸光 [1997]「アメリカのビジネススクールにおける Management Communication 教育」『大阪外国語大学論集』16号、221-259頁。

第6章

国際交渉のスキル
―― 感情と論理のバランス

> 世の中を動かしているのは、人(personalities)であり、
> 原則(principles)ではない。
> 　　　　オスカー・ワイルド(19世紀イギリスの劇作家)

　ビジネスの世界はボーダレス化している。マーケットの規制緩和に伴なう日本企業のグローバル化が進むこんにち、異なる文化で育った人びとと共に働くことが、あたりまえとなってきている。本章では、国際交渉を成功させるための心のあり方を考え、どのような交渉のスタイルやルールを知っておくべきなのか、検討してみたい。§1では、国際交渉を成功させるために、個人としてどのような自己管理が必要となるのか、その土台となる異文化適応能力をまず取りあげる。§2から§6では、具体的に交渉とは何か、そのプロセスとスタイル、英語での交渉と成功者の条件について検討する。

§1　国際交渉の土台——異文化適応

ボーダレス化が進むビジネスの世界や学生社会では、異文化接触は必ずしも成功しているとは限らない。下記のような報告がある。

「企業は、社員の給与の2倍から4倍もの費用をかけて海外に人材を送りこむが、その約半分が失敗であったと報告している。その結果、予定より早く本国に帰国してしまったり、帰国後2年以内に退職してしまうという。」[1]

「アメリカのインターナショナル・スクールが実施した調査によると、毎年、25％以上もの留学生が予定より早く本国に帰国している。」[2]

ボーダレス社会に生き、国際交渉を余儀なくされる私たちにとって、異文化に適応する能力を養うことは、選択というよりも、むしろ生き残りを賭けた手段ともいえる。

1　異文化への不適応——心理的圧力に対する感情抑制の難しさ

異文化に適応できない人びとは、一体どのような経験を経て本国への帰国を余儀なくされるのだろう。コールズによると、カルチャー・ショックの結果、表6-1が示すように一般的な症状、引きこもり型症状、攻撃型症状が引き起こされるという。

筆者が、留学で渡米した当初(1989年)、何時間寝ても疲労感と眠気がとれず、20時間以上眠り続けたということがあった。同じアメリカに滞在する日本人の仲間には、暴食から1カ月で10キロ以上太ってしまった、意味もなく涙が止まらない、などの症状を訴える者から、アメリカ人を毛嫌いして一切交流しないという者までいた。症状は人それぞれに異なるものの、私たちは慣れない環境下において、いかに心理的圧力を受けるかがよくわかる。

---

[1] Ahtinen [2001] p. 18.
[2] Secola [1993] p. 23.

表 6-1　カルチャー・ショックによる症状

一般的症状	引きこもり型症状	攻撃型症状
不　安	身体的・精神的な引きこもり	暴　食
ホームシック	膨大な時間におよぶ読書	暴　飲
無力感	過度な眠気	過度な清潔感
退屈感	自文化のメンバーとのみ接触	いらいらする気持ち
落ち込み	異文化のメンバーとの接触回避	家庭内の緊張感
疲労感	集中力の低下	配偶者へのストレス
混　乱	生産性の低下	盲目的愛国主義
自己懐疑	勉強・労働の効果低下	ステレオタイプ
空虚な気持ち	早期帰国	異文化への敵対心
突発的な涙		言葉の暴力
偏執狂		肉体的な暴力
身体的・精神的な病い		異文化とそのメンバーへの深い憎悪

出所：Kohls［1996］p. 92.

　その結果、感情をコントロールすることが極めて難しくなり、「いらいら感」「言葉の暴力」「肉体的な暴力」にまで発展することがある。そうした症状を示す1つの例をここで紹介したい。

ケース1　国際結婚の妻・28歳・日本人の場合

「大恋愛の上、カナダ人と結婚しカナダに暮らす。当初は夫の愛の言葉が快かったが、朝な夕なに言葉による愛情表現を要求する夫の態度には嫌気がさしてくる。職場にも1日2回は電話してくる。自分としては話すことはない。家でも黙っていると「どこか悪いの？」という。何でも言葉にしないと理解せず、自分の心を慮らない夫がデリカシーがないように思えて、時には夫に暴力を振るうようになっている。」[3]

---

[3] 渡辺［1995］177頁。

2 異文化適応——感情抑制が成功の鍵

異文化適応の成功要因については、さまざまな研究者が見解を述べている。ここでは、「感情抑制」に焦点をあててその成功要因を考えてみたい。前述したとおり、異文化との接触は心理的圧力を伴ない、感情のコントロールが極めて難しくなるからだ。

「感情抑制」を異文化適応のキーとし、マツモトは、「Intercultural Adjustment Potential Scale」(ICAPS)と呼ばれる日本人のための異文化適応を予測するテストを開発し、その成功要因を4つにまとめた(表6-2参照)。マツモトは、異文化接触において何よりも大事なことは、文化差に直面した際に生じるネガティブな「感情の抑制」であるという。それができない限り、冷静に状況にどう対処すべきか考える余裕がなくなるからだ。いったん「感情抑制」がで

表6-2　Intercultural Adjustment Potential Scale(ICAPS)の要因とテスト項目例

要因	テスト項目の例
1. 感情抑制	・普段あまり悩まない ・心配したり恐いと思うことがめったにない ・普段は幸せだと感じている ・すぐ怒る
2. 寛容さ	・詩を書いてみたことがある ・バレーやモダンダンスを見ても退屈だ ・宇宙の起源について考えるのが好きだ ・誰かが不当な扱いを受けているのを見ても、それほど気にならない時もある
3. 柔軟性	・女性も男性と同じように性的自由を持つべきだ ・性教育を行うのは良いことだ ・自分の夫や妻に異性の友人がいてもかまわない
4. クリエイティビティ	・子供のお尻をたたくのは、最も良いしつけの方法だ ・現代の子供達の問題は、親が子供を十分に罰しない点にある ・私は古風だと思う ・変化を与えるためだけに、部屋の模様替えをすることがある

出所：Matsumoto et. al. [2001] p.504、Table 4 から一部抜粋。

きると、相手の行動に新しい解釈を生み出すなど、「クリエイティビティ」があるか否かが大切になってくる。さらに、文化差を頭で理解するに留まらず、「寛容さ」や「柔軟性」をもって実際に違いを受け容れていくことが重要である、とマツモトは述べている。

3 異文化適応能力を養う

　異文化接触を成功させるために、「感情の抑制」「クリエイティビティ」「寛容さ」「柔軟性」が必要なことは理解できた。しかし、これらの要因が自分に不足している場合は、どのように習得したら良いのだろう。以下に各要因を養うためのヒントを紹介したい。

ポイント1　感情の対処

◆　自分の感情を知ることが第1歩

　ガウインによると、自分の感情にうまく対処できず、人に攻撃的になったり、逆に引きこもってしまう原因は、ネガティブな感情に対しておそれを感じ、その気持ちを避けようとすることだという。私たちは、悲しみ、怒り、おそれ、などの、ネガティブと言われる感情を、「隠そう」「避けよう」「見ないようにしよう」としている。その結果、そうした気持ちをためこんでしまい、爆発したり引きこもったりするという。したがって、ネガティブな感情に対処する方法の1つは、「今、自分はどのような感情を経験しているのだろう」と自分に問い、シンプルにそれを認識することである。表6-3は、さまざまな感情の強度(level of intensity)を表す言葉である。この表を参考にし、日頃から、自分の感情をできる限り正確に認識する訓練をすることで、感情を大切に思う気持ちが芽生えるだろう。感情を表す言葉は、自由に自分で追加・修正するとよい。

表 6-3　感情の強度

	強　い	普　通	弱　い
喜 び Joy	有頂天になる 意気揚揚とする 大喜びする 歓喜に酔いしれる	楽しさでいっぱいになる 幸福感を感じる 元気づく 意気があがる	うれしい 気分が良い 心地良い 満足する
悲しみ Sadness	意気消沈する ふさぎこむ 失望する 苦悶する	憂鬱になる 悲しい 気げんが悪い さびしい	調子が良くない 元気がない 気にさわる 不満に感じる
怒 り Anger	怒り狂う 憤激する 暴力的になる 激情的になる	腹がたつ フラストレーションを 感じる しゃくに障る	いらいらする 心が乱れる 不愉快に感じる 平静さがなくなる
おそれ Fear	慌てふためく 狼狽する 絶望感を感じる 怯えに震える	驚く 恐がる びくびくする ぎょっとする	気をもむ 緊張する 臆病になる 心配する
混 乱 Confusion	うろたえる 途方にくれる 支離滅裂になる 取り乱す	当惑する 迷う あせる もがく	あいまいに感じる ぼんやりとする 決心がつかない はっきりしない
弱 さ Weakness	無力感を味わう うちひしがれる すっかり疲れはてる	無気力に感じる 自信を失う 傷つく	弱い 力がでない 弱気になる

出所：Bolton［1986］p. 94、Figure 7.1 の一部を改変。

◆　感情を相手に伝える場合は「私（I）メッセージ」を使う

　自分の感情を認識できたら、その感情を相手に伝えるのも1つの方法だ。ビジネスにおける異文化接触の成功要因として、自分の意志をはっきりと伝えることの大切さが強調されている。そして、理由をはっきり伝えて怒ったり、ミスした人に「だめじゃないか××（人名）」とはっきり間違いを注意することが重要であるという[4]。

---

[4] 高橋ほか編［1991］229 頁。

ところが、相手に自分の感情を伝えようとすると、とかく私たちは、相手を責める形になりやすい。たとえば、自分の悲しいという感情を伝えたいのに、つい「○○さんはいつも話を聞いてくれないんだから！」と。これを避けるために、自分を主語にした"私(I)"メッセージと呼ばれる伝え方を練習するとよい。

"私(I)"メッセージ

■ 自分を主語にして、メッセージを伝える
① あなたが○○した時（あなたが見た相手の行動の描写）
② 私は、○○と感じます。（あなたの感情）
③ なぜなら、○○だからです。（相手の行動が及ぼす影響）

―例文―

「あなたがミーティングに遅れてくると（相手の行動描写）、私はがっかりします（あなたの感情）。なぜなら、あなたを待つ間、出席者全員であなたを待っているため、時間が無駄になるからです（相手の行動が及ぼす影響）。」

このように自分の感情を相手に率直に伝えることで、自分の弱さをある程度見せることになり、相手を責める行為を緩和することができる。また、自分の感情に向き合ってそれをタイムリーに伝えることで、その感情をあとあとまでためこんだり、後で爆発することを避けることができる。

◆ 感情を他の人に打ち明ける：サポート・ネットワークの活用

自分の感情を認識した後、異文化ではそれを相手に伝えられない状況もあるだろう。そのような時は、自分ひとりが辛い目にあっているのではない、と感じられる同国人同士のサポート・ネットワークを作ることが大切である。その中で、自分が何を感じているのかを自由に話し、自分の気持ちを共感してもらえたと実感できることが必要となる。サポート・ネットワークは、必ずしも同国人同士に限らなくてもよい。自分の居場所が感じられるような、趣味を通して知り合った仲間や、他国からの赴任者との交流でもかまわない。

◆　感情を別の場面で発散する

　さらに、異文化接触で生じたストレスや感情を、まったく別の形で発散させるという方法もある。たとえば、自国ではどのようにストレスを発散していたのか考えてみるとよい。カラオケに行って歌う、友人と飲みに行くなど、どんなことでもかまわない。また、日記を書く、音楽を聴く、瞑想する、などさまざまな方法があるはずだ。自分が感情をときほぐせると思えるやり方で、定期的に、ネガティブな感情を発散させるしくみを作っておくことも大切だ。

◆　自尊心と存在意義を考える――海外でのサバイバル・マインド

　ビジネス人生の半分を海外で過ごした小浜正幸氏は、海外では、ナショナル・アイデンティティをしっかり持った人が尊敬される、と述べている[5]。たとえば、日本の文化を紹介してみる、日本でのビジネスの進めかたを仕事に取り入れるよう提案してみる、など試してみるとよい。何もナショナル・アイデンティティのみにこだわる必要はない。自分の強みである絵画、陶芸、料理などを披露して、自分の存在意義を感じることで、平常心を保つことの助けになるだろう。

ポイント2　寛容さと柔軟性

　感情という厄介な面に対処する訓練をした上で、新しい経験をできる限り多く試みて視野を広げ、「寛容さ」や「柔軟性」を養うとよい。たとえば、行ったことのないレストラン(インド料理等)に行って、食べたことのないものを注文してみる。接したことのない世代や職業の人と積極的に話し、異なる価値観や習慣に触れてみる。一度も行ったことのない土地を訪れてみる。そして、その経験をおおいに楽しむことだ。そうすることで、自分とは違った世界への好奇心がわいてくるかもしれない。

新しい経験をする

---

[5] 小浜［2001］7頁。

ポイント3　国際交渉における葛藤への対処

これまで、異文化適応能力を身につけるヒントを紹介してきた。しかし、これらはあくまでも異文化交渉の土台であり、実際に異文化メンバーと接してみると、葛藤が避けられないことに気づくことだろう。そこで、葛藤対処にあた

表6-4　総合的な葛藤処理──5つのステップ

評　価 （Assessment）	・心を落ち着かせ、自分なりに状況を評価する時間をとる ・葛藤の真の原因をつきとめる ・必要な情報や資料を収集する ・妥協できる点と妥協できない点を見極める ・相手が何を望んでいるのかを知る ・葛藤対処にあたり、その環境、状況、相手との関係についてどのような姿勢で臨むべきか、仮の決断をする
認　知 （Acknowledgement）	・相手の懸念を尋ねる ・相手の見方を理解しようとする
態　度 （Attitude）	・ステレオタイプや先入観を持たないようにする ・客観性を保つように努力する ・できる限り柔軟性とオープンな気持ちを持つ
行　動 （Action）	・自分の言葉の使いかたに気を配る ・自分の非言語コミュニケーションのしかたに気を配る ・相手が、言葉および非言語でどのようにコミュニケーションを図っているのか観察する ・問題に焦点をあわせ、議論をわき道に逸らせない ・守れない約束はしない ・勝ち負け（win-lose）の視点で、問題を提示しない ・問題を避けない ・「誠実」に対応し、「信頼」に値する行動をとる ・オープンで柔軟な姿勢を維持する ・状況に応じた対応を心がけ、交渉が進むにつれて自分の態度を改める ・傾聴し、聞いたことを繰り返して確認し、情報を明確化する
分　析 （Analysis）	・関係者すべての懸念が、必ず検討されたことを確認する ・議論を要約し、決定事項を明確化する ・変更事項がないか、決定に至ったプロセスを見直す

出所：Borisoff & Victor ［1998］ pp. 19-21.

り、相手の本当に望むことと自分の欲することを理解した上で、創造力を駆使して新しい解決策を一緒に築きあげる、いわゆるウィン・ウィン（win-win）を目指すステップを紹介する（表6-4参照）。§2以降において、より具体的に交渉のプロセスやスタイルについて紹介していきたい。

≪スキル・トレーニング 1≫　　　　　　　　クリエイティビティを養う

1. 最近、あなたが経験した葛藤を思いだし、その状況について記述しなさい。
   ① 状　況
   ② 相手の言ったこと・したこと
   ③ あなたの言ったこと・したこと
   ④ あなたの気持ち
   ⑤ 相手の言ったこと・した事に対するあなたの解釈（なぜ相手はそうしたと思うのか）
2. 上記⑤であなたが書いた相手の意図について、別の解釈をできる限り考え、それらをすべて書き出してみよう。
   解釈1：
   解釈2：
   解釈3：
   解釈4：
   解釈5：
   解釈6：
   解釈7：
   解釈8：

§2　交渉ごと

　私たちは、意識すると否とにかかわらず、交渉ごとを日常的に行っている。また、そのあり方もさまざまである。しかし、交渉は人が行うもので、理想や原則によって交渉内容が決まるとは限らないのである。むしろ、多くの要因が

§2 交渉ごと   155

からみ合う中で、譲歩・反論・妥協を重ねながら、人によって交渉はまとめられるのが普通である。このため、交渉ごとは難しく見え、苦手だという人が多い。身近な例をあげれば、外国旅行でお土産を買おうとして、上手に交渉する人は多くなく、運悪くだまされることもまれではない。いくつかの例をもとに、交渉のしかたやルールを考えてみよう。

ケース2　デパートで

洋服を買うために、東京のデパートに行くと仮定してみよう。デパートの商品の多くには「定価」がついている。選んだ品が高いと感じたら、別のデパートに行くだろう。値引きができますかときくことはない。東京のデパートでは、価格の交渉をしないのが普通である。しかし、代金を払うに当り、物によっては、商品の配達について交渉できる。

≪QUIZ 1≫　デパートで旅行用の中型のスーツケースを買ったとき、店員が「配達しましょう」と言ってくれたが、「急いでいるので車で持ち帰ります」と答えたとします。
　① 次のような依頼は受け入れられるでしょうか。
　　「持ち帰りますので、節約できる費用を値引きしていただけますか」
　② 理屈も立ち、感情もおさまる言い方とはどのようなものでしょうか。

ケース3　「ご予算はどの程度ですか」

大型の電器店では、「メーカー希望価格」と「当店特別価格」があわせて示された商品が並んでいる。あれこれ見比べて、ややためらっているようなそぶりをしていると、店員が「ご予算はどの程度ですか」ときいてくることがある。その時、多少値引きの余地があることを店員が明かすことがある。そうなると、客の方から、「もう少しサービスできませんか」という場合も見られる。知恵のある者は、他の店の「広告チラシ」を見せながら、値段のみならず、サービスについてもあれこれ店員とやりとりする。これは、まさしく交渉そのものであり、まとまった価格が、販売店に適当な利益を残し、お客は予算を節約できるのであれば、望ましい交渉結果となる。

ケース4 "Just looking."

　ニューヨーク市に、輸入雑貨を扱う店が軒を並べている通りがあった。客が入ってきたとき、店員はやおら近づき「何をお求めですか」とか「この品はお買い得ですよ」と話しかけるが、客は「ただ見ているだけ」(Just looking)などと言って、買うそぶりを見せない。別の店に行っても、同様にして、気に入ったものが手頃な値段で買えると感じるまで、ただ見るだけにしている。そして、条件の一番良い店に戻り値引きの話を始める。これも交渉のあり方の1つである。これが本来の shopping（あさり＝漁り。最良の釣り場を求めて糸をたれること）である。日本の男性は、一般にこれが苦手である。

　日本の多くの店では、とりわけケース2のようにデパートでは、値札は「この値段で売ります」との意思表示である。これに対して、日本の外の世界では、ケース3や4のように、値札は「この値段から交渉を始めましょう」ということを意味しているとの理解が常識になっており、このような理解が本来の値札の意味であり、契約法の原則でもある。

　昔の市場での野菜・果物の販売では、値段のかけ引きは常識であった。かけ引きが行われるので、はじめから値段は多少水増しして表示されている。したがって、「買主よ、注意しなさい」とか「買主をして注意せしめよ」という格言ができた。また、かけ引きにおけることばのやりとりが、市場などでは楽しめる。交渉に娯楽性があるのである（166頁の「社交と交渉」に注目のこと）。

　時間に余裕があり、情報をたくみに用い、ことばを使った心理戦を行い、相手と知恵を比べ、人柄をたしかめ、友好的な関係ができるならば、交渉はテレビより面白い社会現象である。そのような交渉がきっかけとなって、人間関係がこくなり、手に入れたものや場所に多くの想い出を込めることができる（これは、電子商取引では味わえないコミュニケーションの楽しみと言えよう。）。

ケース5　ガレージ・セール──「落とし所」

　アメリカの6月、7月はガレージ・セールのさかんな時である。転職や異動のために、引っ越す人が多いからである。あるガレージ・セールで、中学生らしい中国系の男の子が、子供用のタンスの売り出しを担当していた。それに、85ドルの値段がついていたが、訪れた若い婦人が「高い」と言ったところ、その少年は「いくらが適当と考えていますか」と問い返した。これに婦人が「70ドル」と答えたところ、すかさず、にこっとして「OK、70ドルの小切手を切ってください」と同伴の夫に促した。その男性は、しぶしぶ、70ドルの小切手を渡した。「してやられた」と思ったのだろう。これは交渉におけるいわゆる「落とし所」（英語で、anchoring）と呼ばれるものを、男の子がうまく引き出したものと見ることができる。交渉の戦略として、1つの重要な点である。

> ≪QUIZ 2≫　会社間の提携交渉において、交渉をする人と、「落とし所」を決める人は同じでしょうか。同じでないときには、どのようなことに注意しなければならないか。上の例では、交渉は夫人がしたが、支払に夫の小切手が使われた。どうして夫は、小切手を渡す前に「65ドルにならないか」とひとこと言わなかったのでしょう。
> 　（アメリカでは、ウーマンリブが盛んなときでも、安定した収入の得られる職業に就いていない女性は、彼女単独の小切手を受取ってもらえないことも少なくなかった。クレジット・カードの発達が、このような事情を改めた。）

ケース6　勝海舟と公使パークス──権限の有無

　もう1つのエピソードを紹介しておきたい。幕末の徳川側の要人であった勝海舟は、イギリス公使パークスを訪ねたとき、「貴兄は、徳川幕府の主要閣僚でなく、軍艦奉行にすぎないから、外国公使に会う資格がない。そのような者と重要なことを議論するわけにはいかない。よって引き下がれ」と通訳を通して、言われたそうである。議論がうまい勝海舟は、「徳川幕府の要職者は家にとじこもり交渉する気はない、私はそれら要職者と同等に扱われているから交渉の資格がある」と主張し、「好意的な返事がもらえるまで昼寝をさせてくれ」と言い、引き下がらなかったという。その結果、パークスは勝の話を聴いたそうである。このエピソードは、交渉ごとには〈権限の有無〉が重要であることを明らかに示しているし、〈人柄の魅力と論理〉が通じれば、ときには、権限の大小いかんにかかわらず、交渉は成立することも示している。

158　第6章　国際交渉のスキル――感情と論理のバランス

1　交渉とは何か

　ここで、交渉を定義しておこう。交渉は、利害や立場の異なる者の間で、互いのものを交換したり共通の目的のために協力・協働するために、その条件を議論したり検討して、利害に関する取り決めを結ぶことを目的として行われる〈説得による調整と譲歩による話し合いのプロセス〉であり、〈社会的行動〉である。言いかえれば、交渉とは、互いに情報を交換して、冷静に分析し、利益の実現や問題の解決のために新たな選択肢を共同で発見するプロセスである。

(交流前)

売主の方針、意向など

買主の方針、意向など

(交渉開始後)

売主の方針、意向など

買主の方針、意向など

アミカケの部分が、未解決・未調整の部分で、交流と交渉によって協力できる領域である。友好的な関係が確立する度合いに従って、アミカケの部分は縮小する。

交流と交渉の結果、発見された共通の交渉領域(アミカケの部分)。大きくなった売主と買主のそれぞれの枠は、交渉によって得る利益や問題解決により広がった可能性を意味する。アミカケの部分は、選択肢により大きくなったり、小さくなったりする。

　同一組織内の業務命令などのような一方的指示や、家庭内での未成年の子と親の間の愛情やしつけに基づくやりとりは、ここで言う交渉ではないことが容易に理解できるだろう。交渉が社会的行動であるということは、交渉しあえるほどの対等な関係が成立していることを意味する。共通の利害関係を発見できないときは、交渉は成立しないことを示している。外交関係、取引関係、資本関係、人間関係などを成り立たせる共通の目標や交換できる利益が、交渉の前提として必要である。

　交渉は、「勝ち負け」を問題にしてはならないビジネスである。交渉は、取り決めとしてまとめられることで一応終り、まとめられた取り決めが、実現され評価された結果、勝ち負けが問題になることがあるとしても、交渉そのものは取り決めの過程にすぎない。もちろん、取り決めに至る過程を成功に導くた

めに、当事者双方の利害の調整を〈説得と譲歩〉によって行い、結果として利害得失を左右することはある。それは勝ち負けというよりは、交渉の上手下手ないし技能の問題であろう。また、一方だけが得をし、他方が損失を被るだけならば(これは、win-loseのゼロ・サム・ゲームである)、略奪や搾取に等しく、それが前もって明らかであれば、交渉はスタートすらしない。したがって、双方の利害が均衡しなくとも、双方にとって利益となる取り決め(これを、win-winの交渉という)がなされる可能性があるとき、交渉関係は維持され、進行する。

交渉行動の4つの要素

① 当事者能力のある者の間で、
② 説得と譲歩による話し合いを行い、
③ 利益の実現ないし創造的問題解決を目的として、
④ 取り決めを結ぶ。

---

2 交渉は、コミュニケーション活動

交渉は、その前提に「関係」がなければならないことを説明した。並行・対立・協調・協力などの関係である。関係の種類と交渉は、次のとおりである。

　　協調・協力の関係──直ちに交渉

　　並行・対立の関係──社交、交際・交流──交渉

このように、社交や交流・交際により人間関係を結ぶコミュニケーション活動が、スムーズな交渉の進行に必要である。この活動は、事情の説明・相互理解・情報の共有により、信用と信頼に基づく人間関係を作り、それを維持し、発展させることを目的とする。これは、「影の交渉」とも呼ばれる[6]。

このコミュニケーション活動は交渉相手に対して直接行われる。しかし、状況を打開するためには、交渉担当者を支援する者に対してもコミュニケーショ

---

[6] Kolb and Williams (リット三枝子訳) [2001] 70頁以下。

ン活動が行われる。交渉相手の努力を評価しながら、交渉の状況や提案の利益などを相手方の支援者に説明し、理解を求めることがある。それが、交渉当事者間の信頼関係を強める。

交渉は、交換・交易、利益の配分、協働を目的として、利害の取り決めを行うものであるが、その際には、説得と譲歩を内容とするコミュニケーション活動が行われる。目的を達成するため、かけ引きが行われ、利害の評価と計算をめぐり意見・主張・情報などが交換される。すなわち、交渉のコミュニケーション活動が行われる。感情的にならずに友好的な雰囲気の中で交渉を進めるため、社交や娯楽が適当な時期をみはからって、交渉の合い間に入れられる。これらの全ての活動は、交渉当事者間における情報の伝達・理解・共有をもたらすコミュニケーション活動である。したがって、交渉に当る者(すなわち、当事者能力のある者)は、コミュニケーションの技能、とりわけ人間の心理・情念・行動様式などを良く理解して配慮する人間関係能力(people skills)を備え、交渉の対象となる事項に精通していることが重要である。このようなスキルを持ち、事情に通じた者が交渉しているときには、交渉参加者は自分は高く評価されていると確信するので、コミュニケーションは積極的なものとなる。

©オリオンプレス

§3　交渉のプロセス

1　交渉プロセスの3段階

　交渉のプロセスは、交渉の対象となる事項や目的によって左右される。これを、商品の売買に例をとって考えれば、次のとおりになる。

> **第1段階＝目標の設定**
> 　まず、交渉の目標が明確に定義されるべきである。これを担当するのは、決定権を持つ者であり、企業の場合であれば、経営管理者(manager)である。目標が明確に定義されると、目標を達成するための方法が交渉の進め方として選択される。たとえば、アジア市場で新規に取引先を開拓して、商品の売上げを前年比15%伸ばすことが目標として立てられたとしよう。
> ①　〔情報の収集〕　新規に取引先を開拓するためには市場調査を行い、見込みのある取引先を探してそれらを一覧にする。
> ②　〔分析〕　交渉相手として評価・格付けする。
> ③　〔戦略目標の選択〕　安定的な取引関係のために、特約店関係を結ぶ、そうしないまでも取引関係の基本を定め実績を積み重ねてゆく、など組織間の関係を、交渉の方針として定める。すなわち、情報を十分に収集し分析して、交渉相手との間の力関係を見極め、利害の相違点と共通点を整理し、交渉の終結領域を設定する。
> ④　〔予行演習〕　交渉のシナリオを描き、事前に演習してみる。
> 　交渉相手や取引環境について十分な情報を得るため、あらゆる手段を尽せば、いわゆるゼロ・サム的な交渉において、一方的に有利な取り決めを結ぶことも可能である。十分な情報と事前の演習を含む念入りな準備が、交渉に入るときの強力な資産となる。

> **第2段階＝予備交渉**
> 　選ばれた「見込みのある取引先」に対して、取引関係を結びたいとの意図をもって自社の紹介をし、一般的な条件を示して、交渉への足がかりを作るのが、第2段階である。これは、一般に「予備交渉」と呼ばれる。
> ①　この段階は、「利益に関する取り決め」を直接に目的としていない点で、交渉そのものではない。交渉を始める前段階としての、関係の形成を目的

とした交渉の準備段階である。
② コミュニケーション活動は、情報や意図の伝達に終始される。したがって、主要な事項についての明確な情報の提供と意思の伝達が、一定の形式と手順を踏んで行われることが重要になる。
③ 相手の意欲を刺激するような情報が提供されなければならないから、具体的な資料と信頼のおける情報を提供して、交易・利益の配分・協働の「利益」が得られることを説明する。これは、相互依存関係があることを確認することである。
④ この段階から、交渉担当者の権限が相手方に明かされなければならない。権限のない相手と交渉しても、取り決めを結ぶことにつながらないからである。部長と平社員がやり取りしても、それは社交活動で、交渉としては成り立たない。したがって、交渉開始に先立って、交渉担当者とその権限を互いに明確にしておくことが、交渉の礼儀(プロトコル)となる(ケース6参照)。

このようにして、交渉の前提となる友好的な関係や信頼のおける情報交換の関係が成立する。

≪QUIZ 3≫ はじめてのビジネスなどにおいて行われる、次のような〈行為の意味〉を説明しなさい。
① 名刺を交換して、互いの組織上の地位を明らかにし、それまでの業務などの経験を説明する。
② 取引実務経験の深い、多少有名な代理人を使って、相手と連絡、相談させる。
③ 総合商社などを窓口にして、外国の企業と売買の交渉をする。

第3段階＝本交渉　（法律的な約束のやり取り）

このようにして情報交換の関係ができると、具体的な商談、すなわち約束の提示・交換ができる条件が整う。これだけでは、交渉に入るには不十分である。これに、当事者の関係を取り巻く市場環境が良好で、交渉に入ることが利益になるとの確信が得られなければならない。この確信を得て、売り買いの約束の具体的な提示・交換・説得が行われる。これが、いわゆる「本交渉」と呼ばれるものであり、法律的に互いの約束に拘束力を認めることになる。自己の要求を示した上で、相手の譲歩を求めたり、その逆を求められたりする。それだけに、情報の交換や提示に、慎重な言葉づかいが要求される。この最終段階では、

約束と説明の区別、約束と単純な打診の区別、相手の気をひくための言葉と事実や約束との区別などがすべて明確になり、双方の事情の正確な理解が得られなければならない。

> ≪QUIZ 4≫ 次のA～Fのセンテンスの性質を最も適切に表している語句を、下記のア～キから選んで、それぞれのカッコ内に記入しなさい。
>   ア 要求、イ 約束、ウ 条件、エ 説明、オ 売り言葉、
>   カ 打診、キ 命令
>   A 「100個以上購入して頂けるならば、運送費は当社で負担します」
>   （　）
>   B 「100個以上の注文であれば、割安な運送上の取り扱いが可能です」
>   （　）
>   C 「100個以上注文すれば、便宜を図って頂けますか」（　）
>   D 「この商品の最低注文数量は、100個以上です」（　）
>   E 「この商品を入手したければ、100個以上注文してください」（　）
>   F 「この商品は、とても頑丈で、手入れ不要です」（　）

　交渉が、言葉によるかけ引きのゲームであることは、このクイズからも理解できる。§2の冒頭のケース5に紹介した「ガレージ・セール――落とし所」のかけ引きは、売り手がうまく交渉の終結点を示させたため、買い手が売り手のペースで交渉にのせられた例になる。また、ニューヨークにおける輸入雑貨の購買のケース4は、十分な情報収集の後に行われるゲームとしての交渉を表している。この"Just looking"のケースで言えば、他の店の値段を引き合いに出しながら、面前の相手から有利な値段を引き出そうとするのである。

2　本交渉は文書化で終わる

　第3段階は、利益に関する取り決めの文書化によって終わる。文書は、互いの利害の関連を明らかにし、利益の発生・消滅の条件を定め、交換する利益や問題の解決策を正確にもれなく、はっきり述べていなければならない。文書化を担当する交渉者に求められるのは、①論理構成能力、②言語ゲームの契約法

から見たルールの知識、③利害のバランス感覚、である。この3点を活かし、契約の環境が整っているときに、すばやく決断し、関係者の了解を取り付けることが、この段階における成功のカギである。

また、文書にまとめて相手に示すタイミングも重要である。俗に言う、「先手必勝」をねらい、交渉した内容の文書化を早めに行い、相手を自己のペースに乗せるのも有効である。相手の文書化の方が早かった場合には、文書中の文言を利用しながら、自己の文書化の最終段階で、「これが最終的な内容確認です」と言って、交渉をまとめるのも一案であろう。

さて、取り決めが文書化されると、交渉は終わるが、交渉のプロセスは最終的には、取り決めの実行がスムーズに進み、成果が出て、その評価を受けて完結する。したがって、相互の利益が実現される過程で、取り決めが細かい実行計画に従い、正しく実現されているか否かを点検し、必要に応じて調整をする交渉が続けられることになる。

さらに、交渉のプロセスが、率直な情報交換を通じて全体として公正妥当に行われ、協同して利益の実現や問題の創造的解決に当ったと後日に評価されることが重要である。このような評価を得るためにも、交渉の正確な記録が重視される。また、そのような評価を得た交渉のみが、交渉の成果を長続きさせ、友好的で継続的な関係を保たせるのである。

3　交渉が進まないとき——「感情」ということを思い出せ

交渉は、社会的活動として生身の人間が担当する。したがって、取引についての理屈や理論の他に、人の感情や礼儀、意思・意欲という要素が大きく働く。前述の売買のケースを例にとれば、売買の論理は、利益をあげることを目標にして、契約の原則に従って展開される。当事者から出された提案や利益配分を具体化する主要な取引条件に、双方の意思が一致し、すなわち合意ができて、契約は成立する。合意が証明できたり、契約書にまとめられると、それは強制力を持ち、当事者を拘束するから、契約どおりに約束が実現されると期待

できる。これは、契約の基本的理論であるが、それだけで事が進むものではない。

　交渉開始後に事情が激変することもありうる。そのようなとき、相手を「理解」する能力を欠き、当初の提案や利益配分にこだわり、自己中心的で、かたくなな状況対応に終始すると、交渉は行き詰まるであろう。相手の面子を傷つけたり、その意欲を失わせるような言動は望ましくない。交渉の客観的目標の前に、交渉当事者の好ききらいが出過ぎても交渉は進まない。人間が行う交渉だからこそ、理論や学問のみで進められないのである。

4　戦略的思考とコミュニケーション能力

　交渉の段階では、市場機会が加わり、これに契約の理論と交渉目的の調整力が大きく働いて、交渉の成否を左右することになろう。交渉の終了までは、意見や事実の論理的な提示能力と戦略的な思考が重視される。交渉の終結後には、報告、連絡、相談・協力のコミュニケーションが重視される。

　その目的は、利害関係を調整することである。〈交渉当事者の感情の側面〉と、〈契約と市場の論理〉とがバランスを保ってゆくことが大切である。「取り決めに規定されている通りだ」と主張し、一切の調整を拒否し、わずかの譲歩も断ると、「交渉は成立しても、取引は破綻する」ことになりかねない。攻撃は最大の防御であるが、それは、鎗を突くだけならば誰でもできるようなものである。有能な交渉担当者は、忍耐強く相手の言い分を聞く。名将は、鎗を突くときに引き時を考える。

　交渉者として成功する人は、当事者双方の利害関係を見通すことができ、相手の問題にも目を向け、取引関係を維持し、問題を解決するために長期目標をじっくり考えることのできる人である。

　このように、交渉ごとにおける「感情と論理のバランス」を図ることは、交渉者の必須の技能であり、賢明な状況把握と利害の調整能力(anchoring)こそが、利益を実現し、価値を創造する。このような技能は、理論(theory)によっ

> ### ■社交と交渉——プロトコールの大切さ
>
> 　社交は、交渉ごとの重要な要素の1つである。行き詰まった交渉や微妙な感情のもつれなどを、円満に乗り越えて、当事者間の信頼関係の基礎を確かにする力を、社交や交流活動がもっているからである。部外者から見れば、一見むだに見える交渉前の社交(たとえば、交渉当事者間のゴルフやテニスやワイン・パーティなど)は、互いの性格を理解し、信頼関係を築くのに必要なコストである。交渉の途中で、対立点を整理し、休養をとるためにも、そのような社交を否定してはならない。交渉当事者が「相互に有益な取り決め」のために信頼し協力しているとの印象をまわりに与えることができれば、当事者の所属する組織からの支援も得られるであろう。成果を急ぐあまり、信頼関係を犠牲にすれば、有益な結果は得られない。
>
> 　交渉の前段階においては、社交場面での感情や意欲の交流が重要で、プロトコールに従がった行動と情報の交換が行われなければならない。強圧的な態度で、大声を出したり、相手の立場を考えない一方的な通告や予定の変更をしてはならないことは、当然である。交渉に臨んで、奇抜な服装やなれなれしい言葉づかいは避けるべきである。なぜなら、社交や交流を通じて、交渉相手の信頼性をおしはかり、交渉のシナリオを書くことができ、交渉の結果である取り決めの運命を予測できるからである。

て学習されるよりも、経験を積むことによって術(art)として修得される部分が多い。交渉の演出力としてのプレゼンテーション能力、言語表現や態度における品格(たとえて言えば、英国流の「謙譲と丁寧さ(politeness)」という戦略——危急存亡の際の誇張ではなく、控えめな表現(understatement))、当人の見識とカリスマ性などは、交渉において大きな働きをする。相手の見解に敬意を払い、相手の人柄を察知することは、協力関係を維持していくうえで、不可欠である。しかし、これらの技能の習得や人柄の判断力は、残念ながら、本を読んで理論を学習するだけで身につくものではない。本章の冒頭に引いたように、「人柄」(personalities)の問題として、言動についてのふだんの心がけのほかに、ベテランのコーチを受けて演習と経験を重ねることにより、そのような技能を修得し、情緒を管理する能力をみがくしかないであろう[7]。

§4　望ましい交渉のスタイル

1　交渉の約束ごと

> 交渉には、次のような一定の原則(約束ごと)がある。
> ① 交渉を成功させる第一歩は、交渉の目的を互いに明らかにすること。交渉は利害関係の取り決めや問題の創造的解決が目的であり、信頼に基づく具体的な利益の実現が可能であることを説明し、相手の理解を得ることが基本である。
> ② 交渉のスケジュールを提案して、交渉の終結領域を見通すこと。
> ③ 交渉担当者には、所属している組織から交渉権限を与えられていることが大前提である(ケース6参照)。
> ④ 交渉がチームによって行われるときは、リーダーが情報を管理し、適切な統制をとりながら、交渉参加者の協調的関係を維持しなければならない。言い換えれば、参加者間に問題解決に向けた協力関係がないと交渉は失敗するであろう。
> ⑤ 照会や申し入れに対しては、速やかに回答すること。取り決めが行われると、直ちに記録に留め、同じことを蒸し返すことのないようにする。
> ⑥ 比較的容易に合意できるところから交渉を進め、実績を重ね関係を安定させること。

　交渉は、可能なかぎり多数の選択肢を共同で発見し、客観的基準を適用して利害の調整を図り、互いに受入れ可能な取り決めを結ぶことが目的である。したがって、事前に選択肢を複数用意しないまま交渉に臨んではならない。また、交渉はギブ・アンド・テイクのゲームであるが、足して2で割る妥協ではない。前もって用意した次善の代替案(the best alternative to a negotiated goal or agreement)の方針を守るようにすることが、妥協より重要である。

---

[7] R. Adler [1989], Ch. 5 参照.

2　互いに利益をもたらすウィン・ウィン交渉

　昔の人は言いました。「利を共にするは小なりと言えどもかえって大なり」と。これが、望ましい交渉スタイルである。さらに、互いに大なる利益を上げることが交渉の目標である。このような交渉が進められる条件はいくつかある[8]。

　① 交渉当事者が目標の達成や問題解決を重視し、面子などのような私事にこだわらない。
　② 達成可能な相互の利益の実現のために協力しようとする強い意欲をもち、多くの情報を共有する。情報や提案の意義を説明し、交渉の結果として具体的な成果(売上げの増加、利益の確保など)が得られることを忍耐強く説く。
　③ コミュニケーションは共同作業である。多くの選択肢を共同して見つけ、それぞれの選択肢を良く理解し、相違点を比較評価し、客観的で妥当な基準に立ってそれらのうちの1つを選択できるよう準備する。
　④ 交渉には長期的な視点が重視される。自己中心的に力関係を押し立てず、交渉当事者の信頼関係をしっかり構築する。

　交渉担当者は、このようにして、当面対立している利害の先にある互いの目標を見極めなければならない。そして、それぞれの目標が両立して始めて、win-winの結果につながり、交渉当事者双方の利益の積が最大になる——すなわち、ゲーム理論にいう「ナッシュ均衡点」に至ることができる。

■信頼のゲーム
　メーカー(A)が、販売店(B)を選ぶ場合を考えてみよう。
　Aの選択　(ア)　Bを取引のパートナーにする。→(B)の選択
　　　　　　(イ)　Bを取引のパートナーとしない。
　Bの選択　(Ⅰ)　Aの信頼に応える。
　　　　　　(Ⅱ)　Aの信頼を裏切り、第三者と取引しようとする。
　(ア)と(Ⅱ)の組合せは、1回限りの取引に終わる。それだけではなく、その後、Bの悪評が立ち、取引界での地位が下がる危険性が高くなる。これに対し、AとBの間に信頼関係があり、(ア)と(Ⅰ)の選択が組み合わされると大きな利

---
[8] R. Adler [1989], Ch. 5 参照。

益が相互に得られる。したがって、取引は繰り返され、継続的に利益を確保できる。Aが(イ)の選択をし、またBが(II)の選択をして、第三者との間で取引しても、A・B間の取引の利益を超える利益を上げることができないとき、AとBの間では、(ア)と(I)の組合せの選択が繰り返される。この状態を指して、ナッシュ均衡(Nash Equilibrium)と呼ぶ。

この例から、信頼(trust, confidence)と評判(reputation)が、交渉に果たす役割の大きさが分かる。

> ≪QUIZ 5≫ あるヨット製作者が、顧客(A)と5,000万円のヨット1隻の建造契約を結んだ。ところが、別の顧客(B)が現われて、建造中のヨットと同じものを早急に2隻欲しいと言ってきた。製作者は、「1隻7,500万円以上の費用がかかるが、それで良ければ、契約しましょう」と回答した。その回答に同意が得られたので、製作者は早速2隻の建造に着手し、最初の顧客(A)との契約を破棄することにした。
> ●「ヨット製作者が得るものと失うもの」を比較しなさい。得失のどちらが大きいでしょうか。
>   ア　Aとの契約を守る場合
>   得るもの：
>   失うもの：
>   イ　Aとの契約を守らず、Bと契約する場合
>   得るもの：
>   失うもの：

3　説得と譲歩

ウィン・ウィン(win-win)の結果が生まれる交渉の条件の根底にあるものは、説得と譲歩の組合せである。

説得とは、異なる考え方をする相手を、自己の提案や意見に同意してくれるよう導くことである。それは、力で丸め込んだり、不正確な情報で誘導したり、不安感をあおって同意させたりすることではない。この逆が、効果的な説得の方法である。

■効果的な説得

①　まず相手の立場を知る。

　効果的な説得は、相手の立場や意見を理解することから始まる。相手の関心事や意向・考え方を知り、学習するのである。その後、入念な準備をする。この準備には、当然、十分な情報やデータを集めることや、それらを整理して論理的に提示し、議論のシナリオないし筋をたてることが含まれる。

②　相手の立場、人柄に敬意を表する。

　説得は自己の主張を諦めずに押しつけることではないから、論理や理屈をこねることだけに留まると成功しない。

③　豊かな知識と判断力（＝新たな魅力的選択－いわゆるA案とB案の2つを足して2で割るのではなく、A・B両案を基にした新提案(hybrid)を生む力）

　効果的な説得は、対話・対談を通じて行われる。対話や対談の成功は、専門知識や人柄に対する信頼の上に生まれる。説得の対象になっている事柄に対する豊かな知識と的確な判断力がないと、相手の疑問や質問に答えられず、信用が揺らぐ。また、そのような知識がないと、相手の考え方や意向に基づき、新たな提案や意見を提示できないので、説得の方法が見つからなくなる。これは、コミュニケーションの典型的なプロセスに通じる。

④　最善の解決をもたらす担当者の共通項

　自己の提案や意見を、明解な言葉で説明でき、具体的で正確な証拠や資料を示して、相手を納得させないと説得は成功しない。これを容易にするためには、相手との間に共感が生まれていることが必要である。共通の体験、共通の関心、目標の共有などが共感を育てるのである。成功した交渉の担当者が、共通の趣味を持ち、同じような学校で学んだ者であることも少なくないが、これは共感という点で興味深いことである（第1章の図1-3「シュラムのコミュニケーション・モデル」参照）。

4　説得のための6つの原則

　ロバート・シアルディーニは、説得には次の6つの原則があると説いている[9]。

---

[9] Cialdini [2001] pp. 72-79.

① 交渉担当者の相性の良さ(liking)、
② 譲歩には譲歩で応える相互性(reciprocity)、
③ 従うべき良い先例があること(social proof)、
④ 交渉への取組に一貫性があること(consistency)、
⑤ 専門家や専門知識を重んじること(authority)、
⑥ 他では得られない利点が得られ、他の人は知らない知識情報であると説明すること(scarcity)。

≪QUIZ 6≫ 次のメッセージに適用されている説得の原則を、上のシアルディーニの原則から選んで答えなさい。
A 「あなたは優れた学生として選ばれました。あなたにだけ、特別料金で予約を受け付けます」(商品販売のメール)
B 「有名な俳優(例、松たか子、田中麗奈)もこの商品を使用しています」と述べて、当の俳優の推薦の言葉が印刷されている化粧品の広告。
C 「緑茶にはガンの発生を抑える効果が認められる」とXY大学医学部の実験結果が公表されました。

　注意しなければならないのは、これらの原則が有効に組み合わされても、交渉の大前提である信頼と協力が当事者間に確固として存在しなければ、説得は成功しないということである。別の表現をすれば、「信用は説得を成功させる橋頭堡、すなわちよりどころである」[10]。

　説得の目的は、相手の譲歩を引き出すことである。前述の効果的な説得のための条件を充たして相手の理解が得られれば、相手の理解と共通するところに、自己の提案を再編成して対案を示すことである。もちろん、こちらの譲歩に対して、相手も譲歩する意思を持たない、すなわち、相互性の原則をわきまえないときは、説得は中断されるべきであろう。不必要な譲歩は、交渉力をそぐからである。

　譲歩をいきなり大幅に行うことは、外部環境の急変などの事情がない限り、避けるべきである。なぜなら、それは交渉当初の目標を崩し、損失を招くから

---

[10] Cialdini [2001] pp. 72-79.

である。むしろ、小幅な譲歩で、それに見合う相手の譲歩引き出すよう心がけ、交渉の終結領域(着地点)を守ることが望ましい。それが、一貫性の原則にかなう。

§5　英語による交渉のスキル

1　4つのスキル

スキル1　言葉に頼りすぎない

多くの国際的な交渉は、英語で行われる。その英語が正確に用いられることは望ましいが、日本人の英語は多少ブロークン・イングリッシュ気味であろう。それでも、交渉事項についてその内容を十分に理解し、分析・整理し、意見や提案が論理一貫して正当な理由や資料に基づいているならば、相手に通じるであろう[11]。

言葉に頼り過ぎないことである。好感を与える姿勢や、(視線と視線を合わせるアイ・コンタクトを含む)堂々とした態度など、言語以外の要素が、コミュニケーションに大きな役割を果たしている(第1章§3「非言語コミュニケーション」を参照)。このことに注意して、笑顔、声の調子、対人距離のとり方などの非言語的要素のインパクトを知り、総合的な表現力を磨くよう努めることが望ましい。そのとき、交渉相手の文化に基づく交渉行動とそのシグナル(信号)にも注意し、「自分の文化の優位性」を主張するようなことは差し控えるべきである。それは、押し付けがましい態度であると相手に映り、感情を損ねるからである。

スキル2　5Csを心がける

論理的な思考、一貫した内容と方針、妥当性、相手に配慮した上品さなど、

---

[11] この点については、照屋・岡田[2001]第2部および第3部参照。

ビジネス・イングリッシュにいう 5 Cs (Correctness, Clarity, Consideration, Conciseness, Courtesy) の、C を頭文字とする原則を思い出すとよい(第 7 章§4 参照)。

スキル 3　質問する

理解できない内容や用語があれば、ためらうことなく質問すること。質問の効用には、ものごとを正しく理解することの他に、多少の時間をかせいで、自分の表現の建て直しをすることもできる、ということがある。

スキル 4　メモによる確認

話される英語より、書かれた英語のほうが理解し易いので、交渉の中身をできるだけしばしばメモにまとめて確認するよう、相手方と取り決めることも一策である。そのうちでも、中間合意としての「念書(Letter of Intent)」の取り扱いには注意しなければならない。これは、名称が念書であっても、実質は合意に近く、単なる意向や、交渉経過の取りまとめの域を超えると、契約とみなされる可能性が高くなるからである。

日本人は、少しのあいまいさを残しても通じる社会で生活している。したがって、考え方に、きめの細かさ(elaboration)や明確さ(articulation)を欠くことが多い。一方、英語の構文は、単語や語句の関係が、日本語より厳密であり、その相互の相性が決まっており、かつ、あいまいさ(ambiguity)を基本的に認めない性質の言語である。

> ≪QUIZ 7≫　次のような状況(文脈)では、あなたはどちらの表現が正しいと思いますか。
> A　「何か情報を欲しいとき/打診したりたずねたりする場合」
>   □　... inquire for a quotation
>   □　... inquire after a quotation
> B　「貴社の条件は、受け入れられません」
>   □　Your condition is not acceptable.
>   □　Your terms of payment are not acceptable.

できるかぎり個別具体的に考えて明確かつ要領よく表現するのが、英語による思考と表現の特徴である。日本人にしばしば見られる前置きの長い意見や説明は、英語による交渉では通用しないと覚悟すべきである。交渉の原則が、使用する言語に左右されることは少ない。したがって、その原則を重んじ、適切妥当な英語表現に注意してプロトコルを守るよう心がけることが重要である。

2　成功する交渉者の条件

　日本では、一般的に交渉は苦手であると考える人が多い。独立した個人としての判断力、論理的思考を基にした積極的な提示能力、社交性などが交渉には求められるが、日本企業の文化風土は必ずしもこれらの資質を積極的に評価していない。この点を改めない限り、開かれた国際社会において能動的に行動することは難しい。また、いわゆる「教養」の深さ、広さが大事なことも忘れてはならない。他人の気持ちや他国の歴史・文化に対する感受性(sensitivity)をみがき、交渉の物事や環境に対する高い見識を持つことが不可欠である。

　交渉は、原理として学べる部分と、経験と訓練によって修得する部分から成り立っている。交渉の対象となる問題やビジネスには、独自の理論や原理があるので、まず、それを理解しなければならない。交渉独自の原則や理論について、専門職業に就くために、アメリカなどでは大学院の科目として「交渉論」が提供されている。交渉ごとは、日常茶飯のことで、慣れていると思い込まず、①物事を企画し、②情報を集め、それを分析して、③交渉の対象となる関係の質を評価し、④周到な交渉プランを整え、⑤言語・非言語のコミュニケーション手段を効率的に用いて交流、交渉し、⑥建設的な思考を心がけ、譲歩と説得による利害の調整をはかることに努める。①から⑥までの各プロセスをわきまえて、日常の大小の交渉ごとで練習(exercise)し、さらにベテランの交渉者の経験から素直に学ぶならば、やがて交渉の術(art)や技能(skills)は徐々に身につくであろう。そのような楽観が、成功する交渉者の条件の１つである。

スキル・トレーニングの解説

≪スキル・トレーニング 1≫ (154頁)

　さて、あなたは、新しい解釈をいくつ挙げることができただろうか。どの解釈が正しいのかということは、問題ではない。目的は、できる限り多くの新しい解釈を生み出すことである。私たちは、日頃、自分の経験から学び取った情報・価値観などに基づいて、状況の解釈を瞬時にしている。そして、解釈の仕方がしだいに固定化され、他の見方や解釈ができなくなっていく。こうした既成概念こそが異文化接触の障害となり、ネガティブな感情をもたらすのだ。そこで、日頃から自分を取り巻く状況の解釈を、できる限り多く持つよう心がけ、思考プロセスを柔軟にしておくことが望まれる。

QUIZ の解答/解説

≪QUIZ 1≫

①については、日本ではそのように聞く人は少ない。細かすぎるとして嫌われるのであろう。

②については、「せっかくですから、隣の駐車場まで運んで下さい。」と応えるのが良いだろう。「先ほどお支払いした代金には、配達の費用が含まれていたのですか」と尋ねるような調子で言うのが精一杯のところであろう。

≪QUIZ 2≫

交渉の表に立つ人と最終的に決断を下す人が同じでないことの方が多いであろう。そのような場合、交渉する人と決断を下す人が上手にチームワークを組まなければならない。ガレージ・セールの例では、夫人が夫と相談する余地を残さないような回答をしたので、主人が夫人の顔を立てたのである。「70ドル程度だと思うけれど、ちょっと待って」と答えておけば良かったであ

《 QUIZ 3 》
　　①は、自己紹介と地位・権限を明かすことにより、互いの関係の質を推定するための行為である。②は、権威や専門知識を利用して、交渉を促進する意味がある。③も同様であるが、総合商社の交渉力を利用する意味がある。

《 QUIZ 4 》
　　A―イ、B―エ、C―カ、D―ウ、E―ア、F―オ

《 QUIZ 5 》
　　ア―Aとの契約を守る場合
　　　得るもの：5,000万円の代金とAからの次回の契約
　　　　　　　　「値段のわりに質が良い」との評判
　　　失うもの：15,000万円の契約とそこから得られる特別の利益
　　イ―Aとの契約を守らず、Bと契約する場合
　　　得るもの：15,000万円の代金と5,000万円の特別の利益
　　　失うもの：Aに支払う損害賠償金と業界における評判

《 QUIZ 6 》
　　A―⑥、B―③、C―⑤

《 QUIZ 7 》
　　Aについては、inquire for a quotation が正しく、Bについては your terms of payment の方が正しい。
　　英語の動詞は、前置詞との組み合わせにより意味が異なるので要注意である。inquire after というと人の安否や動静を尋ねることを意味する。また、英語表現では個別具体性が重んじられるので、特定的(specific)であることが重要である。

参 考 文 献

Adler, R. [1989] *Communicating at Work*, 3 rd ed., McGraw Hill.
Ahtinen, E. [2001] *International Human Resource Management*, Report for Seminar in Business Strategy and International Business Course at Helsinki University of Technology.

Bolton, R. [1986] *People Skills*, Simon & Schuster, Inc.
Borisoff, D and Victor, D. A. [1998] *Conflict Management—A Communication Skills Approach*, A Viacom Company.
Cialdini, R. [2001] "Harnessing the Science of Persuasion," *Harv. Bus. Rev.* (Vol. 79, No. 9, October 2001).
Gawain, S. [1986] *Living in the Light*, New World Library.
Kohls, R. L. [1996] *Survival Kit for Overseas Living*, 3 rd ed., Intercultural Press.
Kolb, O. and J. Williams (リット三枝子訳) [2001]「ネゴシェーション・ブレークスルー」『Diamond ハーバード・ビジネス・レビュー』(9月号)。
Matsumoto, D., LeRoux, J., Ratzlaff, C., Tatani, H., Uchida, H., Kim, C., Araki, S. [2001] "Development and Validation of a Measure of Intercultural Adjustment Potential in Japanese Sojourners: The Intercultural Adjustment Potential Scale (ICAPS)", *International Journal of Intercultural Relations*, 25, pp. 483-510.
Nierenberg, G. [1973] *Fundamentals of Negotiating*, Hawthorn Books.
Secola, M. [1993] "Intimate Friendships Among Internationally Mobile Adolescents", *Dissertation Abstracts International*, 54-11 A, 3995.
Ury, W. [1991] *Getting Past No: Negotiating Your Way from Confrontation to Cooperation*, Bantam Books. (斎藤精一郎訳『ハーバード流"No"と言わせない交渉術』三笠書房、1992年。なお、TBSブリタニカ社から、『ハーバード流交渉術』と題して、最新版の邦訳が1998年に出版されている。)
井洋次郎・V. ランダル・マッカーシー [2001]『ビジネス交渉の英語』The Japan Times.
小浜正幸 [2001]「特集：文化を超えた協働の秘訣」[2001]『グローバルマネジャー』第5号(5月10日)。
佐久間賢 [1994]『国際ビジネスと交渉力』NHKブックス。
高橋順一・中山治・御堂岡潔・渡辺文夫編 [1991]『異文化へのストラテジー』川島書店。
照屋華子・岡田恵子 [2001]『ロジカル・シンキング』東洋経済新報社。
中島洋介 [2000]『交渉力』講談社現代新書。
中村秀雄 [2000]『英文国際契約』中央経済社。
藤田忠 [1990]『交渉力研究 I, II』プレジデント社。
八代京子・町恵理子・小池浩子・磯貝友子 [1998]『異文化トレーニング ボーダレス社会を生きる』三修社。
渡辺文夫編 [1995]『異文化接触の心理学』川島書店。
「特集：交渉力のプロフェッショナル」『Diamond ハーバード・ビジネス・レビュー』(2001年9月号)。

第 7 章

コミュニケーションの言語的スキル
―― ビジネス英語の場合

> 大切なのは普通のことばで非凡なことを言うことである。
> ショウペンハウエル(ドイツの哲学者)

§1 グローバル社会の標準語

1 英語の国際化

(1) 国際言語としての英語の重要性

英語は今や国際的コミュニケーションのための主要な言語である。グローバ

ル言語と言っても過言ではない。「現在、英語を母語とする人の数は、3億7千7百万人である。英語を公用語とする国の数は60ヵ国に達する。英語を『第二言語』とする人口は、3億7千5百万人に達する。(中略)その上に、世界には現在、英語を『外国語』とする人々が7億5千万人近く存在する。合わせて、英語を話す人口は約14〜15億人と推測されている。これは世界の人口の3分の1から4分の1に及ぶ」[1]のである。中国語を母語とする人口が約12億人、スペイン語は約2億人と言われているので、母語人口の数では中国語が圧倒的に多く、英語の次にはスペイン語が肉薄している。しかしグローバル度から言えば英語が他の言語に抜きん出ている。"The Story of English"[2] によれば、世界の郵便、テレックス、そしてケーブルの4分の3が英語で書かれており、コンピュータに蓄えられた情報の80パーセントは英語で、商取引のほぼ半数が英語で行われている。またインターネットでは英語の使用が圧倒的に多いのは周知のとおりである。

では英語は一体どのような過程を経てグローバル言語の位置を占めるようになり、今後はどのような方向に向かうのであろうか。

(2) 英語とグローバル・ビジネスの歩み

① 第二次世界大戦以前

英語の国際化は、ビジネスのグローバル化と密接な関係にある。グローバル・ビジネスの萌芽は14世紀のイタリアにさかのぼる。地中海貿易により商人が富と力を蓄え、近代的合理精神を持つ国際ビジネスの基盤ができた。大航海時代には、スペインとポルトガルがリード役となる。その後イギリスがスペインを破り、オランダがスペインから独立して、この両国が世界貿易を制覇した。この頃までは知識人のことばであるラテン語が国際的コミュニケーション手段であったが、通商の拡大に伴いその地位を次第に英語に譲り渡していった。特に「新大陸に進出した人たちは、たいてい学者でないから、取引きの通

---

[1] 船橋 [2000] 59頁。
[2] McCrum, Cran and MacNeil [1987] p. 20.

信文に英語が主として用いられたのは当然である。この意味で、書かれた英語の実用範囲が急速に大きくなった」[3]のである。

　そして産業革命により産業国家となったイギリスが、しだいにオランダを凌駕(りょうが)し、ついには世界経済の支配的地位を占めるに至った。英語時代の幕が上がったのである。西欧の大国はその後植民地競争を繰り広げ、この競争に遅れて参入したドイツが原因となって第一次世界大戦が起こった。だがこの戦争が終ったとき世界的強国として残ったのはイギリスだけであった。一方、アメリカは兵器輸出と借款(しゃっかん)で国力を増した。こうしてこの2つの英語国の影響力が増大し、グローバル言語としての英語の基盤が強化されることになった。

　その後ロシアに革命が起こり、ソ連が誕生した。ドイツではナチスが政権をとり、イタリア・日本と同盟して連合国側と戦争となった。大戦中の1944年、アメリカのニューハンプシャー州ブレトンウッズにおいて、連合国代表が戦後の世界通貨と経済体制を取り決めたが、それまでのブロック経済体制への反省から、自由貿易を中心とする世界経済体制を作ることとした。戦後この路線上に世界銀行と国際通貨基金(IMF)が設立され、GATT(関税と貿易に関する一般協定)が主要国間で締結されて、世界経済は自由貿易に基づくブレトンウッズ体制を中心に展開していった。

② 第二次世界大戦後

　第二次大戦後、アメリカは国内市場を開放し自由貿易に移行した。戦争で疲

---

[3] 渡辺［1988］248頁。

弊した他の諸国に比べると、アメリカの国力は圧倒的で、終戦時には世界の総生産の約半分を占めていたほどである。その後世界は、冷戦、旧植民地の独立、中東紛争、石油危機、日・独の復興と経済成長、社会主義国の崩壊と冷戦終結、日本のバブル経済崩壊と長期不況、アジア通貨危機、欧州連合(EU)の拡大、アメリカにおける同時多発テロとそれに続くテロリストとの国際的な戦いなどの大きな出来事を経たが、その間もアメリカの相対的な優位は続いている。とくに旧ソ連邦の崩壊後は、軍事的にも政治的にも経済的にもアメリカは圧倒的な優位に立っていると言えるであろう。

　また自由と平等というアメリカ民主主義の精神、豊かな物質文明に裏打ちされたアメリカ的生活様式、映画や音楽などに代表されるアメリカ文化も世界に強い印象を与えている。その是非はともかく、グローバル化にはアメリカの影響が色濃く反映されており、そのアメリカのことばである英語は、国際言語として広く世界に普及することとなった。アメリカがリードするインターネットの急速な発展も、英語の普及に寄与したことは言うまでもない。

　日本は今、このような経済および英語のグローバル化の大きな流れの中にある。TOEICの普及などに見られる「英語ブーム」は決して一過性のものではないのである。日本経済は世界経済と深く絡み合って成立しており、今後もその傾向は強くなるであろう。そしてそれに伴い英語の重要性は今後ますます高まるものと考えられる。アメリカの影響力が将来とも強大であり続けるかどうかは分からないが、軍事力、政治力、経済力、文化的魅力度などにおいてアメリカを大きく凌駕する国がしばらくは現われそうにない現状を考慮すると、その影響力が近い将来大きく低下するとは考えにくい。またたとえ低下することがあっても、これほどすそ野の広がった英語の使用が急激に衰退するとは考えにくい。以上を総合的に考えると、国際的ビジネスに携わる日本人にとって、コミュニケーションのための英語を習得することは、今や急務であろう。

2 貿易からグローバル・ビジネスへ

　ミクロ的に見ると、ビジネスのグローバル化を担ってきたのは企業である。株式会社は投資家の利益のために成長を求め、国内市場で成果を上げると、海外への輸出や海外生産を行い、さらには多国籍企業化する傾向がある。この点について、日本の企業はどのような行動をとったのであろうか。「日本企業の海外直接投資が本格化したのは、1970年代になってからのことである。1971年から1972年にかけて、日本政府が実施したFDI（海外直接投資）の自由化政策を背景に、円高や国内賃金の上昇等、さまざまな経済的要因により、日本企業のFDIが増加し、それ以前とは違った動きを示すようになった。」[4] また、「日米欧の多国籍企業を比べると、米国企業は海外展開の初期より海外生産を開始しているが、日本企業は先ず輸出をして、次に海外生産に移行している。（中略）日本企業の多国籍化は1980年代半ば以降、急速に進展した」[5] のである。つまり日本におけるビジネスの国際化は、大体次のようなものであった。

- 1960年代まで：輸出入貿易が中心。
- 1970年代：海外直接投資による海外生産が本格化。
- 1980年代半ば以降：海外子会社を設立し多国籍企業化。
- 日本の経済成長・市場の成熟化に伴い、外資系企業の国内参入が本格化。

---

[4] 馬越［2000］25頁。
[5] 馬越［2000］27-28頁。

§2　みんなの英語の時代

1　英語ニーズの変化

（1）　輸出入貿易中心時代の英語

　貿易が国際ビジネスの中心だった時代、英語を使うのは主に商社やメーカーの輸出入担当者や銀行の外国為替担当者などごく少数の人たちであった。その目的は商取引で、英語のニーズは貿易通信文の読み書きが主体であった。通信手段も郵便や電報が中心であったが、やがて電話やテレックスが普及し、海外出張も船から飛行機での出張に変化した。これを反映して口頭でのコミュニケーションの必要性がしだいに増したが、一部の人たちだけが商取引の英語を使うという基本的構図には変わりはなかった。

（2）　グローバル時代の英語

　今日では一般の社員も英語を身につける必要に迫られている。海外出張は当たり前になり、企業の海外進出や、外国企業の日本進出も飛躍的に増加した。技術系社員など英語にあまり縁のない人たちが海外勤務につくことも珍しくない。また大企業が生産拠点を海外に移すにつれて下請企業も海外に進出するようになった。他方、日本国内では約30万人が外資系企業で働いている。転職だけでなく、大学新卒が外資系企業に就職するケースも増えている。
　このような状況を反映して英語に対するニーズも多様化した。商業通信文に加え、電話応対・接客・会議・プレゼンテーション・交渉・社交的スピーチなど、さまざまな場面で英語が必要となり、さらには商取引だけではなく海外子会社の運営や重要な意思決定も英語で行なう必要性が増している。いまや商取引の英語に加えて、経営管理のための英語も必要なのである。同時に電気通信技術の発達により、Eメール・電話会議・テレビ会議・ボイスメールなども広

く利用されるようになり、口頭でのコミュニケーション能力がますます求められている。

（3） 言語コスト

　日本企業が多国籍企業化する中、日本人社員の英語コミュニケーション能力が低いために、海外の進出先でことばによる摩擦が発生している。日本の親会社から海外子会社へ送られる情報には日本語が多く、また工場増設、新製品導入、販売組織変更、大きいトラブルへの対処、幹部人事、企業買収・提携など、経営判断を要求される重要案件についての国際コミュニケーションが日本語で行われることが多い[6]。神戸大学の吉原英樹教授の研究グループは、言語を原因にして生じる国際経営の諸問題を「言語コスト」としてとらえ、言語を直接的な原因として生ずるコミュニケーション上の問題に関わるコスト（通訳・翻訳などのコストや誤解や意思決定の遅れなど）と、国際経営における言語使用のあり方が経営に及ぼすさまざまなマイナスの影響（国際的な人材登用に関する障害や、インターネットやEDIを利用する「e経営」の遅れなど）を指摘している[7]。

2　ビジネス英語

　ところで「ビジネス英語」は「一般英語」とどう違うのであろうか。もちろ

---

[6] 吉原ほか［2001］17-20頁。
[7] 吉原ほか［2001］26-48頁。

ん発音・文法・基本的語彙などは共通である。だが「ビジネス英語は、多くの場合、特定の内容と一般的な内容の両方が混ざったものである。(特定の内容とは、ある特別な仕事分野・産業に関わるものであり、一般的な内容とは、ビジネスという状況においてではあるが、効果的にコミュニケートするための一般的な能力に関するものである。)」[8] したがってビジネス英語の習得に当たっては、一般的な英語力の習得に加え、特定のビジネス分野における英語能力を伸ばす必要がある。後者には専門用語の習得と機能遂行のための英語技能の習得が含まれる。すなわちマーケティング・購買・生産・販売・経理・財務・IT・人事・総務・広報・企画など、商取引と経営管理の全分野の専門用語と、電話応対・接客・指令の授受・会議・交渉・プレゼンテーション・社交的スピーチなどを行なう英語技能が必要である。

　さて、そのようなビジネス英語の特徴は何であろうか。「貿易英語」では、正確さ、明瞭さ、簡潔さ、礼儀正しさ、思いやりといった要件が重要だとされている[9] が、「貿易英語」を「ビジネス英語」と言い換えても本質は同じである。一般英語でもこれらは重要であるが、取引を成功させるために使う英語という性格上、ビジネス英語ではこれらの要件が一般英語の場合にも増して重要視されるのである。もちろん円滑な経営管理のための英語でも同様である。さらに口頭での効果的なコミュニケーションのためには、非定型的な表現を即時に使える能力が必要である。

§3　ポライトネス(柔らかな表現)という戦略

1　英語コミュニケーション能力

　英語の勉強というと思い浮かぶのが、発音・文法・語彙の増強であり、読

---

[8] Ellis and Johnson [1994] p. 3.
[9] 羽田・島 [1995] 9頁。

み・書き・聞き・話すという4技能の習得であろう。では英語技能を学ぶだけでコミュニケーションがうまくいくのであろうか。この点については、コミュニケーション能力を4つの構成要素に分けて考える言語学の考え方が有用である。この4つの能力とは、文法的能力、社会言語的能力、談話的能力、そして方略的能力(コミュニケーションを維持する能力)である[10]。

4つのコミュニケーション能力

① 文法的能力
いわゆる文法だけでなく、語彙・構文・音声を理解し、これらを用いて語句や文を作る能力。(一般にいう英語能力は、この能力のことを指すことが多い。)

② 社会言語的能力
その言語が利用される社会的文脈を理解する能力。ていねいな表現で人に依頼をしたり、勇気づける表現で部下を激励したり、厳しい表現で失敗を叱ったり、感情を和らげる表現を使って謝罪するなど、その言語が使われる状況に適した表現を選んで使うことができる能力のこと。

③ 談話的能力
論理的に話を組み立てたり、話に一貫性を持たせたり、まとまりのある話をする能力。相手を論理的に説得する場合に必要な能力で、低コンテキストの異文化間ビジネス・コミュニケーションでは不可欠な能力である。

④ 方略的能力(コミュニケーション維持能力)
コミュニケーションがうまくいかないとき、それを乗り越えたり、切り抜けたりする方策を使う能力。表現を言い換えたり、繰り返したりして相手に分からせることや、相手の言っていることが分からない場合に返事を躊躇したり、発言内容を明確にするよう求めたりすることなどが含まれる。

コミュニケーションのための英語の習得には、文法的能力だけでなく、他の3つのコミュニケーション能力も磨くことが大事である。

その他に次の2点も重要である。

① 異文化コミュニケーションの感性を磨く必要がある。一般にアメリカ人

---

[10] Canale and Swain [1980] pp. 1-14.

はフランクだが気が短く、ドイツ人はロジックを尊び、中国人は細かいつじつま合わせよりも共に仕事を続けていける友好関係を大事にし、アラブ人は感情に訴える傾向があると言われている。もちろん個人差はあるが、相手の文化を知り、相互理解の感性を鋭くすることが大切である。

② コミュニケーションを築こうとする態度も重要である。優秀な日本人が、国際会議では発言せず、発言を求められても教科書的答弁をするばかりだという話をよく聞く。また以前「男は黙ってサッポロビール」というテレビコマーシャルがあったが、これを見た多くの人は「男は黙って」の部分にあまり違和感も持たなかったのではないだろうか。男たるもの、やたらぺらぺらと話すものではないという社会的規範があるためであろう。一方、アメリカの有能な人物像は、自分の考えを、理路整然と、説得力を持って、ことばで展開できる人というものである。日本人はべつに英語でぺらぺらと話す必要はないが、相手とコミュニケーションを築こうとする態度を持つことは大事である。

2 英語のポライトネス

(1) 日本人の無礼な英語

ニューヨークで日本人商社マンがアメリカ人と議論をしているところを筆者は目撃したことがある。アメリカ人は礼儀正しい英語を話していたが、日本人の英語は攻撃的で相手への気遣いが感じられない無礼なものであった。これに類する話をよく耳にするが非常に残念なことである。またあるニュース番組で日本人キャスターが外国の政府高官に英語でインタビューをしていたが、完璧なアメリカ式発音で早口に話される彼女の英語は、流暢ではあるが実に気安い口調で相手への敬意が感じられない失礼な感じの英語であった。いくら素晴らしい発音で流暢に話したとしても、それが無礼に響く英語では、意図したコミュニケーションが達成できないばかりか、かえってマイナスになるであろう。

（2） 英語に敬語はあるか

よく「日本語には敬語があるが、英語にはない」と言うが、果たしてそうであろうか。たしかに「おところと、お名前をご記入ください」というときの「お」や「ご」に相当するタイプの敬語は英語にはない。しかし文の形式や発言内容によってポライトな表現を心がけるのは英語でもごく自然なことである。

（3） 「ていねいさ」とポライトネス

ビジネスは社会的行為である。したがって、ビジネスで英語を使う場合にとくに気をつけたいのがポライトな表現である。英語のpoliteは「ていねいな、礼儀正しい」と日本語に翻訳されることが多い。しかし英語のpoliteは、たとえばロングマン英英辞典(第三版)によれば「置かれている社会的状況において正しく振る舞い、あるいは話し、そして他の人のニーズや感情を注意深く考慮していることを示す」(behaving or speaking in a way that is correct for the social situation you are in, and showing that you are careful to consider other people's needs and feelings)ということである。単にていねいというだけでなく、人の事情や気持ちを考えて表現することを言うのである。

このポライトネスという視点は、これまでの日本の学校英語では強調されることがなく、日本人が英語を使う場合の1つの盲点となっている。相手との継続的な友好関係を築く必要のあるビジネスの世界では、英語技能を身につけるだけではなく、ポライトな表現を戦略的に研究し、臨機応変に応用することの必要性が強調されなければならない。

（4） ポライトネスの表し方

英語におけるポライトネスを考えるとき、その表し方を次の6つのルールに分けて考える言語学者の考え方[11]が有効であろう。

---

[11] Leech [1983] pp. 104-151.

> ### ポライトネスの6つのルール
>
> ① 聞き手の負担を最小限に、利益を最大限に表現する。
> ② 自分の利益を最小限に、負担を最大限に表現する。
> ③ 聞き手への非難を最小限に、賞賛を最大限に表現する。
> ④ 自分への賞賛を最小限に、非難を最大限に表現する。
> ⑤ 自分と聞き手との対立を最小限に、同意を最大限に表現する。
> ⑥ 自分と聞き手との間の反感を最小限に、共感を最大限に表現する。

とくに大切なのは①と②のルールで、相手の負担を少なく表現し、自分の負担が増えても相手の利益になることを強調する点である。たとえば、

Type this letter by tomorrow.

と命令文で言えば、たとえ "please" をつけても相手は "No." と言うのに相当な負担を感じる。しかし同じ内容でも疑問形や仮定法を用いれば、相手の心理的負担は減りその分ポライトネスが増す。たとえば

Will you type this letter by tomorrow?

という疑問文にすれば、少なくとも表現形式上は聞き手に断る余地ができる。

Would you type this letter by tomorrow?"

のように仮定法を使うと、「もしその気があるのなら」という仮定を入れることになり、聞き手はさらに断りやすくなり、さらにポライトな表現となる。

逆に、自分の負担が増しても相手の利益になることは、強く直接的な表現で示すとポライトネスが増す。相手の利益が増えることを奨励することにより、礼儀にかなった表現になるのである。たとえば

When you come to Japan next time, you must stay with us.

という英語は you must という非常に強い表現を使うので日本人には押しつけがましく聞こえるかもしれない。しかし客を泊める側の負担は増えても、泊まる側には利益となるのでポライトな表現になる。これを

You can stay with us.

と表現すると、話し手の負担はそれだけ減るので、ポライトネスは低くなる。

§3 ポライトネス(柔らかな表現)という戦略　　191

"Would you type this letter by tomorrow?"

"Certainly."

　③と④のルールは日本人にも分かりやすい。相手を誉めるときは大いに誉め、自分の手柄は控えめに表現する。また相手への非難はできるだけ柔らかく表現し、自分への非難は強く表現する。たとえば相手が良い仕事をしたとき

　You did a great job! とか That was excellent!
などと言うが、相手が自分の仕事を誉めたときには

　I was just lucky. とか It wasn't too bad, was it?
などと答えるのである。

　相手を非難するときも

　You did a very poor job.
などとは言わず、むしろ相手への非難の調子を抑えて

　I must say I'm not at all pleased about your report.
などのように言い、自分を非難するときには大げさに

　How stupid of me!
などと言う。

　⑤のルールについては、次の例を考えてみるとよい。

　A: It was an interesting exhibition, wasn't it?　(面白い展示会でしたね。)

　B: No, it was very uninteresting.　(いいえ、とてもつまらなかったです。)

この例のBの返答は著しくポライトネスを欠いている。しかし

　A: English is a difficult language to learn.　(英語は学ぶのが難しいことばです。)

B : True, but the grammar is quite easy. （そうですね、でも文法はとてもやさしいです。）

という例では、Bの返答は相手に同意した上で相違点を述べることにより、ポライトな返答になっているのである。

⑥のルールについては、次の例を考えてほしい。

I'm terribly sorry to hear that your father passed away. （お父上がお亡くなりになったと聞き大変残念です。）

I'm terribly sorry to hear about your father. （お父上のことをお聞きして大変残念です。）

上の例では、後の方の文が「父親が死んだ」という相手が聞きたくない情報をわざと言わないことによって聞き手の気持ちに配慮しているので、よりポライトな表現と言えるのである。

（5） ポライトなコミュニケーションのための注意点

上記の6つのルールを踏まえてポライトな表現を工夫することが有益であるが、その他に日本人が気をつけるべき点をまとめると次の4点になる。

① 質問に対してYesとだけ答えて黙ってしまう人がいるが、これではコミュニケーションしようという意欲が相手にとって感じられず礼を欠く。

② 意見を求められたときに自分の意見を言わない人も多いが、これもポライトではない。

③ 何かを断る場合に理由を言わないのもポライトではない。たとえば
Can you give me a ride to the airport? （空港までクルマに乗せてくれませんか。）に対して、No, I can't. とだけ答えるのでは礼を欠く。そうではなく I'm sorry I can't. I have to go to the headquarters right now. （残念ながらできません。これから本部に行かなくてはならないのです。）などとその理由を述べるのがポライトである。

④ アメリカ人が自分のことを「ファーストネームで呼んでください」と言ったときに、ミスター誰々、ミス誰々などと呼び続けてしまうのはポライ

トでない。アメリカ人にとって、ファーストネームで呼び合って親しさを示すことが礼にかなっているからである。

《スキル・トレーニング1》　　　　　　　　　　　　　　　　ポライトな表現

ポライトネスの見地から、次の会話の問題点を指摘しなさい。
(1)
Brown : How do you do, Mr. Yoshida?
Yoshida : How do you do?
Brown : I hear you work for Mitsutomo Trading Company.
Yoshida : Yes.
Brown : Are you here on business?
Yoshida : Yes
Brown : Is this your first visit to New York, Mr. Yoshida?
Yoshida : …(聞き取れなかったので沈黙)
(2)
Nancy : Saori, do you know Bob? Bob, this is Saori Nakamura.
Bob : Nice to meet you, Saori. My name's Bob Brown. I'm a computer engineer.
Saori : Nice to meet you, too, Mr. Brown.
Bob : Call me Bob.
Saori : O.K. Who do you work for, Mr. Brown?
Bob : I work for IBM. What about you, Saori?
Saori : I teach flower arrangement at a community college here. Do you know Mercy College, Mr. Brown?
(3)
Tom : I think Japanese companies should pay more attention to risk management.
Hiroshi : Yes, that's ture.
Tom : I was surprised that some big companies were unable to act properly when their products had caused considerable damage to the consumer.
Hiroshi : That's right.
Tom : Besides, it was amazing that some top managers made really careless remarks at press conferences.

Hiroshi: Yes, that's right.
Tom: How do you think corporations can prevent such incidents in the future?
Hiroshi: That's a difficult question to answer.

§4 ビジネス英語習得の秘訣

　ビジネス英語習得に当たっては、前述のように一般的な英語力を伸ばすことに加え、特定のビジネス分野の英語能力を伸ばす必要がある。後者のためには専門用語の習得と、仕事の遂行のための英語技能を伸ばすことが重要である。すなわち、電話応対・接客・プレゼンテーション・会議・交渉・指令の授受などである。また商取引の英語だけでなく、経営管理のための英語も必要である。

　ビジネスにおいては意味を、正確に、明確に、簡潔に、気持ちよく相手に伝える必要があるので、そのための表現技術と語彙を習得することが大切である。この方面の研究は、効果的なビジネスレターの書き方を通じて長年行われてきたので、まずビジネスレターの書き方を考えてみたい。その技法や考え方は、社内メモ・報告書・電子メールなどにも共通するものである。その後で、スピーキング、リーディング、リスニングと語彙の増強について触れる。

1　ビジネスレター

（1）　ビジネスレターとは

　ビジネスレターとは、書き手が、読み手に対して、自分の意図するビジネス内容を、ある目的のために、正しく伝わるように書く手紙のことである。その書き方については、コミュニケーションの見地から次の点に留意する必要がある。すなわち、なぜ、誰に、何を、いかに書くかということである。目的を明

確にした上で、相手の立場、状況、ニーズなどを分析し、伝えるべき意味内容を吟味して、それが最も効果的に伝わる書き方を練ることが必要となる。

（2） ビジネスレター作成の5つのC

ビジネスレター作成に当たっては、次の5つの"C"を考える。すなわち、Correctness（正確さ）、Clarity（明確さ）、Conciseness（簡潔さ）、Courtesy（礼儀正しさ）そしてConsideration（思いやり）である。

① Correctness（正確さ）

この中でもCorrectnessが重要である。伝えるべき情報が不正確であったり、誤っていたりすれば、いくら明瞭、簡潔、ていねいに書いても、ビジネスはうまくいかない。とくに金額・数量などの数字、期日などの時間、取引条件などは、絶対に間違いの無いようにしなければならない。また文法にも気をつける必要がある。たとえば時制を誤ると、すでに起こったことなのか、今起こっているのか、これから起こるのか誤解が生じる可能性がある。ことばの選択も重要である。これを間違えると、意味が変わったり、ニュアンスが伝わらなかったりするからである。たとえば「避ける」と言いたいときavoid、escape、evade、avertのどれを使うのかによって意味が変わる。言うべき内容を正確に表す語を、英英辞典などを参照して選択したい。

② Clarity（明確さ）

≪文書レベル≫
●文書全体の論理構成を練り意味の明確化を図る。英語の論理構成は、日本語のそれとは異なる。いわゆる「起承転結」型ではなく、逆ピラミッド型の構成、すなわち最初に目的を述べ、すぐに主題に入り、その後で事実、データ、引用などの支持材料を使って主題を展開するという構成にする。

≪センテンス・レベル≫
●個々の文章のレベルでは、抽象的な語句、あいまいな表現、2つの意味にと

れる表現、修飾する語とされる語の関係が分かりにくい表現などを排除する。

　Mr. Brown is nice but Mr. Smith is awful. （ブラウン氏はよい人だがスミス氏はひどい。）

という文では nice や awful という抽象的なことばを使っているが、読者にはどういう意味で nice なのか、awful なのか明らかではない。そこで

　Mr. Brown is honest, but Mr. Smith is dishonest. （ブラウン氏は誠実だが、スミス氏は不誠実だ。）

のように、より具体的な表現を使うようにする。

● 修飾する語と、される語の関係にも工夫が必要である。

　Our computer systems for customer data developed last year already need to be updated. （昨年開発された顧客データ用コンピューターシステムは新しくする必要がある。）

という文では、昨年開発されたのが computer system なのか customer data なのかが分からない。そこで developed last year の位置を工夫して

　Our computer systems developed last year for customer data already need to be updated.

のように昨年開発されたのが computer system であることを明確にする。

● また1つの文章には1つのアイデアだけを入れるようにする。2つ以上の互いにあまり関係のないアイデアを同じ文に入れると、読み手は何らかの関係があるものと考えて読むので、混乱が生じる。

● しかし2つ以上のアイデアが相互に関係し合い、かつその関係が緊密なときは、相互関係を明確に表す工夫をした上でそれらのアイデアを1つの文に入れる。アイデアの重要度が同じで、順接ならば and などの、逆説ならば but などの接続詞を使って重文にする。しかし2つのアイデアの重要度が同じでないときは、主要なアイデアを主節に、支援するアイデアを従属節に入れ、接続詞を工夫して相互関係を明確にする。たとえば、次の文では2つのアイデアの重要度は、同じではない。

　We were unable to find a qualified project leader, and the project was

delayed.（リーダーに適任者を得られなかったので、プロジェクトは遅れた。）
そこで、主要なアイデアを主節に、支援するアイデアを従属節に入れて、

Because we were unable to find a qualified project leader, the project was delayed.

とすると情報が有機的につながり、表現内容が明確になる。
● 統一された文法形式も明確さのために重要である。

If you want to discuss this issue with the management in time, a meeting should be held immediately.（手遅れにならないうちにこの問題を経営陣と話したければ、会議を直ちに開くべきだ。）

という文章では、If 以下の従属節の主語は you であるが、主節に入ると主語が a meeting にシフトしている。また If 節は能動態だが、主節は受動態にシフトしている。このような短い文だと読み手はあまり混乱しないが、文が長くなると混乱の原因となる。そこで文法形式を統一して、

If you want to discuss this issue with the management in time, you should hold a meeting immediately.

のようにすると形式が統一され、分かりやすく明確な文章になる。

この他に、受動態の多用やジャーゴンの使用は明確さを損なうものなので、できるだけ避けるようにしたい。ジャーゴンとは仲間内でのみ通用する隠語の類である。たとえばある会社の資金業務担当者が、「減価償却費」のことを depreciation ではなく、部内のジャーゴンである capital recovery ということばを使って書くと、部外者には理解しにくい不明確な文書となる。

③ Conciseness（簡潔さ）

ビジネスでは冗長な文書は禁物である。同じ内容であればできるだけ簡潔に書く。そのためには、何を書き、何を書かないかを吟味することが大事である。原則としては、読み手が知らなければならないことはすべて書き、読み手にとって今必要が無いことは書かないようにする。この取捨選択に力を注ぎたい。

レターを簡潔にするには、最初のパラグラフは特に短く書き、その後のパラ

グラフもなるべく短くする。パラグラフが長くなりそうなときは分割して短くする。また1つの文章も適切な長さに抑える。10〜20語ぐらいの長さが適切であろう。文章を簡潔にするには、長く難しい語や、重複する表現、冗長な表現、陳腐なきまり文句は避ける。古風な表現や大げさな表現も避け、現代的でなじみのある短いことばを使うようにしたい。意味が重複する表現は、どちらか一方だけにし、簡素化する。たとえば

　In our opinion, we think Mr. Smith is unreliable. （我々の意見ではスミス氏は信頼できない。）

では、in our opinion と we think が重複する。

　冗長な表現も避けたい。たとえば

　The reason why we would like to open an account with Mr. Brown is that he is reliable. （ブラウン氏と取引したい理由は、彼が信頼できるからである。）

という文章は冗長なので、because を使って

　We would like to open an account with Mr. Brown because he is reliable.

のように簡潔にする。

　　④　Courtesy（礼儀正しさ）

対外的なビジネスレターでは courtesy が必要であるが、これについては§3「ポライトネス（柔らかな表現）という戦略」を参考にされたい。

　　⑤　Consideration（思いやり）

最後に忘れてはならない大切な心構えは、読み手のことを大切に考え

consideration である。常に読み手への思いやりを忘れないようにしたい。具体的には、この章の最後のスキル・トレーニングを考えていただきたい。

2　ビジネス・スピーキング

　電話応対や接客などのオフィス業務には、即座に相手に対応できることが大事なので、その場面に適切なフレーズを確実に覚え、いつでも必要に応じて口から出せるように練習しておく必要がある。普段から必要な表現を、口を動かして練習し、いつでも反射的に言えるようにしておきたい。たとえば「電話をAさんにまわしますのでそのままお待ちください」と言いたいとき、その場でいちいち辞書や会話の本を広げていたのでは間に合わない。常日頃からビジネス英会話の本を参考にして、

　I'll put you through to Mr. Smith right away. Hold the line, please. （スミスさんにすぐおつなぎいたします。そのままお待ちください。）

などという文を練習しておき、本番では相手を待たせないで反応できるようにする。

　大勢の前でまとまった考えを話すプレゼンテーションやスピーチでは、それなりの「十分な準備」が必要である。聴衆の分析を事前に行い、そのニーズをつかみ、目的に応じて話しの構成を練り、事前に十分にリハーサルを行なう。間違えてはいけないデータなどは別として、スピーチ本体は重要ポイントを箇条書きにしたアウトライン・メモを参照しながら話すようにする。それにより自然な話し方と臨機応変な対応が可能となるからである。原稿の棒読みは不自然で退屈なスピーチにつながり、暗記によるスピーチは、ことばを忘れた場合にパニックに陥る危険性がある。また聴衆の反応を見ながらの臨機応変な対応も難しくなる。ぜひアウトライン・メモを活用したい。

　会議や交渉では、スピーチと異なり頼りにする原稿がないので、それだけ柔軟な英語力が必要となる。会議も広い意味での交渉と考えて話しを進める。

> 交渉では主に次のようなことが英語でできなければならない。
>
> - 相手に質問する
> - 質問に即答する
> - 仮に答える
> - 要求する
> - 全面的に同意する
> - 同意しない
> - 相手を非難する
> - 問題を先送りにする
> - 誤りを訂正する
> - 誤解を解く
> - 謝罪を受け入れる
> - 交渉を打ち切る
> - 質問を繰り返す
> - 即答を避ける
> - 最終的に答える
> - 要求を断る
> - 部分的に同意する
> - 相手の矛盾をつく
> - 相手の非難に対処する
> - 相手に決断を促す
> - 発言を訂正する
> - 謝罪する
> - 謝罪を拒否する
> - 交渉をまとめる

　交渉に当たる人は、円滑に、ポライトに、また必要に応じて厳しい表現でこれらのことをしなければならない。そのためには交渉の展開を予想し、可能性の高そうなケースをいくつか想定して、あらかじめ口に出してシミュレーションをしておくことが有益である。交渉の英語表現について信頼できる参考書を研究し、使えそうな表現を事前に頭に入れておきたい。さまざまに想定を変えてシミュレーションを行うことにより、非定型的な表現もしだいに即興的に使えるようになる。

3　リーディングとリスニングについて

　英語のリーディングの目的は何であろうか。学校の授業や個人の楽しみのために読む場合は、日本語に訳したり、文章を味わったり、ストーリーを楽しんだり、新しい知識を求めたりと、それこそさまざまな目的のために読むであろう。しかしビジネスにおけるリーディングの目的は主に情報を得ることにある。単に情報を得るだけでなく、その情報が自分のビジネスに対していかなる

意味を持つのかを考えながら読むであろう。

　このようなリーディングでは日本語に訳している時間的余裕はないので、英語のまま理解するほうがよい。これには語順どおりに理解する「直読直解」の練習が必要である。日本語に訳さずに英語を理解し、ポイントをつかみ、英語の情報を英語のまま頭に置いておき、必要に応じてスピーキングやライティングで使うのである。英字新聞、雑誌、専門誌などを「直読直解」で多読することによりこの能力を磨きたい。

　リスニングについても同じことが言える。リスニングで大事なのは、一字一句聴き取ることではなく、聞こえた順に英語を理解し、ポイントをつかむこと、また聞き取れたことばから前後の意味を理解し、全体の意味を推測することである。普段からこれらの点に気をつけて十分に練習を積みたい。リスニング練習をしないでリスニングが上達するはずがないからである。

4　意味伝達の大切さと語彙の増強について

　ビジネス英語では、意味の理解と伝達が何と言っても重要である。意味の理解には、音と文法と語彙の知識が必要であるが、とくに語彙は重要である。音と文法については、高校1年生程度の知識が身についていれば大体の場合十分であろう。しかし語彙の増強には最大限の努力を注ぎたい。一般の語彙は英字新聞がある程度無理なく読めるレベルを目指したい。しかし自分の仕事の守備範囲では、よく使われることばや重要な専門用語はすべて自分で使えるようにするぐらいの覚悟でのぞみたい。そのためには会社にファイルされている仕事関係の通信文や、専門誌、原書、海外の論文などを読み、覚えるべきことばをノートやカードに書き出しておく。その際、ことばの意味だけでなく、自分で活用できるように前後関係や例文も書き出しておき、また十分に音読して、耳や舌の筋肉にも記憶を残すようにしたい。その上でいつでも取り出せるようによく整理しておくとよい。もちろん仕事関係だけでなく、自分の好きな作家の作品、興味ある分野の本や雑誌、推理小説や新聞などを読むのも、英語に親し

み、語彙を増やし、また英語のセンスを磨くためにたいへん有効な方法である。

ビジネスの専門用語を勉強するときには、単にことばの字面を覚えるのではなく、それが内包する概念や、その背景にある制度などを理解することが大事である。たとえば貿易取引における Letter of Credit であれば、ただ「信用状」と覚えるだけでなく、その背後にある決済の仕組みを、商品、書類の流れ、そして債権債務の関係と共に理解する必要がある。同様に、たとえばコーポレート・ファイナンスにおける用語である discounted cash flow (DCF) を「割引キャッシュフロー」とだけ理解したのでは不十分で、その背後にある「時間」と「リスク」と「資産価値」に関わる一連の考え方を合わせて理解する必要がある。

5　各種英語検定試験について

英検、TOEIC、商業英語検定などの各種英語検定試験を上手に利用すると、学習の目標が立てやすく、達成度を測る上でも便利である。資格の取得にもつながるので、付録の表を参考に挑戦していただきたい。

≪スキル・トレーニング 2≫　　ビジネスレターにおける consideration（思いやり）

次の例は求職者に対する不採用の通知であるが、読み手よりも書き手中心の文章になっている。

Although we have carefully evaluated your application for the position, we regret to inform you that we will not accept you for the position. We are very sorry that we could not produce a favorable result. We thank you for the trouble you took and for the interest in this company.

このままでは読み手にとって悪いニュースが直接的に示されていて、相手に対する思いやりに欠ける。そこで相手の気持ちを大事にしてこれを次のように

書き直したい。(　　)内に最も適切なことばを下の語群から選びなさい。

(1　　) for sending us your application. We were quite (2　　) with your background and qualification. At the moment, however, we have no suitable vacancies in our sales department. This situation may change in the near future, and for this reason, we would like to (3　　) your resume in our (4　　) file so that it will be (5　　) again when an opening does occur in the department.

(a) Sorry　(b) Thank you　(c) impressed　(d) disappointed
(e) return　(f) keep　(g) active　(h) old　(i) changed
(j) reviewed

スキル・トレーニングの解説

《スキル・トレーニング1》　　　　　　　　　　　　　　(193頁)

1．無口であることはポライトネスに欠ける。2．ファーストネームで呼んでほしいと言う相手をいつまでも敬称をつけて呼んでいる。3．自分の意見を言わない。

《スキル・トレーニング2》　　　　　　　　　　　　　　(202頁)

相手への思いやりをもって2つ目の例のように書きかえると、同じ断りの手紙であっても、読み手にとってはずっと感じの良いものとなる。このように、自分を中心にするのではなく、読み手のことを頭の中心において書くことが大事である。
　正解：1-b、2-c、3-f、4-g、5-j

参考文献

Canale, M. and M. Swain [1980] *Theoretical bases of communicative approaches to second language and testing,* Applied Linguistics 1, pp. 1-14, Praeger.
Ellis, M. and C. Johnson [1994] *Teaching Business English,* Oxford University Press.
Leech [1983] *Principles of Pragmatics,* Longman Group Limited.
McCrum, R., Cran, W., and MacNeil, R. [1987] *The Story of English,* Penguin Books, Ltd.
井洋次郎・マッカーシー、V. R. [2001]『ビジネス交渉の英語』ジャパンタイムズ。
信達郎・井洋次郎『オフィスの英会話』[1999]ジャパンタイムズ。
羽田三郎・島弘祐 [1995]『貿易の英語』第2版、森北出版。
船橋洋一 [2000]『あえて英語公用語論』文藝春秋。
馬越恵美子 [2000]『異文化経営論の展開』学文社。
吉原英樹、岡部曜子、澤木聖子 [2001]『英語で経営する時代』有斐閣。
渡部昇一 [1988]『英語の歴史』第5版、大修館。

付　主用英語検定試験一覧

名称	レベル分け	内容	特徴
実用英語技能検定(英検)	1、準1、2、準2、3、4、5級	1次(筆記) 2次(面接)	話す力を含む英語能力の総合的な検定テスト。準1級以上の英語力は高く評価されている。
TOEIC	10点～990点	リスニング リーディング	海外派遣、昇進、採用などに企業が重視。ナチュラルスピードのリスニングが特徴。面接はない。
TOEFL	10～300(CBT) 310～677 (ペーパー)	リスニング 文法 リーディング ライティング	アメリカ・カナダへの留学に必要。現在コンピュータ受験(CBT)とペーパー受験が可能。
商業英語検定	A、B、C、Dクラス	1次(筆記) 2次(Aクラスのみ口述)	貿易実務に沿った内容。プロを目指すならBクラス以上。
国連英検	特A、A、B、C、D、E級	1次(筆記) 2次(面接、B級以上)	時事問題の出題が多い。B級以上を企業は評価。
オーラルコミュニケーション検定(SITE)	A、B、C、D、Eレベル	フリートーキングおよびロールプレー	ロールプレーでは与えられた状況でのコミュニケーション能力をみる。ビデオに録画して評価。
通訳案内業(ガイド試験)	合格・不合格のみで、レベルなし	1次(筆記) 2次(面接) 3次(一般常識)	ガイド資格用国家試験。語学力以外に適性、日本の知識、幅広い一般常識が試される。難関で有名。

第8章

進化する企業の対外コミュニケーション

> 我々の第三の責任は、我々が生活し、働いている
> 地域社会、更には全世界の共同社会に対するものである。
> (ジョンソン・エンド・ジョンソン社、"Our Credo"より)

§1 企業を取り巻く広報環境の変化

1 企業にとり利害関係者とは

　企業に限らず病院、公的機関、大学、病院、宗教団体など営利、非営利組織のいかんを問わず、利害関係者の対応は重要な課題である。利害関係者(Interested Party)とは、組織に利害を持つ個人、集団の総称で極めて広い概念であ

る。社員、取引先、顧客、労働組合、株主、消費者は、組織の内外、ないしはその接点にいて利害を共有していることからその典型的な例である。

それ以外に、企業に融資を行っている銀行などの金融機関も、また、企業へ資本を提供している株主も利害関係者である。利害関係者と言うと、なにかそれ自体単独で存在しているような印象を受けるかもしれないが、利害そのものも相互にまた縦横に関連するもので、けっして独立して存在するものではない。むしろ、従業員、顧客とかいった区分けは、あくまで便宜的なものと考えた方がよいのではないだろうか。

なぜならば、利害関係はどの角度で観察するかにより、その姿も微妙に変化しそれ自体が複雑な性格を帯びているからである。それぞれが果たす役割や機能が、けっして一面的に測り得ないのと同じである。オフィスでは役職社員として部下に接し、得意先には極めて厳格な購買部長として、趣味の世界では寡黙なアマチュア有段の棋士、家庭ではうって変わって明るい父親。このような顔をもつ人の例はきわめて多く、利害関係にはこれと似た側面がある。また、このように利害関係は相互にからみあっているため、そのためのコミュニケーションも当然複雑になる。

多くの顔をもつ オフィス・ワーカー
OFFICE WORKER

2 利害関係とは何か

企業で働く従業員も、もし自社の株式を所有していれば株主でもあり、また、自社製品をマーケットで買えば消費者として企業活動に利害関係を持っていることになる。従業員兼株主であれば、企業に雇用されている被雇用者としての身分と、たとえ形式的とは言えその企業に対してオーナー、雇用者の身分を兼ねるため、相反する役割を同時に果たすことになる。さらに、極端に考え

れば、自分が働く工場で作った製品を買い、それを使用して怪我を負い自社を訴えることも理論上はまったく想定できないわけではない。

　また、利害関係の力点も組織により、その性格も微妙に異なるものと言えよう。市役所、区役所などの地方公共団体では、地域への人々へのサービスが、また、病院などでは訪れる患者への対応がメインとなる。大学などの教育機関も教育というサービスを提供するため、学生やその保護者は授業料を払い授業を受ける点においては受益者でもあり利害関係者でもある。

　利害(interest)とよく似た概念にステーク(stake)という概念がある。よく、ステーク・ホールダーなどと使われるが、これは、同じ利害でもやや意味が限定され、株、債券など投資がらみの利害を言う。そのことからステーク・ホールダーは、企業などへの投資家を指して言う場合が多い。利害関係者にはそれぞれの利害に適応したコミュニケーションが必要で、社内で働く人たちには社内報、商品やサービスを買ってくれる顧客にはマーケティングの一環としてのコマーシャル(宣伝、販促)、投資家には事業報告書、それに大衆に向けてはパブリックリ・レーションを通じてコミュニケーションがなされるのである。と

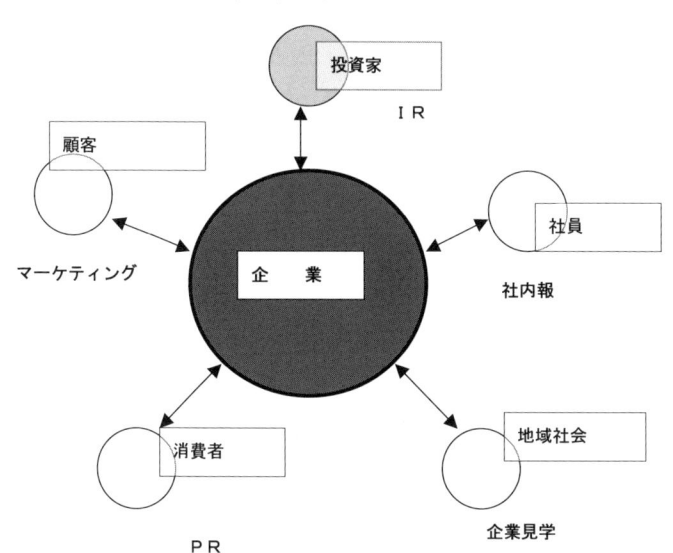

図8-2　企業を取り巻くコミュニケーション

くに、市場からの直接資金を調達することがメインで、そのため投資家保護の思想の強いアメリカでは、投資家へ配布する事業報告書に相当するアニュアル・レポートはビジュアル性にも情報の開示性にも優れていると言われている。

　組織がその利害関係者をその対応する関係で見れば、顧客へはコマーシャル・リレーション、投資家にはインベスター・リレーション、社会へはパブリックリ・リレーションを通じてコミュニケーションがなされていると言えよう。むろん、情報の進化、IT化が進めば、それに相応してコミュニケーションの速度や相互参加度(interaction)が高まり、この関係は微妙に変化すると思われるが、利害関係のもつ重要性は不変で、そのためのコミュニケーションは質・量ともに重要度はさらに増す傾向にある。

コンセプト・クエッション1

　企業を取り巻く利害関係者にはどのようなコミュニケーションが求められるだろうか。

§2　コーポレート・コミュニケーションからの観察

1　広報の役割——利害衝突のショック・アブソーバー

　コーポレート・コミュニケーション(corporate communication)は企業を取り巻く環境でのコミュニケーションを広く指していう概念であるが、そのなかでもパブリック・リレーションズ(Public Relations)は最も代表的なものである。

　その頭文字を訳してピーアール(PR)と呼ばれることが多く、俗にピーアールとコマーシャルを混同し、広告や宣伝と同義に使われることが多い。が、ピーアールはあくまで無償で本来が社会に向けた企業側のメッセージを伝える広報活動である点で、有償かつ潜在的な顧客を対象にするコマーシャルとは性格

の異なるものである[1]。とはいえ、ともに企業からメッセージを発している点では共通した概念である。

　ピーアールの歴史は古く、アメリカではすでに3代大統領のジェファソンが世論の政治性に着目し発案したとも言われている。20世紀にはいると、アイビー・リー(Ivy Lee)という人物が大衆にとり有益な情報はニュース機関に流すべきとする「開示性」を訴え、広報の基礎を作ったと言われる。企業に限らず、組織のすべては外部からは本来不透明な面が多く、その理解を求めるには情報を外部へ公表する「自己開示」は重要である。コミュニケーションの理論に「ジョハリの窓」と呼ばれる概念がある。これは、自己を理解してもらうには、まず自分の情報を他人に開示する必要があると説くもので、自己開示の窓は広ければそれだけ相手から期待される理解の量は増える[2]。この論理は、個人ばかりではなく企業にとっても当てはまる。

　ピーアールを類型的にみると、①社内や組織内に働く人たちに向けてのものと、②社外に向けた公共的な性格に大別できる。前者の代表例としては社内PR誌(社内報)がある。後者の社会に向けて発信する広報活動には、新聞・放送、社外向けの広報誌などのほかに、企業がスポンサーになってのシンポジウム、講演会、一日所長、職場の公開、展示会、招待会などさまざまな催しやイベント企画がある。

　最近では、インターネットの普及や、IT化の進化に対応して、参加者との直接対話を重視するインターアクティブなものが多くなっている。そのメリットとしては、即時性に優れることから企業側の自己評価が瞬時に反映され、企業イメージがスピーディーに改良できることが挙げられる。

　だが、情報発信、受信の方法に違いこそあれ、企業側で情報を公開し、また広く意見を求めることで、より一層の理解をもとめる姿勢に違いはなく、また違いがあってはならない。どんな組織もそれ自体は孤立して存在するわけではなく、あくまでも社会の中の一構成要素である。そうである限り、つい閉鎖的

---

[1] 藤江[2000] 20頁。
[2] 宮原[2000] 86頁。

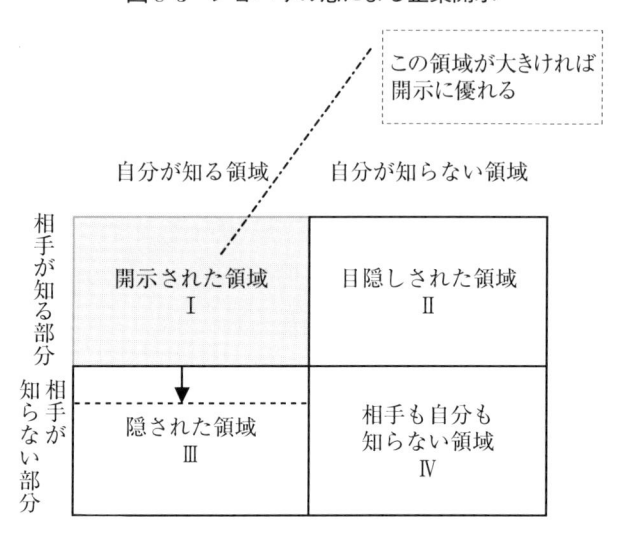

図8-3 ジョハリの窓による企業開示

```
                           この領域が大きければ
                           開示に優れる

           自分が知る領域    自分が知らない領域

相  相
手  手
が  が   開示された領域    目隠しされた領域
知  知        Ⅰ              Ⅱ
る  る
部  部
分  分

相  相
手  手
が  が   隠された領域     相手も自分も
知  知        Ⅲ         知らない領域
ら  ら                        Ⅳ
な  な
い  い
部  部
分  分
```

に陥りやすい組織の体質を改善し、不要な偏見、あやまった認識を是正すると同時に、より一層の社会的な理解を創り上げる意識が求められる。

その背景には、売り手市場から買い手市場への移行、社会の多様化などの時代的な背景があげられる。かつて物が不足した時代では、機能を優先し個人の好みは二次的にすぎないかった。自動車であれば満足に動けばよく、きめ細かいユーザーの嗜好はそれほど重視されなかった。しかし、物が十分に行き届かなかった時代はとうに終わり、社会の軸は大衆から個人へその対象が移り、マーケティング活動や、コミュニケーション活動の対応も進化した。いわゆる大衆から個人へのきめ細かい対応が求められる時代が到来したのである。人々は、社会が成熟する段階を迎え、より高度な自己実現を求め始めたのである。企業側にしても、新規の顧客を獲得するより、既存の客にきめ細かいサービスを提供したほうがコスト的に優れるというリレーションを重視する意識が強くなっている事実も見逃せない。ITの進化により、いままで以上に技術的にカスタマー・コミュニケーションが可能になったと同時に、企業側でもますます個々の声に対する積極的対応が求められるようになったのである。

2　コミュニケーション能力の日米格差

ケース1　武器としてのコミュニケーション

　昨今では個人の権利志向がことに強まり、欠陥製品への批判も高まりを見せている。ある日本のタイヤメーカーの米国子会社がからんだ欠陥タイヤ事件が紙面をにぎわせた。日本企業側の現地の対応と、そのタイヤを採用している自動車メーカーとのコミュニケーション能力には雲泥の差が認められたことは記憶に新しい。この事件は、そのメーカー1社の問題だけではなく、日本企業のコミュニケーション能力全般に言えることである。

　むろん、欠陥品などは決して容認できないものの、広報は、いまや企業イメージや理念を普段から高め、万一の事態に遭遇したときに世論の理解を味方にするという効果がある。これは、たんに保全的な機能ばかりではなく企業としての戦略的な行為でもある。環境問題、人権問題など昨今企業を取り巻く問題は多く、そのためにも広報をうしろ向きなもの、たんなる危機意識に触発されたものとしてとらえるのではなく、企業の経営戦略の一翼を担う重要な仕事として見なすべきではないだろうか。

ケース2　べた誉め一点張りの推薦書 vs. 短所も語る推薦書

　幼少の頃より人前で自分の意見を言い、人の意見に耳を傾け、ディベートにより相手を説得する技術を磨き、人前でスピーチをする訓練を受ける文化風土、詳しく職務内容を記入し自分を売り込む道具として履歴書を書き、相手の長所も短所も述べる米国式推薦書。人前での対話を不得手とし、短ければ短い程良いとする履歴書、それにべたほめ一点張りの推薦書がいまだにまかりとおる日本の社会とでは、あまりにもコミュニケーションの基礎的条件に格差がありすぎることは否定できない。

ケース3　大統領に手紙を

　アメリカでは市民が大統領に手紙を書いて、その返事も期待できるが、総理大臣への手紙はどこに宛てたらよいのかとの外国人の質問にある日本人ビジネスマンが答えに窮したというエピソードがある。根底には、納税者が市民として、大統領であれ長官であれ誰に対してもコミュニケーションを図るのは当然の権利、また、それに応えるのも当然の義務とする広報に対する基本的な理念の違いが厳として存在するからである。むろん、インターネットが普及した現在では社会への窓が開かれていて上述したエピソードにやや隔世の感があるが、広報に対する認識、一般市民、地域社会住民との内外コミュニケーションに対する意識格差は依然として存在する。これは、電話料や通信のインフラ不備だけで片づけられる問題ではなく、対話そのものがいかに大切かという文化的かつ社会的認識の差としか言いようがないものでもある。
　そのギャップを埋めるには、その格差そのものをまず直視することから始めなければならない。たんに形式的にまねるだけでは、文字通り仏作って魂入れずになってしまいかねないからである。

コンセプト・クエッション2

（問）　PRとコマーシャルとはどのように違うのだろうか。

§3　20世紀のPRから21世紀のIRへ

　IRとはInvestor Relationsの頭文字を略したもので、直訳すれば「投資者関係」であるが、PRと同様、IRと略語での使用が定着している。PR（広報）がその対象を一般大衆にするのに対して、IRは投資家、とくに株主を対象にしているものである。その目的は、企業の財務データや理念を開示し、投資家とのコミュニケーションを図る点に狙いがある。

1　IRの時代的背景

　もともと、アメリカでは直に市場から資金を調達する手法、すなわち直接金融が伝統的に主流で、日本に見られる銀行から融資を受ける間接金融はむしろ補助的にとどまるといった社会事情がある。英国の伝統を受け継いだとは言え、建国以来比較的に歴史が浅く、しかも急速に進む産業の振興は巨額の資金を必要とし多くが株式や社債の発行で資金をまかなったと言われている。とくに、大陸鉄道を敷設するには巨額の資金を必要とし、全米から投資家を募る必要があった。そのため、ウォール街に代表される債券市場、株式市場は急速かつ大規模に発達した。そのため、直接金融の手段である社債や株式を仲介する投資銀行業(日本の証券会社に相応)も高度に発達した。日本では銀行というと預金業務を扱うだけを商業銀行を連想するのと対照的なものがある。

　そのため、投資家が社債や株式を購入するための尺度となる格付け(rating)もかなり初期の段階で生まれた。アメリカには、最も老舗の格付け機関(rating agency)にムーディーズ(Moody's Investors Service)、スタンダード・アンド・プア(Standard & Poor's)、それにフィッチ(Fitch)がある。とくに、ムーディーズ社はその歴史は古く、1900年にジョン・ムーディーにより設立され、鉄道債券の格付けサービスを1909年に開始している。スタンダード・アンド・プア社は、創業者のヘンリー・バーナム・プアがムーディーズ社より先立つ1860年に米国初の本格的経営分析書『アメリカ鉄道運河史』を著し、実際の格付け業務は遅れて1916年に開始している[3]。

　とくに、1929年にウォール街を震源とした大恐慌はアメリカ経済に壊滅的な影響を与え、その余波で多くの企業が姿を消したものの、優良な格付けを得ていた企業の多くが破綻をまぬがれ、格付け機関の存在があらためて脚光を浴びることになった。日本に本格的な格付け機関が誕生したのは1974年であることからいかに投資家へのサービス提供が進んでいたかがうかがえる。このような金融事情は、同時に企業、とくに上場企業(public company)に対して法的

---
[3] 板東[1998] 97頁。

表 8-1　格付けの種類

	スタンダード＆プア社の(長期)格付け	ムーディーズ社の(長期)格付け
投資適格格付け	AAA〜A-まで 7段階	Aaaa〜A3まで 7段階
	BBB+〜BBB-まで 3段階	Baaa1〜Baa3まで 3段階
投機的格付け	BB+〜B-まで 6段階	Ba1〜B3まで 6段階
	CCC+〜Cまで 5段階	Caa1〜Cまで 5段階
	D	

にも、自主的にも投資家への情報提供とコミュニケーションの重要性に目を向けることになった。

　企業にとりその商品やサービスを売ることは生命線である。なぜならば、売上こそ利益の源泉であるからだ。そのためには、質の良い製品やサービスを提供することと同時に、市場へ働きかけ顧客を獲得するマーケティングは欠かせない事業行為である。もし、顧客との関係がカスタマー・リレーションであれば、投資家との関係(IR)はさしずめ投資家向けのマーケティングともいえるもので、コーポレート・コミュニケーションの一環でもある。また、株主の意見を吸い上げることから、企業統治(コーポレート・ガバナンス)を側面より補佐する行為でもある。とくに株主を企業の所有者とみるアメリカではIR活動は活発である。

2　日本でのIR事情

　最近になり、日本でIRに関心がもたれるようになった背景には、①金融事情の変化による投資家へのコミュニケーションの再認識、②IT関連のベンチャー企業の誕生、③個人投資家の育成などがあげられる。

（1） 金融事情の変化

　日本は長く規制されてきた社会と言われている。戦後の復興は政府がリードし特定産業育成を重点的に行い、同時に、銀行貸し出しによる間接金融体制を育て上げた。その間、旧財閥を中心とする企業の系列化は進み、メインバンクを中心に親しいグループで株を持ち合う、いわゆる系列による株式の持ち合いが進んだ。そのため、企業にとり、メイン・バンクや大株主に情報を提供しコミュニケーションをはかるあまり、一般投資家に向けた積極的なコミュニケーションは総じて省みられなかった。だが、バブル崩壊後、今までの間接金融を中心とした時代から直接金融時代へと移行し金融市場への情報提供、投資家へのコミュニケーションが重要になってきた。

（2） 産業構造の変化

　これまでの産業で主役を演じたオールド・エコノミーがその地位を、エレクトロニクスやIT関連のベンチャーなどのニュー・エコノミー産業に明け渡し始めたのである。また、日本版ナスダック、マザーズなどのベンチャー向けの店頭株式市場がようやく整備され、歴史も、これといった資産もないこれら若いベンチャー企業にとっては将来を占う経営者の頭脳、発想力だけが資産であるため投資家へのコミュニケーションは戦略的にきわめて重要な役割を演ずる。そのため、ベンチャー企業が積極的に投資家向けコミュニケーションであるIR活動を盛んに行い始めたのである。

（3） 個人投資家の育成

　戦後日本社会を律してきた規制社会からマーケットが支配する規制のない時代に移行するに従い、今まで絶対安全と思われた銀行神話が崩れ始め、銀行預金から多少のリスクはあってもより儲かる投資信託へ、株式市場へと資金が動き始めた。いわゆる資金運用の多様化時代の到来である。小学校から株式ゲームを授業のなかで子供たちが楽しみ、個人資産のかなりの部分を債券や株式で運用されるアメリカとは比べようもないが、リスクがあっても資産は自分の手

で運用する、その見返りに判断材料を積極的に提供してもらうという本格的IR時代が日本でも到来しつつあることは確かなようだ。

コンセプト・クエッション3

IRとは何の略語で、なぜ必要とされるのだろうか。

3 IR活動の具体例

投資家とのコミュニケーション(企業説明会、決算説明会など)の媒体例としては、①アニュアル・レポート、事業報告書、②会社案内、③ビデオなどの資料、④ウェブサイト、などがある[4]。

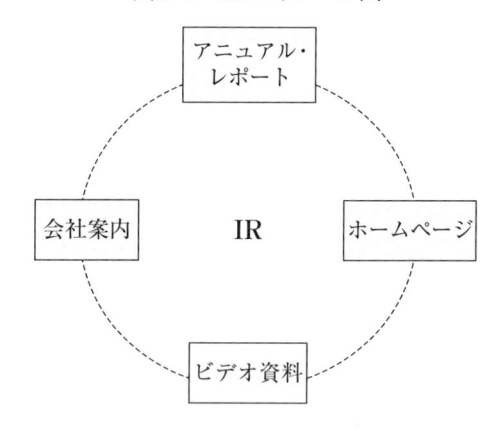

図8-4 IRのイメージ図

(1) アニュアル・レポート(Annual Report)

日本語で「年次報告書」と言われているもので、もともとはアメリカの上場企業が法規(10-K)に基づいて作成する詳細な財務資料と事業計画の合体した

---

[4] 藤江［2000］63頁。

もので、過去数年の経過報告と将来の計画をうたってある。詳細な財務データは監査報告書が添付されていて、財務諸表(Financial Statements)は通常FASB(Financial Accounting Standards Board)と呼ばれる会計ルールに基づいて作成される。

日本では「事業報告書」がアニュアル・レポートに相当すると言われているが、事業報告書がどちらかというと法規に従っただけの、形式がほぼ統一された地味な内容に終始するものである反面、投資家向けのアメリカ版アニュアル・レポートは体裁、読みやすさ、カラフルさではコミュニケーション・ツールとしてはきわめて優れたものが多い。最近では、日本企業も事業の国際化に呼応して英文アニュアル・レポートを作成する企業は多いが、日本の会計基準で作られたものは、読みやすさなど総合的なコミュニケーションとしては改善の余地が残されているようである。さもなければ難解で無味乾燥な財務データを分かりやすく加工し、読者に読ませ、企業の理念を企業のオーナーである株主に分からせるかという点で日米のコミュニケーション技術に格差があるからではないだろうか。

(2) 会社案内

会社案内は企業版履歴書ともいえるもので、設立、事業の内容、役員一覧、取引先、取引銀行などがほぼ共通した形式で羅列されているパンフレットである。しかし、日本企業の多くはこの会社案内を事業報告書についでIRの手段として位置付けている。会社案内は総合的な企業情報であり、はたして投資家向けにどれほど役立つかには疑問の余地があるが、日本企業が一覧形式で取り扱う商品や、サービス、企業理念などを総括的に伝える伝統的な広報媒体には違いがない。

(3) ビデオなどの資料

既存のデータをさらにアナリスト向け、投資家向けに数値や財務データ的に補足し、かつ過年度にわたり説明する資料である。最近では、マルチメディア

時代を反映し、アニュアル・レポート本体もビデオやCD版のものがかなり普及しよりビジュアル的な内容になってきている。

しかし、株価とは業績を反映すべきもので、その姿は基本はありのままのデータを評価側に知ってもらう必要がある。しばしば、データ不足や情報不足で思惑が先行し本来の株価から離れて市場が反応することがあり、プレスリリースと同様に、ファクトブックと呼ばれる説明資料やそのビデオ版はアニュアル・レポートを補足しよりきめの細かいコミュニケーションを図るためのものといえよう。

（4） ウェブサイト

インターネット、携帯電話の普及により最近ではウェブサイトの活用が重要なIR活動の媒体となってきている。なんといっても、印刷物と違い、最新のデータが提供でき、音声などに加え、企業側への意見や質問をぶつけることができる。そのなかで、もっとも注目すべきは、インターラクティブ(双方向性)に優れていることである。そこを訪れれば最新のデータが手に入るだけでなく、企業としてもインターラクティブな特性を生かして適宜アンケートをとることも可能である。ウェブサイト特有の即時性は、株価との連動性、影響度が強く、その点では他の媒体には見られない時差的優位性がある。

§4 投資家とのコミュニケーションはなぜ必要か

1 求められる開示能力

企業側の情報提供には、おおざっぱにわけて、法規上必要な情報開示と任意による情報開示がある。しかし、商法などの法規に基づく旧来の年次決算報告では1年間の事業内容の捕捉はできても、刻々と変化する企業の実体を伝えるには時差がありすぎる。また、財務資料のどれをみても、それはあくまで結果

を示すものであって、将来の予測は、利益の源泉となる経営者、社員の資質を見なければ、経営者の声を聞かなければ理解できるものではない。要するに、財務諸表の背後にある経営者のリソースとその理念を理解しないことには、企業の真の姿はつかめないのである。企業側の任意の開示とは、これらの声を投資家向けに発信することでもある。

（1） 美辞麗句では意味がない

　また、情報の開示は人の持つ微妙な心理にも深く関係する。どんなに仲の良い友人でも沈黙の状態が長く続けば疑心暗鬼にかられ、消息を知りたい心境にかられるのは無理からぬものである。これと全く同じ理由から、投資先の企業からの情報提供は、その内容の如何を問わずやはり心休まるものである。不信感とは情報の内容もさることながら、それ以上に情報が遮断されたときに生まれるものである。株主を始め投資家のすべては企業という船の操縦を経営陣という船長、航海士に委ねているのである。航海に嵐や海難がつきものと同様に、企業経営もすべてが順調に進むとは限らない。投資家が望むことはいいことずくめのニュースではなく、ときには海難への警告である。むしろ、悪いニュースを聞くことにより経営者の誠意、危機管理能力に接することができ、ひいては企業の信頼度は高まるというものである[5]。

（2） IRが導く株価の適正評価

　もう1つ重要なIRの機能は、株価の適正評価への誘導である。よくマスコミに広告の出る企業は知名度が高いといわれる。逆に、どんな優良企業であっても、極めて一般的な知名度が低い企業もある。どんな美人もマスクをつけていればその美しさはわからない。投資家が知りたいと思うことは素顔の企業像であり、IR、広報はそのために存在であるといっても過言ではない。えてして日本人は、仏教的な価値観からか、よい製品を作りよいサービスを提供すれ

---

[5] 甲斐[2001] 17頁。

ば必ず世間は分かってくれるという性善説的な文化思想が根底にあるため積極的な情報開示にはうとい国民性がある。だが、やはり、情報を発信しない限り企業の実体は理解できるはずもなく結果的に株価も不当に低く評価されてしまいかねない。いわば、コミュニケーション不足、情報不足のため株価が適正に評価されないという現象が起こるのである。それでは、せっかくの経営努力も報われないばかりでなく、経営者としての資質にも劣ることになる。

（3） 継続したメッセージの発信

そのためには、定期的に投資家が必要とする情報プラス企業の理念を継続的に伝えることが必要である。要するに、あなたの企業の過去現在はこうであり、将来はこういう理念と方針で企業価値を高め、預かっている資本である株式の価値はこう高めていきますよというメッセージを明確に伝えなければ経営者としての責任が問われる。むろん、証券アナリストのような企業分析のプロと、個人投資家では受け取る情報の関心度に違いがある。前者は、詳細な財務データを、後者には分かりやすいメッセージと情報というようにである。だが、伝える内容とメッセージの精神はともに同じある。

2　コーポレート・ガバナンスのための情報提供

企業は誰が所有するか。この問いは単純そうでいて、その実はいたって複雑である。株式会社を語るには大きく分けて、コンチネンタル（ヨーロッパ）型と、アングロアメリカン（英米）型に分かれると言われる[6]。

コンチネンタル型は、企業の実質を従業員、取引先、金融機関、組合などの利害関係者に求め、事実上代表権を与えられた取締役が経営の指揮をとる。本来の所有者である株主の権利は事実上制約されるというファジーでかつ極めてウエットな組織である。そこでは、企業は誰によって監督され、統治されてい

---

[6] 甲斐［2001］24頁。

るのかかなり曖昧な構造となる。そこでは、株主の利益が必ずしも優先されないことから、株価を高めることが必ずしも企業としての最優先課題ではなく、投資家へのコミュニケーション(IR)にはあまり関心が払われない。

　その対極にあるのが、アングロ・アメリカンの制度で、株主を事実上のオーナーとして最優先し、経営者はボード(取締役会)により任命をうけ経営の指揮を担当し、一般社員は単なる労働の提供者にすぎない。取引先や金融機関との関係にまでさかのぼって組織を考えることはない単純明解かつドライな構造である。企業を統治するのは、株主より委託を受けた取締役会である。取締役の過半数は、非常勤の事実上株主の利益代表者である社外取締役であることからガバナンス(統治)は間接的に株主が行うといった色彩が強い。そのため、業績不振により株価が低迷し、その理由で経営のトップが解任されることも珍しくはない。逆に、業績がよく株価が上昇すれば、それに連動する成功報酬(ストックオプション)も巨額になる。英米型の経営者は、あくまでも経営を任されたプロ。オーナーから店(経営)を任され売上が伸びなければ即刻解任、利益を上げれば報酬も増えるという極めて成功報酬型、信賞必罰型の構成になっている。

表 8-2　企業のオーナーシップに対する伝統的価値観

	企業のオーナー	IR 活動
アングロアメリカン型(英米)	株　　主	高
コンチネンタル型(欧州)	株主のみならず従業員、取引先などの利害関係者	低

　英米型の経営では、株主利益が最優先される。そのための情報開示、コミュニケーションは極めて重要であり、IR 活動は重要な戦略となる。現に、株主通知に関しても IR にはかなりの格差があり、ある日本の代表的な通信会社が株主に送った総会招集通知は、わずかに 5 ページ。アメリカを代表するゼネラル・エレクトリック社のそれは、46 ページで、しかも、役員についての詳細

な経歴書、ボーナス、ストックオプションを含むデータが満載されている[7]。IR部門に有能な専門スタッフを配備し、そのための広報予算にも相当な額を割り当てる理由もうなずけるものがある。

> **コンセプト・クエッション 4**
>
> IRにはどのような種類があるだろうか。

3　企業にとりコミュニケーションはどうあるべきか

　対外コミュニケーションと一口に言っても、その根は深く、たんに現象面だけを改善すればすべてが良くなるという単純な論理構造をもつものではない。IRに限らず、企業にとりコミュニケーション活動は社会の文化、慣習、歴史に深く根ざしている。高いコンテクストをもつと言われる日本の社会構造と、原則として移民からなりさまざまな価値観、宗教的色彩を帯びているアメリカのそれとでは、コミュニケーションのスタイルも違い、企業や組織の利害関係者に対する取り組みもまた異なる。このように、社会的なインフラの違いを無視して、急に株主至上主義のアメリカ型IRに移行するには無理がある。だが、日本企業のコミュニケーションがこのままで良いはずはない。

　地球がますます狭く、異文化への理解や適応は今後の企業活動にとりきわめて重要な課題となっていることは明白である。よく日本企業の国際化について喧伝された姿を耳にするが、国際化したのは日本製品であり肝心な日本人は決して国際化しているとは思えない。世界各地で見られる日本製の商品が織りなす虚像を見て、その実像と錯覚することは許されない。また、今後、世界がビジネスを含め総じて標準化されていく時代にあって日本企業も投資家向けコミュニケーションにおいても互換性が求められているのもまた真実である。

---

[7] 日経ビジネス［2001］50頁。

コンセプト・クエッションの解説

コンセプト・クエッション 1　　　　　　　　　　　　　　(210頁)

　社員など企業内の利害関係者には社内報、社外の顧客にはマーケティング、銀行、証券会社、投資家などの金融利害関係者にはアニュアル・レポートなど、社会全体には広報活動(広報)が考えられる。

コンセプト・クエッション 2　　　　　　　　　　　　　　(214頁)

　PR とは Public Relations の略で、広報のこと。広報は、本来無償で提供されるもの。コマーシャルは、テレビ・コマーシャルのように多くがアドバタイズメント(advertisement)と同義で用いられ、広告代理店を経由し、放送局や新聞社に料金を払い有償で提供されるところに原則的な違いがある。

コンセプト・クエッション 3　　　　　　　　　　　　　　(218頁)

　IR は Investor Relations の頭文字の略である。IR は企業と投資家、とくに株主とのコミュニケーションを密にして、その関係改善を意図するものである。銀行融資による間接金融が支配的であった日本と違い、市場から資金を調達する必要度の強いアメリカでは IR への関心は高い。

コンセプト・クエッション 4　　　　　　　　　　　　　　(224頁)

　IR の具体例としては、1)アニュアル・レポート、事業報告書、2)会社案内、3)ファクトブック、ビデオなどの資料、4)ウェブページ、などがある。

参 考 文 献

伊丹敬之 [2000]『日本型コーポレートガバナンス』日本経済新聞社。
伊藤邦雄監修 [1999]『戦略的 IR、インベスター・リレーションズの理論と実践』同友館。
甲斐昌樹 [2001]『実践 IR マネジメント』ダイヤモンド社。
円下博文 [1999]『検証・社会貢献志向の潮流』同文舘。
板東恭一 [1998]『格付けと格付け機関のことがわかる本』二期出版。

藤江俊彦［2000］『価値創造のIR戦略』ダイヤモンド社。
宮原　哲［1998］『コミュニケーション最前線』松柏社。
『日経ビジネス』（2001年7月23日号）「株主総会通知に見る日米IR格差」（50頁）。
『日本経済新聞社』（2001年8月8日）。
日本インベスター・リレーションズ(IR)協議会「IR活動の実体調査」2000年5月。
CD版平凡社世界大百科事典。

第 9 章

コミュニケーション・ツールとしてのIT

私はこの時代を、情報化時代ではなく、コミュニケーションの時代だと考えている。
D. S. ポトラック & T. ピアース [2000] 『クリック & モルタル』

2000年頃から日本では、ITあるいはIT革命という言葉が盛んに使われている。IT(Information Technology、情報技術)とは、「情報」の処理や受発信に関わる「技術」のことである。具体的には、通信・放送・コンピュータのハードウェア、ソフトウェア、それらの提供に関わるサービスのことをいう。

最近のITを代表するものといえば、パソコン、モバイル機器(携帯電話・PHSなど)、インターネット(Eメール、ウェブなど)をあげることができる。本章では、携帯電話、Eメール、ウェブ(World Wide Web＝WWW)を利用したコミュニケーションについて考えてみよう。

§1　ITの便利さと弱点

1　携帯電話

（1）　利便性1：いつでも、どこでも

　携帯電話の普及のおかげで、電話は1世帯に1台から1人1台になりつつある。かつては、電話＝固定電話であったが、今では、電話＝携帯電話という人も増えている。そこで、固定電話と携帯電話の違いをコミュニケーション・ツールという観点から比較してみよう（まとめについては、表9-1を参照）。

　携帯電話は、従来の固定電話には見られない特徴を持っている。特定場所でしか使えない固定電話に対し、携帯電話は携行できるため、「いつでも、どこでも」使用することができる。とくにビジネスにとっては、外出先で会社や顧客と連絡がとれるのは、大きなメリットである。外出することが多い営業関係の人にとっては、携帯電話は不可欠な商売道具の1つである。

（2）　利便性2：至急連絡

　携帯電話の有り難みが強く実感できるのは、災害や事故・事件などの緊急事態に直面した場合や至急連絡をとりたい場合である。いつも携行できる携帯電話は、緊急用のコミュニケーション・ツールとして今や欠かせない手段となっている。

（3）　利便性3：プライベートなコミュニケーション・ツール

　携帯電話が固定電話と大きく異なるもう1つの点は、個人の専用という点である。携帯電話の登場によって、電話は、組織・家族の「共用」から特定個人の「専用」へと大きく変貌を遂げた。そして電話番号は、組織・家族の識別番号から個人の識別番号へと変わった。携帯電話によって、人々はプライベート

表 9-1 固定電話と携帯電話の比較

摘　要	固定電話	携帯電話
利用場所	特定場所(コードレス機を使えば場所の移動が若干可能)	いつでも、どこでも(ただし、利用できるのは送受信可能地域内のみ)
至急連絡	困難(固定電話や公衆電話を探す必要がある)	容易(ただし、利用できるのは送受信可能地域内のみ)
利用者	組織・家族の「共用」が多い	個人の「専用」
通話料金	比較的安い	比較的高い
利用時間	比較的長い	比較的短い
サービスの質	比較的高い	比較的低い(聴き取りにくい)
端末の操作性	簡単(多機能電話でない場合)	厄介(ボタン操作には慣れが必要)
周りへの影響	ほとんどない	迷惑となりやすい
匿名利用	比較的困難(場所が固定のため、発信者の特定が容易)	比較的容易(場所が固定でなく、盗難の可能性もあり、発信者の特定が比較的困難)
インターネット利用	パソコンとの接続を通じて、電子メールもウェブも利用できる。最近、端末機から直接利用することも可能になった(Lモード)。	Eメールが中心。表示できる情報量が制限されるため、ウェブは簡単なものしか閲覧できない。iモード、EZweb、J-skyなどを通じて利用。

なコミュニケーション・ツールを手にすることになったのである。

　携帯電話は、通話だけでなく、Eメールの送受信やウェブ・サイトの閲覧にも使えるようになり、その利便性がいっそう向上した。通話の場合、相手の携帯電話が通話不可能地域にあったり電源を切った状態にあったりすれば、つながらない。しかしEメールであれば、とにかく送信しておけば、相手が受信可能状態になったところでつながる。しかも、文字によってはっきりと相手に用件を伝えることができる。ウェブ・サイトの閲覧では、授業の休講情報を見たり、政治・経済・社会ニュースやスポーツの結果を見たり、商品(書籍、CDなど)を注文したりすることもできる。

もしも携帯電話があったなら！

　テレビが普及する前のラジオ全盛期の1950年代、菊田一夫原作の「君の名は」という連続ラジオ放送劇が大ヒットした（1991年～92年にはNHKの連続テレビ小説としても放映された）。

　1945年5月24日、東京大空襲の夜、主人公の氏家真知子と後宮春樹は、東京・有楽町の数寄屋橋で出会う。大空襲のさなか、お互いがお互いの命を救うという偶然が重なって彼らは親密になる。そして、もし彼らが半年後も無事生き延びていられたら、「ちょうど半年後にこの数寄屋橋で会おう」と約束する。その際、春樹は真知子に「君の名は？」と尋ねたものの、真知子は「必ず来る」としか答えずにその場を後にする。

　半年後の11月24日。数寄屋橋での再会の日。しかし、真知子は佐渡に渡ったため、会うことができない。その後も再会の機会がありながら、2人の間でのすれ違いがずっと続く。そして無事再会を果たすのが、何と真知子の結婚式の前夜というドラマチックな展開！

　この悲恋の物語に水を差すつもりはないが、もし真知子と春樹の2人が携帯電話を持っていたら、どうなっていただろう。真知子曰く、

　「私、いま、佐渡にいるのですが、あなたはどちらにいらっしゃるの？」（と、携帯電話でお互いの現在位置を確認する）、

　「私、いま、有楽町駅前ですから、あと数分で着くはずですわ」（と、遅延のお詫びとともに連絡をする）、

　「私、急用で行けなくなりましたので、できたら延期していただけないかしら」（と、延期のお願いをする）。

　こうすれば、真知子と春樹は、互いにすれ違うことなく、確実に会うことができたはずである。少なくとも、真知子の結婚式前夜よりももっと早い段階で会えたに違いない。しかし、そうなると、悲恋のすれ違いドラマという設定が消え去ってしまう。携帯電話を使って春樹が「君の名は？」と尋ねたら、真知子はiモードを使って、名前・電話番号・Eメールのアドレスを連絡してきた、なんてシャレにもならない。

　なお真知子と春樹が運命的に出会った数寄屋橋は、首都高速道路建設のため1958年に撤去された。

個人の「専用」として「いつでも、どこでも」Eメールの送受信やウェブの閲覧ができることで、携帯電話の活用範囲が拡大した。そして最近の携帯電話は、会話を交わすだけの「音声コミュニケーションのツール」から、音声・文字・画像が使える「マルチメディア・コミュニケーションのツール」になろうとしている。

（4） 弱点1：携帯であることの代償

家の内でも外でも気軽に使える携帯電話にも、いくつかの弱点がある。固定電話との比較で言えば、料金が高いために利用時間が短くなりやすい。騒音・雑音環境の中でかけることが多いため、音声が聴き取りにくく、また、ボタンが小さくて操作しづらい。インターネットで利用する場合には、表示画面が小さいため、メールもウェブも短いものしか閲覧できない。

操作性については、親指を器用にすばやく使うといった「芸当」で対応できないわけでない。しかし、いつも親指だけを使うことは面倒である。そこで、登録済みの電話帳やアドレス帳を活用して、ボタン操作の回数を減らそうとする。Eメールの場合には、文字数を一定以下に限定したり（ショート・メール）、略語を多用して文字数を削減したりする。

したがって、携帯電話でのコミュニケーションは、短いものとなりやすい。そして多くの場合、電話帳やアドレス帳に登録された人やサイトとの間での〈限定されたコミュニケーション〉となりやすい。

（5） 弱点2：周りの迷惑

「いつでも、どこでも」使用できる携帯電話は、見知らぬ人が周りにたくさんいるような状況では、迷惑な存在となる。電車やバスの車中、離発着直後の飛行機内、演劇やコンサートの会場、食堂やレストラン、学校の教室内、病院や保健所など、休息・静粛や電波管理が必要とされる環境では、携帯電話の呼び出し音と話し声は、迷惑そのものである。固定電話の時代にはあまり気にかける必要がなかった「周りへの配慮」は、携帯電話の使用者に求められる基本

（6） 弱点3：匿名による悪用

電話は、近くの人とも遠くの人とも同じように会話ができる便利な端末である。しかし非対面のため、はじめての相手だと、姿・形も正体も正確につかめない。しかも携帯電話は移動する端末である。電話番号以外、どこの誰がどこからかけてきたのかが不明である。これに個人の「専用」という要素が加わると、携帯電話は、匿名を使ってのコミュニケーション・ツールに早変わりする。

携帯電話を匿名のまま使用することで、社会規範に制約されない自由な発言ができる。その一方で、善意で用いる場合には問題はないとしても、悪意で用いる場合には犯罪に利用される厄介な端末となってしまう。携帯は軽快だが、警戒すべきものでもある。

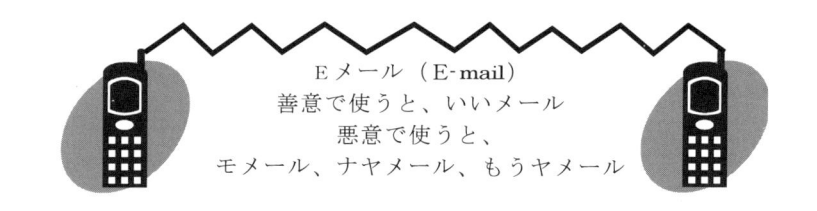

Eメール（E-mail）
善意で使うと、いいメール
悪意で使うと、
モメール、ナヤメール、もうヤメール

2　Eメールとウェブ

インターネットを利用するようになってから、人々の生活・行動パターンが変わっただけでなく、ビジネスの仕方や仕事内容も変わった。郵便や電話・FAXに頼ってきた連絡手段に、Eメールやウェブという強力なツールが加わった。Eメールを使ってデータを送受信したり、ウェブを使って世界中に散在するデータを閲覧したりすることができるようになったのである。

（1）　Eメールの利便性

Eメールは、手軽・簡易、非同期性、保存・再利用可能、同報通信可能、送

信コストが低い、などの特徴を持つ。これらは、郵便・電話・FAXなどの伝統的ツールには見られないEメールの持つ大きなメリットである(表9-2を参照)。

たとえば、Eメールでは数文字や数行のメッセージも送受信できる(手軽・簡易)。非同期性とは、送信と受信とが同時でなくてもよいという性質のことであり[1]、このお陰で、受信側は都合の良いときに読むことができる。送受信された内容を保存・再利用できるというメリットも大きい。さらに、Eメールでは、一度に多数の人に同一文書を送信するという「同報通信」も可能である。しかも送信相手が何人であろうとも、簡単かつ低いコストで送ることができる。

表9-2　Eメールと伝統的ツール(郵便・電話・FAX)との比較

摘　要	Eメール	伝統的ツール(郵便・電話・FAX)
メッセージの作成・送信	手軽・簡易(簡単なメッセージも送ることができる)	電話・FAXはわりと簡単だが、郵便はめんどう(書くのが大変なほかに、切手を貼ってポストに投函する必要がある)
送信と受信の時間差	あり(受信者は都合の良いときに読める=非同期性)	なし(電話・FAX)。あり(郵便)。
保存・再利用	可能(編集・再編集が容易)	一般には不可能(録音機やコピー機を使えば部分的に可能だが、保存性が悪い)
同報通信(多数への同時送信)	可能または容易	不可能または困難(FAXでは一部可能)
送信のコスト	非常に低い(同報通信の場合も低い)	送信先の数が増えるとともに、コストが増大する
外部からの侵入	ときどきウイルスや迷惑メールの影響を受ける	ほとんどない(窃盗や盗聴などの不正手段を使わない限り、むずかしい)

---

[1] 船津［1996］209頁、和田・近藤［1999］11頁。

（2） ウェブの利便性

Eメールが特定の個人や集団に情報を伝達することを意図した手段であるとすれば、自由に閲覧できるウェブは、不特定多数に情報を伝達することを狙った手段である[2]（表9-3を参照）。しかも、文字中心のEメールとは違って、ウェブ上ではマルチメディア情報（文字・画像・音声）を載せることができるとともに、いくつものファイルを関連づけることでたくさんの情報を流すことができる。大容量・超高速のブロードバンド技術（ADSL、ケーブル・インターネット、光回線など）を利用すれば、動画を盛り込んだ情報を流すこともできる。

表9-3　Eメールとウェブの比較

摘　要	Eメール	ウェブ（WWW）
情報の特徴	文字が中心	文字・画像・音声の組み合わせが多い
情報の到達範囲	特定個人または集団。1人から多数まで	不特定多数。ただし、IDとパスワードを設定することでアクセスを制限することが可能
情報の量	比較的少ない	比較的多い。詳細な情報の提供が可能。ただし、携帯電話用のウェブは、情報量が制限される
送受信の時間	短い。瞬時に届く	Eメールより長い。ただし大容量・高速の回線を使えば、時間の大幅短縮が可能になる

（3） Eメールとウェブの相乗効果

Eメールとウェブは、それぞれ単独でも利用価値は大きい。しかし、両者を組み合わせれば相乗効果を発揮して、もっと強力なコミュニケーション・ツールとなりうる。このことを証明したのが、消費者向けネット販売で最も有名なアマゾン・ドットコム（Amazon.com）社である。

アマゾンは、インターネット上で書籍・音楽・DVD・おもちゃ・家電製品・アウトドア商品などを販売する。アマゾンは、「世界で最も顧客を大事に

---

[2] Sorensen, et al. [2001] pp. 21-22.

する会社」を目指して、Eメールとウェブを最大限に活用して1994年7月の創業からわずか2、3年内に世界で最も有名なネット企業の1つとなった。利用者にとって使いやすいウェブのデザインを考え、利用者に役立つたくさんの情報を提供し、Eメールを使って何度も利用者をサポートする。商品を買う前から買った後に至るまで、それこそ至れり尽くせりの情報とサポートを提供する。

　ウェブやEメールを使った非対面のサービスであるにもかかわらず、アマゾンのサービスは利用者を魅了した。利用者は何回も反復購入するリピーターとなって、アマゾンのサービスを友人・知人に「口コミ」で宣伝し、さらに利用者を増大させた。こうした「反復購入と口コミ」のおかげで[3]、アマゾンは、書籍だけでなく音楽・DVD・ビデオにおける業界大手になることができた。

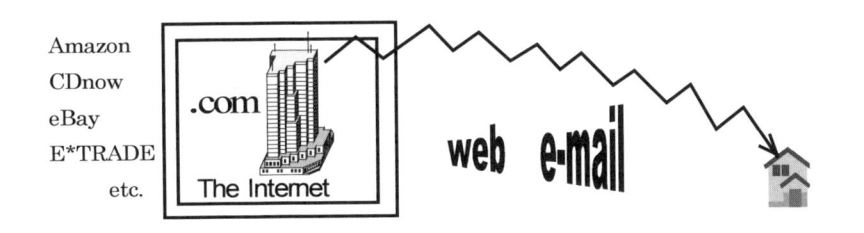

（4）　Eメールとウェブの限界

　Eメールは、手軽さ・コスト・保存性などにおいて、郵便や電話・FAXよりも優れる。しかし万能ではない。以下のように、いくつかの限界がある。

　たとえば今すぐ、もしくは確実に返事がほしい場合、Eメールだけに頼ることは危険が大きい。確実に相手に届くという保証がない。また、多くの人は、受け取ったEメールのすべてに目を通して懇切丁寧な返事を書くほど暇でもない。送り手は、相手の立場に立って、用件や身元を明確にするとか[4]、簡潔で読みやすい文章を心がけるべきであろう。

　また、数え切れないウェブ・サイトの中から、自分のサイトを多数の人に閲

---

[3] Amazon. com [2001] p. 5.
[4] 森永 [2001] 78-80頁。

覧してもらうには、他のサイトとの差別化あるいはブランドの確立が不可欠である。しかも定期的にウェブの内容を更新しないと、利用者が飽きてしまう。

結局、Eメールやウェブは、電子的手段を利用した間接的なコミュニケーションの手段にすぎない。これらの利用価値を高めるには、相手のことを考えた発信者側の工夫が不可欠である。

〈Eメールの限界〉
1. 確実に相手に届くとは限らない。届かないこともある。
2. すぐに相手が読んでくれるという保証がない。読みにくい文面や長文は、読まれずに放置されたり、削除されたりする可能性がある。

〈ウェブの限界〉
1. いつ、どれだけの人が見てくれるかを予測することができない。

---

§2 ITを活かすために

携帯電話やインターネットなどのITを使ったコミュニケーションは、手紙のように面倒でなく、対面時のコミュニケーションのような緊張感もない。そのせいか、ITを使ったコミュニケーションは、比較的気楽にやりとりできる。しかし、一日中ずっと携帯電話をかけたり、Eメールの送受信を繰り返したりするのは、ほとんど中毒状態である。大切なことは、複数のチャネル(伝達経路)を使い分けること、そしてTPO(time、place、occasion)をわきまえてITを使うことである。

1 チャネルの使い分け──代替か補完か

(1) インターネットはテレビの敵か？

1998年から1999年にかけてアメリカでは、「インターネットが普及すると

テレビの視聴時間が減少するかどうか」が論争となった。有力調査機関の調査結果はどれも、平均的にインターネットの利用時間が増加し、テレビの視聴時間が減少していることを示している。最近の日本でも同じような調査が実施されており、アメリカと似たような結果が出ている。こうした調査結果から、「インターネットの普及がテレビの衰退を招く」と結論することができるだろうか。

インターネットもテレビも、電気利用、電子技術応用、ディスプレイ使用、情報収集目的(たとえばグルメ情報を得る)という点では共通する。しかも1日24時間の中で自由に使える時間は限られている。したがって、インターネットの普及は、テレビを押しのけてインターネットを選択した結果と解釈できそうだ。かつて、テレビが登場したことでラジオの聴取時間が減ったように。

ある時間帯にインターネットをするか、テレビをみるかという意味では、インターネットとテレビの間には、一方が他方を排除するという代替または競合の関係がある。しかし、両者の間には一方が他方を必要とする補完または連携の関係もある。

たとえば、安くておいしい回転寿司のお店の特集をテレビでやったとする。見ているうちにどうしても行きたくなって正確な場所を探そうとする。インターネットで検索すると、場所だけでなく、連絡先・料金・特典・評判なども同時にわかる。逆に、ウェブ・サイトのニュース欄を読んで興味を抱き、もっと詳しい情報や映像をみてみたいと思う。そこでテレビのニュース番組をみて、ウェブ・サイトでみたよりももっと迫真に迫る映像に接する。これらは、インターネットとテレビの一方が他方を刺激するという補完関係の一例である。

(2) インターネットとテレビの区別が消えていく！

インターネットとテレビの関係は、融合によって変化し始めている。今ではパソコン画面でテレビやDVDをみたり、ウェブ上でスポーツやコンサートの実況中継をみたりすることができる。一方、双方向のデジタル・テレビが今後登場すると、テレビ画面上でインターネットができるようになる。こうなる

と、インターネットとテレビの境界が消えていく。こうした動きを先取りしたソニーは、パソコンと家電との融合を図り、テレビ機能付きパソコンのテレビパソコンを販売して成功した。

このテレビパソコンに象徴されるように、インターネットもテレビもビデオも DVD も、いくつかのチャネルのうちの 1 つである。インターネットは、とりわけ重要度・利用度の高いチャネルである。そうだとすれば、テレビは、衰退の道を歩むというより、簡便なメディアとしてのテレビの優位性を活かして、インターネットとの連携や棲み分けを図っていくことになりそうだ。

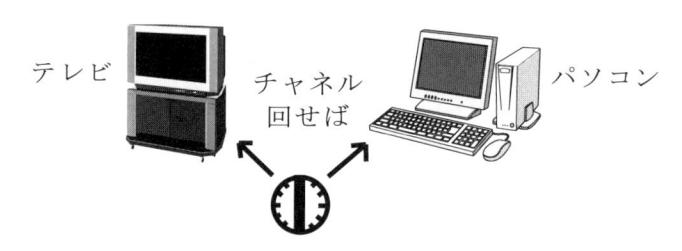

（注）　ここでいうチャネルは、経路ないし伝達経路という意味で用いている。チャネルは、チャンネルと呼ばれることもある。たとえば、NHK 総合テレビのことを 1 チャンネルと言うように。

2　非対面のメリットとデメリット――物理的距離と心理的距離

（1）　IT は人間に冷たいか？

携帯電話や E メールなどを使ったコミュニケーションは、通常、物理的に離れたところ同士で行われる。したがって、直接向き合っての対面コミュニケーションでなく、非対面のコミュニケーションであることを特徴とする。この非対面性から、ときどき IT を使ったコミュニケーションには根本的な限界があると言われる。ジェスチャーが使えず、表情も見えないために、心の通った温かい会話ができないとか、十分なだけの会話ができない、など。

しかし、そうとも限らない。たとえば、外国で暮らす息子夫婦との間で E

メールのやりとりをする両親のケースを考えてみよう。外国から送信されたEメールに書かれた近況報告やそれに添付された家族の写真などを見て、両親は感激するかもしれない。わずかな通信料金で、一瞬のうちに、外国との間でEメールの送受信をすることができることに驚きながら、Eメールでの交信に精を出す両親もときどき見られる。したがって、Eメールの内容が冷たいとか不十分だといったことは、状況次第と言えそうだ。

（2） 冷たいのは、ITでなく、人間のハート!?

ここで問題となるのは、自分と他人との間に存在する物理的距離と心理的距離（あるいは意識的距離[5]）である。ITを使ったコミュニケーションは、離れた者同士でのコミュニケーションであるから、物理的距離が確かに存在する。しかし、満足のいくコミュニケーションになるかどうかを決めるのは、物理的距離ではなくて、心理的距離である。

対面コミュニケーションをしても不快・不愉快に感じたり、不十分だと思ったりするのは、2人の間での心理的距離が離れているからである。逆に、非対面コミュニケーションをしても感動・感激したり、十分な成果があったと感じられたりするのは、心理的距離が近いからである。問題は、ITを使ったコミュニケーションが良いかどうかではなくて、心理的距離を狭めるようなコミュニケーションとなるような努力をしているかどうか、である。

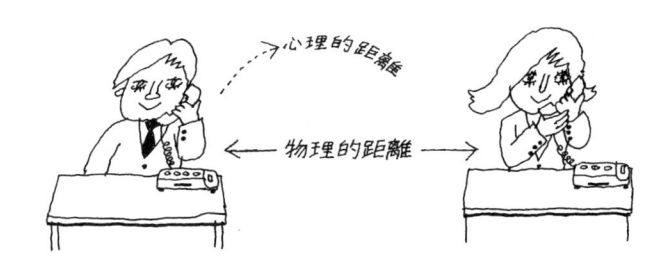

---

[5] 馬越［2000］第7章を参照。

アメリカのアマゾン・ドットコムから顧客にときどき送られてくるEメールは、心理的距離が近いと感じられるような文面でいつも驚かされる。だから、いつか機会があったらまた買おうと思ってしまう。重要なことは、ITを使うかどうかではなく、どのようなコミュニケーションをしたいのか、そしてそれを実現するためにITをどのように用いるか、である。

≪スキル・トレーニング1≫　　　　　　　　　　　　　　　　ITと心理的距離

● FAXとEメールのうちの一方しか使えないとしたら、あなたはどちらを使いたいか？　その理由は何か？　また、あなたが使いたいと思うITを使う際に、心理的距離を狭めるためにどのような工夫をしているか？

使いたいと思うのはどっち？　　　　　　　　
理由：　　　　　　　　　　　　　　　　　　　
　　　　　　　　　　　　　　　　　　　　　　
　　　　　　　　　　　　　　　　　　　　　　

工夫：　　　　　　　　　　　　　　　　　　　
　　　　　　　　　　　　　　　　　　　　　　
　　　　　　　　　　　　　　　　　　　　　　

3　確実性・緊急性——TPOによるコミュニケーションの使い分け

（1）よく知っている者同士

　個人専用の携帯電話の呼び出し音はどこででも鳴る。相手に緊急・確実な連絡をとりたい場合には携帯電話ほど便利なものはない。逆に、急ぎの用事でなかったり、勧誘の電話だったりした場合には、場所を選ばずに呼び出しをかける携帯電話は、迷惑この上ない。緊急性を要する事情があればあるほど、あるいはプライベートなコミュニケーションが求められる状況ほど、携帯電話の有用性が高まると言えそうだ。

Eメールの場合はどうだろうか。相手がいつでもEメールを受信できる状態(常時接続)にあり、朝から晩までパソコン画面に向かって作業をしている場合には、Eメールを送ればすぐに相手がそれを読み、反応をしてくれると期待できる。一般的には、恵まれた情報環境にある人同士でのEメールのやりとりでは、迅速な反応が期待できよう。

（2） よく知らない者同士

しかし、相手の環境が不明か、もしくは自分とはかなり異なる場合には、迅速な反応が期待できず、緊急性・確実性という点で問題を残す。もっとも毎日1回はメールをみることが習慣ないしマナーとなっていたら、大半は2、3日以内に反応が返ってくるものと期待できる。一定期間を過ぎても反応がない場合には、Eメール以外の別の手段で対応するしかない。

4 デジタル・ディバイド——自分または相手が使えない

ITを使ってコミュニケーションをする場合、自分も相手も、送受信可能なITを使っていることが大前提である。しかし現実は必ずしもそうなっておらず、自分もしくは相手がITを全然使わないか、あるいはITを使えない環境におかれている場合がある。

ITを意図的に使わない人には、IT以外でコミュニケーションをとるしかない。問題は、ITを使う意思を持っていても、何らかの理由でITを所有ないし利用できない人の場合である。ITを使う人と使わない人の間でのデジタル・ディバイド(情報格差)である。アメリカ商務省の調査では、デジタル・ディバイドは、所得・学歴・世代・人種・地域・障害などの理由で発生している[6]。

デジタル・ディバイドが存在すると、ITを使ってのコミュニケーションが

---

[6] U. S. Department of Commerce [2000].

成立しない。インターネットをビジネスや政府サービスや就職・余暇活動などに大々的に利用しようと計画している社会においては、これは厄介な問題である。

もっとも、いくつかの明るい材料はある。たとえば、①IT機器・サービスの価格が下落している、②パソコン、携帯電話、デジタル・テレビなどの多様な機器が利用できる、③ITを教育現場や地域の施設に整備しようという動きが全国的に広がっている、など。しかし、デジタル・ディバイドが残っている限りは、ITを使わないコミュニケーションのルートを必ず残しておく必要がある。

§3　情報量の格差に対処する

情報量に違いのある人たちの間でコミュニケーションがなされると、一方の当事者に不利益となる結果が生じる可能性がある。多くの場合、情報量の多い人が利益を得て、情報量の少ない人が不利益を被むる。もし、このような状況のもとでITを使ってコミュニケーションをしたとすると、事態は改善されるだろうか。情報を持たない人は、どのような対応をとればよいだろうか。

1　情報を持つ人と持たない人の間のコミュニケーション

（1）どこにでも存在する「情報の非対称性」

当事者の一方が他方より多くの情報を持っていることを「情報の非対称性」という。情報の非対称性は特殊なことでなく、かなり一般的な現象で、あちらこちらで発生している。たとえば、本社が支店や支社を管理するだけの十分な情報を持たない、患者が医者の処方箋を理解するだけの専門知識を持たない、購入したい商品の市場価格や品質について消費者側が十分な情報を持っていな

い、など。

（2） インターネットにも存在する「情報の非対称性」

　携帯電話やEメールによるコミュニケーションの場合にも、情報の非対称性が存在する。相手が、自分の携帯番号やEメールのアドレスを何らかの方法で入手し、実名や身元を明かさず、巧妙な手口（話し方、文面）で連絡してくる場合である。この場合、仮面をかぶったままのコミュニケーションで終わる程度で済むかもしれないし、電話番号やEメール・アドレス以外は身元不明の匿名の人物におびえながらコミュニケーションを交わすことになるかもしれない。Eメールの場合には相手の声や年齢などもわからないため、恐怖心がいっそうあおられる可能性がある。

　ウェブの場合にも、さまざまな情報の非対称性が存在する。たとえば、①ウェブ上で情報をかき集めた消費者が最安値のショップを見つけてそこで商品を購入する場合、②商品購入者がアンケートで回答した個人情報を企業がかき集めてそれを分析し、個々人の好みに合わせた宣伝・広告をEメールで送る場合、③美辞麗句を並べたてて三流品をあたかも一流品であるかのようにみせて企業が無知な消費者につけいる場合、などである。

　①は、とくに問題ではない。一番安いところで買おうとするのは日常のショッピングでも見られるとおりである。②は、個々人のニーズに合わせた「ワン・ツー・ワン・マーケティング」と呼ばれるものである。通常は消費者の満足向上に貢献するが、行き過ぎると個人のプライバシーの侵害につながる危険がある。③は、要するに詐欺の問題であり、インターネット以外でも発生する問題である。このように、ウェブにおける情報の非対称性では、プライバシー侵害や詐欺などが問題になる。

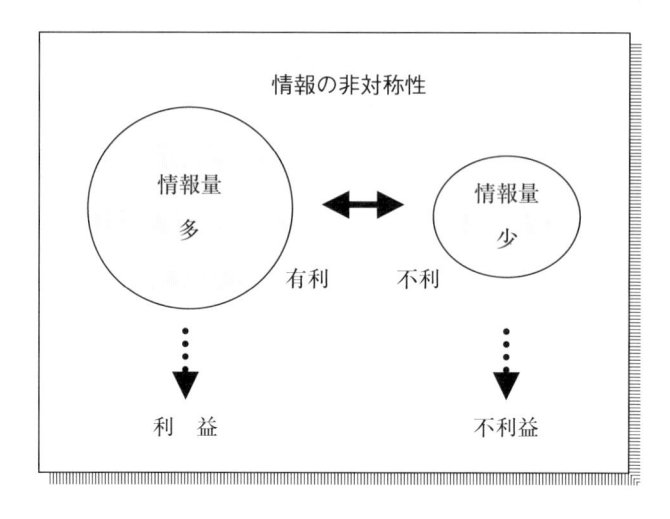

```
            情報の非対称性

   ┌─────┐              ┌─────┐
   │ 情報量 │  ←――→      │ 情報量 │
   │  多  │              │  少  │
   └─────┘              └─────┘
         有利      不利
          ↓                ↓
         利 益            不利益
```

2 情報の非対称性にどう対処するか

（1） 不利益を認識した上でそれに対処する

　情報の非対称性が存在する場合、情報を少ししか持たない側は、どのように対処したらよいだろうか。この場合、状況が変わらない限り、自分（情報を持たない人）に不利益な結果が生じやすいことをまず認識すべきである。その上で次のように考えてみる。情報の非対称性を緩和できるか、できないか。また、情報の非対称性を避けることができるか、できないか。

　たとえば、ほしいと思っていた商品がウェブ上で安く売られている。しかし、商品を販売するショップの情報が少なく、社名以外には、Eメールとウェブのアドレスしかわからない。情報収集してもそれ以上の情報が得られないとすると、情報の非対称性が緩和されない。もしお金を振り込んで商品が届かなくても、相手の所在が分からず、クレームをつけることもできない。この場合には、詐欺から自分を守る方法がないので、商品の購入をあきらめるのが無難である。

（2） 情報の非対称性に対処する

匿名を使っての携帯電話やEメールの場合、個人が危険なコミュニケーションを避けるには2つの対応が考えられる。すなわち、匿名を避けるか、コミュニケーションを避けるか、である。つまり、リスク（危険）を軽減するか、回避するか、である。

匿名性のリスクを軽減するには、相手に可能な限りの情報提供を求めるか、あるいはコミュニケーションの進展に時間を費やすことが必要である。そうすれば、相手に対する一定の信用・信頼も生まれてくる。最も危険なのは、十分な情報を持たないまま、1回限りのコミュニケーションで、重要な意思決定をしてしまう場合である。

相手からの情報提供が得られないとか、時間をかけたコミュニケーションを行っても相手に対する信用・信頼がいっこうに得られない場合はどうするか。最後に残された道はリスクを回避すること、つまりコミュニケーションを断つことであろう。不本意なコミュニケーションや危険なコミュニケーションは、健全なコミュニケーションではないからである。

≪スキル・トレーニング2≫　　　　「ジョハリの窓」と「情報の非対称性」

●第1章で議論された「ジョハリの窓」にも、情報の非対称性が潜んでいる。以下の4ケースのうちのどれが「情報の非対称性」に当てはまるか。また、「情報の非対称性」があると、どのようなことが生じると予想されるか。
（ケース1）　自分が知っている部分を、他人も知っている
（ケース2）　自分が知らない部分を、他人が知っている
（ケース3）　自分が知っている部分を、他人が知らない
（ケース4）　自分が知らない部分を、他人も知らない

3　ITは、あくまでもコミュニケーションのツール

新しいコミュニケーション・ツールとして、固定電話・FAXや手紙などの

伝統的なツールに加えて、携帯電話やインターネットなどの先進的なITが利用できるようになった。これらのITは、利用者の利便性を大きく向上させ、新しいコミュニケーションの形を生みだしている。それを「革命」として賛美する声がある一方で、ITの有害さを列挙して警戒する動きもある。しかし、ITを完全に無害と見ることも完全に有害と見ることも適切ではない。

§2でみたように、最近のITは、重要なコミュニケーション・チャネルの追加である。しかし、他のチャネルとの連携や棲み分けが必要であるし、緊急・確実な手段としては完全ではないし、デジタル・ディバイドによって活用の範囲が制限されてしまう。携帯電話やインターネットなどのITは唯一のコミュニケーション・ツールでもないし、万能のツールでもない。

また、ITを使ったコミュニケーションでは物理的距離が残るものの、問題なのはそれよりも心理的距離である。つまり、使い方次第でITは、心理的距離を広げたりも狭めたりもする。この意味で対面か非対面かよりも、心理的距離が遠いか近いかが問題である。日頃からコミュニケーションが密に行われ、当事者の間で信頼関係もあれば、心理的距離はかなり近いものとなろう。

情報の非対称性が存在する場合も、問題はITを使うかどうかでなく、非対称性が悪意に利用されるかどうか、あるいは非対称性が緩和・回避できるかどうかである。つまり、コミュニケーションを行う当事者の間で信頼関係が構築できるかどうかである。ITは、あくまでもコミュニケーションのツール(道具)であって、コミュニケーションの目的となることはできないのである。

スキル・トレーニングの解説

≪スキル・トレーニング1≫ (240頁)

回答者は、FAX支持派とEメール支持派に分かれるものと予想される。ただ時代とともに、FAXからEメールへの転換が進んでいることは確かである。ちなみに筆

者の場合、Eメールを1日平均20〜30通受け取るが、FAXはひと月に1〜2通受け取るかどうかという程度である。

　誰かに連絡するとき、FAXとEメールのうちのどちらかしか使えないとしたら、筆者はためらわずにEメールを選択する。その理由は、早い、安い、記録に残る（保存が便利）、プッシュボタンを押す必要がない、仕事が中断されない、いつでも送信できる（昔、夜中の2時にFAXを送ってしまったことが今も後悔される！）、同報通信ができる、など。

　Eメールを嫌っている人に連絡するときは、FAXは使用しない。そういう人は、生の手書き文書しか認めないので、自分の下手な字をうらめしく思いながら、手紙をしたためることにしている（そのため、送るのが相当遅くなる）。

　Eメールは便利とはいえ、安易に使っていると、知らず知らずのうちに相手の気分を害することになりかねない。そこで私は、Eメールを送る際、以下のようなことを心がけている。①相手への敬意を表すため、最初の行に「さんへ」または「様」付けで相手の氏名を書く、②自分の身元をはっきりさせるため、氏名を必ず明記する（姓だけで名を書かない人が結構多い）、③相手の都合を考えて、文章の長さや表現の仕方に注意する。

　さて、皆さんの場合はどうだろうか。

≪スキル・トレーニング2≫　　　　　　　　　　　　　　　　　　（245頁）

　「情報の非対称性」とは、当事者の一方が他方より多くの情報を持っていることを言う。「ジョハリの窓」の4ケースのうちこれに該当するのは、ケース2の「自分が知らない部分を、他人が知っている」場合と、ケース3の「自分が知っている部分を、他人が知らない」場合である。

　このような場合、コミュニケーションに失敗するか、不完全になる可能性がある。たとえばケース2では、裸の王様のように、自分だけが気付かないとんでもない失敗をしでかすかもしれない。ケース3では、自分のことが他人に理解されず、誤解されたままでコミュニケーションが終わるかもしれない。

参考文献

Amazon.com [2001] *2000 Annual Report on Form 10-K*.
Grasso, J. T. [2001] IT and the Global Manager, *Global Manager*, August, pp. 16-18.
Pottruck, D. S. and T. Pearce [2000] *Clicks and Mortar*, Jossey-Bass Inc.（訳書、坂和敏訳 [2000]『クリック&モルタル』翔泳社。）
Sorenson, R., G. DeBord and I. Ramirez [2001] *Business and Management Communication : A Guide Book*, Fourth Edition, Prentice-Hall.
U. S. Department of Commerce, National Telecommunications and Information Administration [2000] *Falling Through the Net : Toward Digital Inclusion*.
船津　衛 [1996]『コミュニケーション・入門』有斐閣。
馬越恵美子 [2000]『異文化経営論の展開』学文社。
森永卓郎 [2001]『成功するEメール　失敗するEメール』講談社。
西垣　通 [2001]『IT革命』岩波書店。
和田　悟・近藤佐保子 [1999]『インターネットコミュニケーション―デジタルライフのおとし穴』培風館。

Index

事項索引

あ 行 ───────────☆

アイ・コンタクト　26, 28, 41, 69, 172
愛国主義　147
相性の良さ(liking)　171
アイス・ブレーカー　92, 94, 95, 111
相手の反応の解読　53
アウトライン・メモ　199
アクティブ・コミュニケーション　133
アクティブ・サイレンス　28
アクティブ・リスナー　32
アクティブ・リスニング　32, 33, 60, 131
　　──とポライト・リスニングの違い　33
アサーション・トレーニング　56
アニュアル・レポート　209, 219
アマゾン・ドットコム　234
アングロアメリカン型　222
アンダーステイトメント(控えめな表現)
　166　→オーバーステイトメント
暗黙の文化　119
暗黙の了解　17, 35
暗黙のルール　94, 108
暗黙裡のパーソナリティー観　45
Eメール　66, 128, 227
Eメール支持派　246　→FAX支持派
意識的距離　239　→心理的距離、物理的距離
意思決定　99, 113
異質性　108
一貫性　171
いつでも、どこでも　228
一般英語　185
一般用語　140
意　図　87
異文化　146

──接触　146
──接触の成功要因　150
──適応　146
──適応能力　145
──への理解　224
異文化コミュニケーション　117
　　──の感性　187
意味ある沈黙　28
イメージ　15
色　25
色象徴(カラー・シンボル)　13, 25, 28
イングリッシュ・ディバイド　131
印象形成　45
印象操作　45
インターアクション　38, 95, 102, 110, 113
　→相互作用
インターアクティブ　97, 211
インターネット　211, 227
インタレストの葛藤　16
ウィン・ウィン　16, 154, 169
　　──交渉　168-169
ウェブ　227
ウェブサイト　220
ウオール街　215
英　検　202, 205
英語検定試験　202
英語コミュニケーション　128
英語の論理構成　195
エチケット　39, 138
　　──トレーニング　139
M時間　125
Mタイム(モノクロニックな時間)　29
　→Pタイム
　　──文化圏　29
エンパシィ　130

オーバーステイトメント　26
オープン・コミュニケーション　101
公の私　37　→プライベートな私
オーラルコミュニケーション検定　205
落とし所(anchoring)　157
音声コミュニケーション　231

か行　☆

海外生産　183
海外直接投資　183
会議の形態　91
外資系企業の国内参入　183
開示能力　220　→自己開示
会社案内　219
会社経営　77
解読　36, 37
外部コーチ　80
開放型の質問(オープン・エンディッド・クエスチョン)　105
顔つき　30
顔の表情　26, 28
学習　85
　──意欲　82
格付け　215
　──機関　215
影の交渉　159
カスタマー・コミュニケーション　212
カスタマー・サービス　59
価値観　5, 9, 14, 16, 17, 19, 83
　──の相違　11
勝ち負け　158
　──の視点　153
勝手気ままな意味の付与　11, 13
葛藤処理　153
株主　208, 214
カルチャー・ショックによる症状
　一般的症状　146
　引きこもり型症状　146
　攻撃型症状　146
環境　95, 99, 100, 112
環境要素　27, 28
関係の種類と交渉　159
感受性　174

感情　87, 148, 164
　──移入　33, 130
　──の強度　150
　──の対処　149
　──の統制　54
　──抑制　146, 148
間接金融　215
間接的・高スキャンのセンテンス　22
　→直接的・低スキャンのセンテンス
間接的なコミュニケーション　51, 236
寛容さ　148
官僚スタイル　141
聞き手(receiver)　33
企業統治　216
企業文化　118
記号(の)解読　12, 15
記号化　14, 15, 36, 37
ギブ・アンド・テイクのゲーム　167
きめの細かさ(elaboration)　173
逆ピラミッド型の構成　195
キャリア・アップ　77
共感　170
業績の向上　77
共通語　132
共用　228
距離のコミュニケーション　121
空間の使い方　27, 28
口コミ　235
グッド・コミュニケーター　39
グッド・マナーズ　39　→交渉の礼儀
グッド・リスナー　31, 32, 39
国の文化　118
クライアント　85
クリエイティビティ　148
グループ討議(組織の討議能力)　97, 108
クレーム対応　59
グローバル化　117, 145
クロネミックス(時間学)　28, 125　→プロクセミックス
経営管理のための英語　184
経営戦略　213
経験　5
経験野　14, 15, 16

事項索引　251

携帯電話　227　→固定電話
契約と市場の論理　165
結婚に対するイメージの日米仏比較　11
権限の有無　157
言語コスト　185
言語シンボル　11,12　→非言語シンボル
言語によるコミュニケーション　16-23, 51　→非言語コミュニケーション
謙譲と丁寧さという戦略　166
謙譲や謝罪の表現　126
限定されたコミュニケーション　231
効果的コミュニケーター　31
効果的な質問法　109
効果的な説得　170
好奇心　152
攻撃的反応　57
高コンテキスト　22　→低コンテキスト
　　——スタイル　23
　　——文化　19
格子(grid)　4
交渉　18,145
　　——当事者の感情の側面　165
　　——の英語表現　200
　　——のコミュニケーション活動　160
　　——の終結領域　167
　　——の定義　158
　　——のプロセス　161-163
　　——の礼儀(プロトコル)　162
　　——の約束ごと　167
交渉論　174
高スキャン・スタイルの日本人の英語　22
広報　214
交流活動　166
交流モデル　9
声
　　——の調子　28
　　——の特徴　87
　　——の抑揚　86
コーチ　74
　　——の役割　75
　　——養成プログラム　89

コーチング　73
　　——スキル　79
　　——のテーマ　77
コーチングの3つのパターン
　　エグゼクティブ・コーチング　80
　　日常的コーチング(ビジネス・コーチング)　78
　　パーソナル・コーチング　81
コーポレート・ガバナンス　216
コーポレート・コミュニケーション　210
五感　6
国際結婚　147
国際交渉　→交渉
国際コーチ連盟　89
国際ビジネス　14,15,29
国連英検　205
心温まるコミュニケーション　128
心のソフトウェア　118
個人の文化　118
固定電話　228　→携帯電話
言葉に頼らない表現方法　24
言葉によるかけ引き　163
言葉の量　16,18,23
　　——と質　22
コマーシャル　209
コミュニケーション
　　——能力　213
　　——の交流的性質　15
　　——の交流モデル　9
　　——の楽しみ　156
　　——の定義　30
　　——のメカニズム　14,15
　　——を築こうとする態度　188
コミュニケーション・スタイル　18,23,36
　　会話のレベル　20
　　情報収集のレベル　21
　　話し合いのレベル　21
コミュニケーション・スタイルの違い　19-22
　　間接的　20
　　高スキャン　20,21
　　直接的　20

直線的　21
低スキャン　20,21
螺旋的　21
コミュニケーション・スタイルの比較(ベネットの論)　20-22
コミュニケーション・ツール　33,66,227
コミュニケーション・プロセス　6-10,99
　── の4大基本要素(SMCR)　6-7
　── の7つの要素　10
コミュニケーションのメカニズム　14,15
コミュニケーター　31
コンチネンタル型　222
コンテキスト　7,9,12,20-21
コンフリクト　18,19

さ　行

財務諸表　219
サイレント・ワーキング　24
座　学　97
佐藤・ニクソン会談　18,20
サバイバル・マインド　152
サポート・ネットワーク　151
参加者(オーディエンス)　95,97,110,111
シアルディーニの原則　171
恣意性　8
時間の価値観　125
時間の使い方　28,29
事業計画　77
事業報告書　209
シグナル(信号)　6,14
思考パターン　5,31
　── の転換　34
自己開示　36-38,211,245　→ジョハリの窓
　── の相互作用　38
　── の度合い　41
自己管理　145
自己理解　78
指示・命令　80
指示型のメッセージ　76
次善の代替案　167
自尊心　152
質問の機能　109

質問力　105-108
質問を楽しむ方法　134
実用英語技能検定(英検)　205
シナジー　100　→相乗効果
自発性　76
自分らしさ　77
社会言語的能力　187
社会的行動　158
社会的スキル　52
社外取締役　223
社　交　166
社内PR誌　211
柔軟性　148
受信者　6,9,14,15　→発信者
主張的反応　57
受動態　140
準言語　27,28,88
商業英語検定　202,205
商業通信文　184
上場企業　215
消費者　208
情報開示　220
情報格差　241　→デジタル・ディバイド
情報の非対称性　243
情報量の格差　242
情報路　6
ジョーク　137
ショート・メール　231
職場のコミュニケーション改善　77
ショッピング(漁り)　156
初頭効果　46
ジョハリの窓　36-38,211,245　→自己開示
ジョンソン・エンド・ジョンソン　207
新近効果　46
信　号(signal)　6,14,32,33
人工品　13,27,28
進行プロセス　97
人材開発　95
人生設計　77
身体動作　26,27,28
身体特徴　27,28

新提案　170
信念　16
シンパシィ　130
シンボル　5, 8, 15, 30
　——の恣意性　10-12
信頼　102, 169
　——の欠如　16
　——のゲーム　168-169
心理的距離　239
スキーマ　53
スタイル　18-23　→コミュニケーション・スタイル
スタンダード・アンド・スタンダード　215
ステーク　209
　——・ホルダー　209
ステレオタイプ　119, 120, 147, 153
ストック・オプション　223, 224
スピーチ　133, 199
性格類型のタイプ　63
生活改善　77
生活設計　77
正規分布　120
接触行動　27, 28, 69, 123
説得　14, 15
　——のための6つの原則　170-171
説明する(explain)　14, 18, 21-23
説明責任　23
ゼロ・サム・ゲーム　159
世論　213
潜在能力　75
先入観　153
専門用語　140
戦略的思考　165
早期帰国　147
相互作用(インターアクション)　95, 96, 101, 108, 110-112, 114
　——のプロセス　99
相互参加度　210
相互性　171
相互理解　16
走査(スキャン)　21
相乗効果(シナジー)　74, 97, 100-101, 234

送信者　14, 15
双方向的、インターアクティブなスタイル　97
組織行動論　142
組　織
　——の強さ　100, 108
　——の討議能力　92, 100, 108
　——の中でのファシリテーション　100
　——の能力　92
　——風土　113
　——文化　91, 102, 118
存在意義　152

た　行

対人コミュニケーション　50
　対人葛藤　59
　対人関係　50
　対人距離　123
　対人行動　50
　対人心理　50
　対人相互作用　55
　対人反応の決定　54
　対人反応の実行　54
　対人目標の決定　53
対人コミュニケーションの基本的特性　51
代替または競合の関係　237　→補完または連携の関係
態度　153
対面コミュニケーション　51, 238　→非対面コミュニケーション
対話　18
多国籍企業　91, 95
多国籍企業化　183
談話の能力　187
チャネル　6, 9, 236
調整能力　165
直接金融　214
直接的・低スキャンのセンテンス　22　→間接的・高スキャンのセンテンス
直読直解　201
沈黙　24, 26, 28
通訳案内業(ガイド試験)　205

254　事項索引

低コンテキスト　23　→高コンテキスト
　──文化　19, 21
手掛かり（コンテクスチュアル・キュー）
　20
デジタル・ディバイド　241
伝達経路　6
伝達内容　6
伝統的ツール　233
伝統的な教授スタイル　97　→座学
動作の信頼尺度　48
投資家　214
到達点　21
同　調（シンクロナイゼーション）　13
　→ミラーリング
同報通信　232
トータル・クオリティー・コントロール
　113
匿名(性)　232, 245
取締役(会)　222, 223

な　行

ナショナル・アイデンティティ　152
ナッシュ均衡点　168
日米繊維交渉　18
日本コーチ協会　77
任意の開示　221
人間関係能力　160
認　知　153
値札の意味　156
念　書　173
ノイズ　7-10
　意味的ノイズ　8, 13
　音声ノイズ　9
　社会的ノイズ　9
　心理的ノイズ　8
　物理的ノイズ　8
　文法ノイズ　9
ノイズ軽減のためのヒント　10
納税者　214
能動態　140
ノンバーバル　94

は　行

馬　車　75
発信者　6, 9　→受信者
発想の転換　34-36　→パラダイム・シフト
パブリック・リレーションズ　209-210
腹　芸　18
パラダイム・シフト　34-36
　──の効果例　35
　──の代表例　35
　──の定義　35
反復購入　235
ピーアール　211
P時間　125
Pタイム（ポリクロニックな時間）　29
　→Mタイム
ピープル・スキル　51
ヒエラルキーの強い組織　112
控えめな表現　166
ピグマリオン効果　82
非言語行動　20
非言語コミュニケーション　24-30, 48, 51, 87, 121　→言葉によるコミュニケーション
非言語シンボル　12-13　→言語シンボル
非言語表現　24
　──の種類　27
非言語メッセージのインパクト　24-25, 28
ビジネス・コーチング　78　→コーチングの3つのパターン
ビジネス・コミュニケーション　138
ビジネス・コミュニケーション・モデル　14
ビジネス・スタイル　141
ビジネス・マネジメント　109
ビジネス英語　185
ビジネス文書　139
ビジネスレター　194
非主張的反応　57
非対面コミュニケーション　239　→対

面コミュニケーション
非同期性　232
人柄　166
非明示的スタイル　20
ヒューマン・スキル　51
評価　153
表情　47, 86
評判　169
ファシリティー　96
ファシリテーション　74, 91, 95, 96
　——の概念　111
　——のキー・コンセプト　97-98
　——の定義　99
ファシリテーション・スキル　96, 112
ファシリテーション・スタイル　91, 95
ファシリテーター　74, 94-96, 97
　——のスキル　98, 111
　——の役割　97, 100, 110
ファシリテート　96
ファシル　96
ファックス(FAX)　66, 128, 246
FAX支持派　246　→Eメール支持派
フィッチ　215
フィードバック　7-9, 14, 32
部下育成　79
物理的距離　239
不適応　146
プライバシー侵害　243
プライベートなコミュニケーション・ツール　228
プライベートな私　38　→公の私
フラットな組織　112
プレゼンター　110
プレゼンテーション　199
　——能力　166
ブロードバンド技術　234
プロクセミックス(近接学)　28, 121
　→クロネミックス
プロジェクトX　29, 35
プロセス・コンサルタント　109, 110
プロトコル　39, 162
文化　118
　文化的背景　177

文化の多様性　117
分析　153
文法的能力　187
米国式推薦書　213
ベネットのスタイル論　19-21
貿易英語　186
貿易通信文　184
方略的能力　187
ボーダレス化　145
補完または連携の関係　237　→代替または競合の関係
ポジション・パワー　93, 112
ボディ・バブル　121
ポライト・リスナー　33
ポライト・リスニング　33　→アクティブ・リスニング
ポライトな表現　189, 193
ポライトネス　189
ポライトネスの6つのルール　190
ポリクロニック・タイム(P時間)　125
本交渉　162

ま 行 ☆

マイヤーズ・ブリッグス・タイプ・インディケーター　62
摩擦・葛藤(コンフリクト)　18, 153
マネジメント・コミュニケーション　141
マネジメント・コミュニケーション研究会　91, 100-101
マルチメディア・コミュニケーション　231
マルチメディア情報　234
ミラーリング　62　→同調
無意識の反応　122
ムーディーズ　215
明確さ(articulation)　173
明示的なセンテンス　20
明示的な文化　119
メイン・バンク　217
メッセージ　5, 6, 9, 13, 30
メッセージ伝達　12
メンタル・バリアー(心の壁)　123
面子　165

モチベーション　63-79
モノクロニック・タイム(M時間)　125

や行

融合　237
良い先例(socialproof)　171
4つのコミュニケーション能力　187
予備交渉　161
4技能　187
世論　213

ら行

ライフ・スタイル　77
理解(understanding)　5,14
利害　208,209
──関係　208
──関係者　207
──のバランス感覚　164
リスク(危険)　245
リズム　133
リソース　221
リピーター　235
リラックスして話すコツ　135
論理構成能力　163

わ行

ワード・ポリティクス　17
私(I)メッセージ　150
ワン・ツー・ワン・マーケティング　243

英字索引

active listening　32,33,60,131
anchoring　157,165
articulation　173
authority　171
channel(s)　6,9,236
chronemics　125
circular style　21
color　25
confidence　169
consistency　171
context　7,9,12,20-21
CRM　67
direct style　20
elaboration　173
empathy　33,130
explain　14,18,21-23
facile　96
facilitate　91,96
facilitation　91
facilitator　96
FASB　219
FDI　183
feedback　7
field of experience　14,15,16

5 Cs　172,195
　Clarity(明確さ)　195
　Conciseness(簡潔さ)　195,197
　Consideration(思いやり)　195,198
　Correctness(正確さ)　195
　Courtesy(礼儀正しさ)　195,198
grid　4
high scan style　20,21
hybrid　170
ICAPS (Intercultural Adjustment Potential Scale)　148
indirect style　20
interaction　38
intercultural　148
interest　209
interested party　207
IR (Investor Relations)　214
IT (Information Technology)　227
Johari Window, The　36-38,211,245
KISS-18　56
KSA (Knowledge, Skill and Attitude)　(2),42
Letter of Intent　173
liking　171

liner style   21
low scan style   20, 21
message   6
monochronic time   125
noise   7-10
nonverbal communication   27
open-ended question   105
people skills   160
personalities   166
polite listening   33
politeness   166
polychronic time   125
PR   214
Private Self   38
proxemics   121
Public Self   37
quantity of verbal expression   16, 18, 23
rating agency   215
receiver   6, 9, 14, 15
reciprocity   171
reputation   169
scan   21
scarcity   171
sensitivity   174

shopping   156
silence   24, 26
silent language   28
silent working   24
SITE   205
SMCR   6, 7
social proof   171
source   6, 9
stake   209
style
 of conversation   20
 of discussion   21
 of gathering information   21
sympathy   130
TOEFL   205
TOEIC   202, 205
TQC (Total Quality Control)   113
transactional nature of communication   15
trust   169
understanding   5, 14
understatement   166
win-lose   153, 159
win-win   154, 168, 169

人名索引

アーガイル (Argyle, M.)   52
アービング (Irving, W.)   117
相川充   52
アッシュ (Asch, S. E.)   45
イェスペルセン (Jespersen, O.)   19
出井伸之   3
今井彰   29
岡田恵子   14
ガウイン (Gawain, S.)   149
勝海舟   157
カメダ (Kameda, N.)   22
キーツ (Keats, J.)   24
クーン (Kuhn, T. S.)   34
クリントン (Clinton, W. J.)   31

クリントン (Clinton, H. R.)   31
黒澤明   73
ケネディー (Kennedy, A. A.)   91
小池浩子   27
コープランド (Copeland, M.)   15
コールズ (Kohls, R. L.)   146
小浜正幸   152
コンドン (Condon, Jr., J. C.)   10, 19, 30, 83
佐々木投手   26
シュスター (Schuster, C.)   15
ショーペンハウエル (Schopenhauer, A.)   179
タカハラ (Takahara, N.)   10, 11

ディール(Deal, T. E.)　91
照屋華子　14
トランペナーズ(Trompenaars, F.)　119
ナップ(Knapp, M. L.)　27
パークス公使　157
バーナード(Barnard, C. I.)　51
バーンランド(Barnlund, D. C.)　4, 19, 36, 37, 124
林真理子　25
ピアース(Pearce, T.)　227
ブーン(Boone, L. E.)　9
フェラーロ(Ferraro, G. P.)　20
深田博己　50
フッサール(Husserl, E.)　16

ベネット(Bennett, M. J.)　130
ホール(Hall, E. T.)　19, 22, 29, 121, 123
ポスト(Post, E.)　39
ポトラック(Pottruck, D. S.)　227
ホフステード(Hofstede, G.)　19, 118
松久信幸　25
マツモト(Matsumoto, D.)　148
マンター(Munter, M.)　140
宮原哲　9
モリス(Morris, D.)　48
吉田茂元首相　32
リットン伯爵　43
ワイルド(Wild, O.)　145

【著者プロフィール】

足立　行子（あだち・ゆきこ）　　　　　　　　　　　　　　　　　　　　　第1章担当

- 東京富士大学教授。津田塾大学学芸学部卒業。ロンドン大学教育研究所ディプローマ課程修了（Dip. TEFL）。
- 国際語学センター（ILC East Asia Ltd.）広報部長、富士短期大学助教授、教授・副学長をへて、現職。
- 専門は、マネジメント・コミュニケーション、ビジネス英語。
- 主な著書に、『おとなのエチケット』（グラフ社）、*English Repeat English*（共著、キヤノン）。

藤尾　美佐（ふじお・みさ）　　　　　　　　　　　　　　　　　　　　　　第2章担当

- 東京富士大学助教授。京都府立大学文学部卒業。東京大学大学院総合文化研究科修士課程修了（MA）、同大学院博士後期課程にて応用言語学を研究。
- 米国系多国籍企業（ジョンソン・エンド・ジョンソン株式会社ほか）で、エグゼクティブ・セクレタリー業務に従事した後、実践女子短期大学非常勤講師をへて、現職。
- 専門は、応用言語学、コミュニケーション。
- 主な論文に、「外資系企業の会議実例におけるコミュニケーション能力の分析」『マネジメント・コミュニケーション研究』第1号、"The Role of Strategic Competence for Successful Communication" *JACET BULLETIN*, No. 33.

関　京子（せき・きょうこ）　　　　　　　　　　　　　　　　　　第3章・第6章§1担当

- パーソナル・コーチ。サンフランシスコ州立大学スピーチ・コミュニケーション学部卒業。同大学院修士課程修了（MA）。
- 米国系人事コンサルタント会社（パーソネル・ディシジョンズ・インターナショナル・ジャパン）にて人材アセスメント・育成に従事。東洋女子短期大学非常勤講師をへて、現在はコーチング・スペシャリストとして、コーチングの実践とコーチの養成に努める。
- 専門は、コーチング、異文化コミュニケーション。
- 主な論文に、「企業における「多面評価」システム活用の実態」『マネジメント・コミュニケーション研究』第1号。

有村　治子（ありむら・はるこ）　　　　　　　　　　　　　　　　　　　　第4章担当

- 参議院議員（文教科学委員）。国際基督教大学（ICU）教養学部卒業。米国 School for International Training（SIT）大学院修士課程修了（MA）。
- 日本マクドナルド株式会社・人事本部能力開発促進部にて人材開発に従事した後、青山学院大学大学院国際政治経済学研究科博士課程にて国際経営学を研究。桜美林大学、企業研修の講師をへて、現職。
- 専門は、人材開発、異文化コミュニケーション、組織行動学。

馬越　恵美子（まごし・えみこ）　　　　　　　　　　　　　　　　第5章担当

- 桜美林大学教授。上智大学外国語学部卒業。慶應義塾大学大学院経済学研究科修了。経済学修士。学術博士（経営管理）。
- 同時通訳、上智大学講師、東京純心女子大学教授をへて、現職。
  NHKラジオ「ビジネス英会話」（旧「やさしいビジネス英語」）土曜サロン講師。
- 専門は、国際経営学、コミュニケーション。
- 主な著書に、『異文化経営論の展開』（学文社）、『心根［マインドウェア］の経営学』（新評論）。

椿　弘次（つばき・こうじ）　　　　　　　　　　　　　　　　　　第6章§2-§5担当

- 早稲田大学教授。マネジメント・コミュニケーション研究会代表幹事。早稲田大学商学部卒業。早稲田大学大学院商学研究科博士課程にて国際商務論を研究。
- ハワイ大学東西文化センター研修員、スタンフォード大学訪問研究員をへて、現職。早稲田大学国際部、大学院で、留学生の教育に携わる。
- 専門は、国際商務論、国際商取引。
- 主な著書に、『貿易実務辞典』（共編著、同文舘）、『入門・貿易実務』（日本経済新聞社）。

井　洋次郎（いい・ようじろう）　　　　　　　　　　　　　　　　第7章担当

- 明治大学教授。慶應義塾大学経済学部卒業。カリフォルニア大学ロサンゼルス校（UCLA）経営大学院修了（MBA）。
- 米国系多国籍企業（モービル石油株式会社ほか）で、国際財務・企画・営業・システム開発等に従事した後、東洋学園大学教授をへて、現職。
  NHKテレビ「3カ月英会話　お父さんのビジネス英語」講師。
- 専門は、マネジメント・コミュニケーション、ビジネス英語、コーポレート・ファイナンス。
- 主な著書に、『パーフェクトビジネス英会話』（The Japan Times）『ビジネス交渉の英語』（共著、The Japan Times）。

信　達郎（のぶ・たつお）　　　　　　　　　　　　　　　　　　　第8章担当

- 国士舘大学教授。早稲田大学商学部卒業。サンダバード国際経営大学院修了（MBA）。明治大学大学院商学研究科博士課程で貿易商務論を研究。
- オリックス（株）等で船舶・航空機営業、国際資金を担当。マニラ現地法人バイスプレジデント兼コントローラ（1977～1980年）。東洋学園大学教授をへて、現職。
- 専門は、貿易論、国際リース、ビジネス・コミュニケーション。
- 主な著書に、『最新「タイム英語」攻略辞典』（講談社）、『英和金融用語辞典』（共編著、The Japan Times）。

谷口　洋志（たにぐち・ようじ）　　　　　　　　　　　　　　　　第9章担当

- 中央大学教授。中央大学法学部卒業。早稲田大学大学院経済学研究科博士課程にて経済政策を研究。経済学博士（中央大学）。
- 富士短期大学講師・助教授、麗澤大学助教授・教授をへて、現職。
  大学院生時代から、多数の省庁・自治体からの委託調査研究に従事。
- 専門は、経済政策、公共経済学、公共選択論。
- 主な著書に、『公共経済学』（創成社）、『米国の電子商取引政策』（創成社）。

| 平成14年4月18日　初版発行 | 《検印省略》 |
| 平成17年4月15日　3版発行 | 略称―アクティブ |

ビジネスと異文化の
アクティブ・コミュニケーション

	足立　行子
編著者　Ⓒ	椿　　弘次
	信　　達郎
発行者	中島　治久

発行所　**同文舘出版株式会社**

東京都千代田区神田神保町1―41　〒101-0051
電話　営業(03)3294-1801　編集(03)3294-1803
振替　00100-8-42935　http://www.dobunkan.co.jp

Printed in Japan 2002　　　　印刷：三美印刷
　　　　　　　　　　　　　　製本：トキワ製本

ISBN4-495-36961-X